国家社科基金项目
——"武陵山片区劣势产业有序退出研究（GSY12...

# 武陵山片区劣势产业有序退出研究

沈道权 著

科学出版社

北 京

## 内 容 简 介

本书研究了武陵山片区劣势产业退出的机制、次序、壁垒及援助政策等理论问题，也研究了重庆市武陵山片区、恩施州、长阳县劣势产业退出问题等应用问题。本书的特点在于：一是系统地研究了劣势产业退出的理论问题；二是界定了狭义劣势产业和广义劣势产业，把污染产业、衰退产业、过剩产能产业纳入广义劣势产业之中；三是分析了劣势产业退出的机制问题；四是提出了劣势产业退出的次序问题；五是论证了劣势产业退出壁垒问题。

本书适合区域经济学、产业经济学教学科研人员以及关注武陵山片区发展问题的理论和实践工作者阅读，也可供高等院校相关专业师生参考阅读。

---

**图书在版编目(CIP)数据**

武陵山片区劣势产业有序退出研究/沈道权著. —北京：科学出版社，2021.7
ISBN 978-7-03-069373-0

Ⅰ.①武… Ⅱ.①沈… Ⅲ.①山区–产业政策–研究–中南地区②山区–产业政策–研究–西南地区 Ⅳ.①F269.276

中国版本图书馆 CIP 数据核字（2021）第 143331 号

责任编辑：林 剑／责任校对：樊雅琼
责任印制：吴兆东／封面设计：无极书装

科学出版社 出版
北京东黄城根北街16号
邮政编码：100717
http://www.sciencep.com
北京建宏印刷有限公司 印刷
科学出版社发行 各地新华书店经销

\*

2021年7月第 一 版 开本：720×1000 1/16
2021年7月第一次印刷 印张：11 1/4
字数：250 000
**定价：128.00 元**
（如有印装质量问题，我社负责调换）

# 目　录

第一章　绪论 ········································································· 1
　　一、研究背景 ····································································· 1
　　二、研究意义 ····································································· 8
　　三、文献综述 ····································································· 9
　　四、研究内容 ···································································· 18
　　五、研究方法 ···································································· 19
　　六、创新与不足之处 ··························································· 21
第二章　武陵山片区劣势产业退出的基础理论 ···························· 23
　第一节　劣势产业概述 ·························································· 23
　　一、狭义的劣势产业 ··························································· 23
　　二、广义的劣势产业 ··························································· 26
　第二节　马克思主义产业结构理论 ·········································· 31
　　一、产业划分理论 ······························································ 31
　　二、结构均衡理论 ······························································ 31
　　三、生产资料优先增长理论 ················································· 32
　第三节　西方产业结构理论 ··················································· 32
　　一、结构演进趋势理论 ······················································· 32
　　二、结构调整理论 ······························································ 35
　　三、结构演变理论 ······························································ 36
　第四节　产业结构理论的适应性 ············································· 37
　　一、马克思主义产业结构理论的适应性 ·································· 37
　　二、西方产业结构理论的适应性 ··········································· 41
第三章　武陵山片区产业发展概况 ············································ 43
　第一节　武陵山片区产业发展现状 ·········································· 43
　　一、武陵山片区产业发展基本情况 ········································ 43
　　二、武陵山片区产业结构状况 ·············································· 48
　　三、武陵山片区特色优势产业发展状况 ·································· 50

## 第二节　武陵山片区产业发展存在的问题 ·················· 64
  一、特色农业发展存在的问题 ························ 64
  二、旅游业发展存在的问题 ·························· 66
  三、加工制造业发展存在的问题 ······················ 67
## 第三节　武陵山片区劣势产业状况 ························ 68
  一、传统农业 ···································· 68
  二、产能过剩产业 ·································· 69
  三、污染产业 ···································· 75

# 第四章　武陵山片区劣势产业的退出机制、次序、壁垒和援助政策 ········ 81
## 第一节　武陵山片区劣势产业的退出机制 ·················· 81
  一、政府主导机制 ·································· 81
  二、市场倒逼机制 ·································· 84
## 第二节　武陵山片区劣势产业的退出次序 ·················· 87
  一、决定劣势产业退出次序的原则 ···················· 87
  二、劣势产业退出次序 ······························ 88
## 第三节　武陵山片区劣势产业的退出壁垒 ·················· 90
  一、资本壁垒 ···································· 90
  二、技术壁垒 ···································· 91
  三、渠道壁垒 ···································· 91
  四、社会壁垒 ···································· 92
  五、制度壁垒 ···································· 92
  六、文化壁垒 ···································· 92
## 第四节　武陵山片区劣势产业退出的援助政策 ················ 92
  一、总体思路 ···································· 93
  二、政策建议 ···································· 93

# 第五章　武陵山片区传统农业的退出 ························ 96
## 第一节　传统农业的概述 ································ 96
  一、传统农业的含义 ································ 96
  二、传统农业的特征 ································ 96
  三、传统农业的衰退 ································ 97
## 第二节　武陵山片区现代农业发展状况 ···················· 102
  一、武陵山片区现代农业发展形式 ···················· 102
  二、武陵山片区现代农业经营主体 ···················· 105

## 第三节　武陵山片区现代农业发展面临的问题 ··············· 107
一、自然环境恶劣 ··············································· 107
二、自然资源短缺 ··············································· 107
三、农民科技文化素质偏低 ··································· 108
四、金融支持不足 ··············································· 108
五、产业化水平低 ··············································· 109

## 第四节　武陵山片区现代农业发展的对策 ····················· 109
一、加快农业基础设施的建设 ································ 109
二、培育新型农业经营主体 ··································· 110
三、培养新型农民 ··············································· 110
四、疏通流通渠道 ··············································· 111
五、延长产业链 ·················································· 111
六、加强政策支持 ··············································· 112

## 第五节　结语 ····························································· 112

# 第六章　重庆市武陵山片区产能过剩产业的退出 ··············· 113
## 第一节　重庆市武陵山片区基本情况 ······························ 113
## 第二节　产能过剩的内涵和形成机制 ······························ 114
一、产能过剩的内涵界定 ······································· 114
二、产能过剩的成因 ············································ 115
三、产能过剩的影响 ············································ 116

## 第三节　产能过剩的测度方法及运用 ······························ 117
一、产能过剩的测度方法 ······································· 117
二、重庆市武陵山片区产能利用率的测度 ················· 119

## 第四节　重庆市武陵山片区产能过剩的成因 ····················· 129
一、过度投资 ····················································· 129
二、企业间的竞争行为和模仿行为 ·························· 130
三、部分行业"进入壁垒"较弱 ······························ 130
四、企业创新能力低 ············································ 131

## 第五节　对策建议 ······················································· 131
一、以政府为主导，落实供给侧结构性改革任务 ········ 131
二、加强信息披露和对企业投资预期的引导 ·············· 132
三、加强跨区域同类企业兼并重组，提高产业集中度 ·· 132
四、严格制定行业准入标准，控制环境污染企业投资 ·· 133
五、加大企业研发投入，提高企业创新能力 ·············· 133

六、改革政绩考核机制 ················································· 133
第七章　恩施州劣势产业的退出 ············································· 135
　第一节　恩施州产业发展现状 ············································· 135
　　一、产业结构演进情况 ················································· 135
　　二、产业总体发展状况 ················································· 137
　　三、产业发展存在的问题 ··············································· 138
　第二节　恩施州劣势产业的选择方法 ······································· 139
　　一、学术界关于劣势产业选择方法概况 ··································· 139
　　二、恩施州劣势产业的选择 ············································· 140
　　三、恩施州劣势产业选择建议 ··········································· 148
　第三节　恩施州劣势产业的退出 ··········································· 148
　　一、恩施州劣势产业的退出方式 ········································· 148
　　二、恩施州劣势产业退出障碍 ··········································· 151
　　三、促进恩施州劣势产业退出的政策和手段 ······························· 153
第八章　长阳县劣势产业的退出 ············································· 155
　第一节　长阳县产业发展现状 ············································· 155
　　一、长阳县产业经济发展概况 ··········································· 155
　　二、长阳县支柱产业发展情况 ··········································· 158
　　三、促进恩施州劣势产业退出的政策和手段 ······························· 153
　第二节　长阳县劣势产业的选择 ··········································· 161
　　一、确定指标 ························································· 161
　　二、建立模型 ························································· 161
　第三节　退出的劣势产业 ················································· 163
　　一、煤炭产业的退出 ··················································· 163
　　二、黑色金属矿开采和冶炼产业的退出 ··································· 164
　　三、其他劣势产业的退出 ··············································· 165
　第四节　劣势产业退出后带来的发展机遇 ··································· 166
参考文献 ································································· 167

# 第一章 绪 论

## 一、研究背景

（一）我国宏观经济背景

**1. 宏观经济"新常态"**

自 1978 年以来，我国宏观经济实现了连续 30 多年的高速增长，经济总量不断扩大。2016 年，我国经济总量总值仅次于美国，位居世界第二，按可比价格计算，约为 74.4 万亿元，比 2015 年增长 6.7%；2017 年，达 82.7 万亿元，比 2016 年增长 6.9%；至 2020 年，我国经济总量突破 100 万亿大关。但随着世界经济形势的日益复杂化，国际贸易和国际金融格局深刻调整，以及我国劳动力价格的提高等一系列因素的变化，我国经济发展正进入"新常态"。我国宏观经济进入了一个全新的发展阶段，其特征如下：

一是经济增长放缓。据统计，我国 GDP 增速从 2012 年起开始回落，2012 年和 2013 年 GDP 增速均为 7.7%，2014 年 GDP 增速为 7.4%，2015 年 GDP 增速为 6.9%，2016 年 GDP 增速为 6.7%，2017 年 GDP 增速在 2016 年的基础上有所回升，为 6.9%。[①] 总之，自 2012 年以来，GDP 增速告别了长达 30 多年的 10% 左右的高速增长，表明我国正处于增长速度换挡期。

二是经济结构发生历史性的变化。从三大产业产值比来看，2012 年为 10.1∶45.3∶44.6，2013 年为 10.0∶43.9∶46.1，2014 年为 9.2∶42.6∶48.2，2015 年为 9.0∶40.5∶50.5，2016 年为 9.0∶40.2∶50.8，2017 年达到 9.0∶39.4∶51.6，2018 年为 7.0∶39.7∶53.3，2019 年为 7.1∶39.0∶53.9，表明我国正处于结构调整阵痛期[②]。

三是投资与消费对经济增长的贡献率正在悄然发生变化。2009 年，我国投资对经济增长的贡献率高达 92.3%；2012 年，消费对经济增长的贡献率首次超

---

[①] 数据来源于国家统计局《中国统计年鉴》。
[②] 同上。

过投资。2014年上半年，消费对经济增长的贡献率达54.4%，投资对经济增长的贡献率下降为48.5%，而出口对经济增长的贡献率则为-2.9%（裴晓鹏，2015），2017年，消费对经济增长的贡献率达到58.8%。中国外贸出口增幅已从20%以上回落至5%~10%，表明我国正处于投资政策消化期。

四是产能过剩。据2013中国企业经营者问卷跟踪调查研究，我国19个制造行业产能利用率在79%以下，7个制造行业产能利用率不足70%，仅有2个制造行业产能利用率接近79%。不仅传统的钢铁、水泥、电解铝、平板玻璃、造船等行业生产过剩，战略性新兴产业（如新能源汽车）也生产过剩，按《节能与新能源汽车产业发展规划》，到2015年，我国新能源汽车预计达50万辆。[①] 而事实上，至2020年累计已超550万辆。

五是区域差距仍较大。经过十多年的西部大开发，西部地区经济得到了较快发展，东西部地区差距有所缩小。但是，随着我国经济转型的推进、发展方式的转变，转型时间较早、转型任务较轻的东部地区自身基础较好，可以更好地完成转型任务，为未来一段时间较快发展奠定了基础，因而东西部地区差距有再次拉大的可能。

六是资源消耗、能源消耗大，环境污染严重。经济发展与环境保护的矛盾日益突出，经济发展面临着日益恶化的生态环境。

总之，我国经济进入了增长速度换挡期、结构调整阵痛期、投资政策消化期的"三期"叠加的特定阶段，经济发展步入"新常态"。这就要求我们既要持之以恒地推动经济结构战略性调整，又要树立危机意识和风险意识，妥善应对发展过程中的各种困难。

**2. 供给侧结构性改革**

2015年以来，我国宏观经济发展步入"新常态"，与此相应，经济结构存在系列问题亟须改革。

从供需结构来看，近些年来，我国传统行业亏损严重，如钢铁、煤炭、水泥、玻璃、石油、石化、铁矿石、有色金属等，亏损面已经达到80%，企业利润逐年下降，产能过剩现象突出。同时，部分生产和生活需求得不到满足而需要进口。这表明，我国存在着严重的"供需错位"，并成为我国经济又好又快发展的重大障碍。

从产业结构来看，一些低附加值、高消耗、高污染、高排放的产业占比较高，相反，高附加值、绿色低碳、具有较高技术水平的产业占比较低。为此，需采取一定的措施加以解决：加快科技发展，促进高技术含量、高附加值产业发

---

① https://epaper.gmw.cn/gmrb/html/2012-05/08/nw.D110000gmrb_20120508_1-16.htm?div=-1.

展；加快生态文明建设，促进绿色低碳产业发展；深化经济、社会体制改革，淘汰落后产能和"三高"行业。

从区域结构来看，一方面表现在人口的区域分布不均衡，城镇化率偏低，而且我国户籍人口城镇化率低于常住人口城镇化率，中西部地区尤其严重；另一方面表现在区域发展不平衡、不充分。我国贫困地区主要集中在中西部山区，尤其是在集中连片的特困地区。

从投入结构来看，我国经济发展长期依赖劳动力、土地等传统生产要素的投入，人才、技术、知识、信息等现代生产要素的投入远远不够，产业多为资源能源消耗过多的中低端型，现代新兴产业发展仍不足。

从动力结构来看，我国经济增长长期过于依赖"三驾马车"，尤其对投资的依赖更强。改革、转型、创新等新型动力的作用还有待进一步提升。

面对经济发展新形势，党中央适时提出了"稳增长、促改革、调结构、惠民生、防风险"的战略目标，并要求切实处理好五者之间的关系。其中，"稳增长"是前提，是我国新时代中国特色社会主义建设事业的前提，"稳增长"也是"促改革、调结构、惠民生、防风险"的根基，没有"稳增长"，"促改革、调结构、惠民生、防风险"均是空中楼阁。"促改革、调结构"是"稳增长"的根本动力，"促改革、调结构"的目的在于实现"稳增长"，"稳增长"与"调结构"高度统一，"稳增长"为"调结构"提供适宜的环境，"调结构"是"稳增长"的重要途径，两者在短期内有冲突，"调结构"必然要求淘汰落后产能，压缩"两高"（高耗能、高排放）和过剩产能，势必影响"稳增长"。"稳增长"的最终目的是"惠民生"，只有不断地增进"惠民生"，才能为"稳增长"提供持久动力。保持"稳增长"的合理速度，才能降低风险，"防风险"是"稳增长"的重要条件。

上述宏观经济基本面和党中央、国务院的应对策略构成了本书研究的宏观经济背景。

(二) 武陵山片区的特殊性

在学术界，武陵山片区系指湖南、湖北、重庆、贵州交界地区，曾称湘鄂川（渝）黔交界地区、湘鄂川（渝）黔民族地区、武陵山区。2011年10月，国务院发布了国家发展和改革委员会、国务院扶贫开发领导小组办公室共同制定的《武陵山片区区域发展与扶贫攻坚规划（2011—2020）》（简称《规划》）。《规划》首次使用了武陵山片区一词，自此，学术界大多也采用了这一概念。《规划》对武陵山片区的地域范围规定为：依据连片特困地区划分标准及经济协作历史沿革划定，涉及湖北、湖南、重庆、贵州交界地区的71个县（市、区），包括湖北11个县市 [包括恩施土家族苗族自治州（以下简称恩施州）8个县市及宜昌市的秭归县、长阳土家族自治县（以下简称长阳县）、五峰土家族自治县（以下简称五峰县）]、湖南37个县市区[包括湘西土家族苗族自治州（以下简称湘西州）、怀化市、张家界市及邵阳市的新邵县、邵阳县、隆回县、洞口县、绥宁县、新宁县、城步苗族自治县（以下简称城步县）、武冈市，常德市的石门县，益阳市的安化县，娄底市的新化县、涟源市、冷水江市]、重庆7个县区[包括黔江区、酉阳土家族苗族自治县（以下简称酉阳县）、秀山土家族苗族自治县（以下简称秀山县）、彭水苗族土家族自治县（以下简称彭水县）、武隆县[1]、石柱土家族自治县（以下简称石柱县）、丰都县]、贵州16个县市[包括铜仁市及遵义市的正安县、道真仡佬族苗族自治县（以下简称道真县）、务川仡佬族苗族自治县（以下简称务川县）、凤冈县、湄潭县、余庆县。土地总面积为17.18万平方公里。2010年末，武陵山片区总人口为3645万人，其中城镇人口为853万人，乡村人口为2792万人。境内有土家族、苗族、侗族、白族、回族和仡佬族等9个世居少数民族[2]。

在我国自然环境、经济发展、历史传统、民族生活、政治制度等方面，武陵山片区具有其特殊性。

**1. 武陵山片区是我国典型的内陆边缘地区**

武陵山片区位处我国第二级台阶向第三级台阶的过渡区域，属于中西部结合地带。武陵山片区所辖行政区域既不靠海，也不沿边，仅有部分县市沿江，其内陆特征明显。同时，武陵山片区各地远离所属省（直辖市）的省会城市（中心城区），距离均在500公里左右，其边缘特征突出。因此，作为内陆边缘地区，武陵山片区既没有享受到沿海开放开发的各项优惠政策，也没有享受到沿边开放和兴边富民政策，还没有一个沿江开放城市。武陵山片区周边已形成贵阳市国家级"循环经济试点"城市、武汉城市圈"两型社会"综合配套改革试验区、长株潭城市群两型社会建设综合配套改革试验区和成渝全国统筹城乡综合配套改革试验区等四大国家级经济板块。武陵山片区处于四大国家级经济板块包围之中，但其既无政策扶持，也享受不到周边各区的辐射，沦为中西部结合地带的经济"锅底"。

**2. 武陵山片区是我国自然资源十分丰富的地区**

武陵山片区拥有丰富的自然资源：一是矿产资源丰富，武陵山片区有"世界硒都"和"中国锰三角"的美誉，铁、煤、天然气、磷、硒、锰、黄铁等矿产

---

[1] 武隆县于2016年11月24日被撤销，改为武隆区。
[2] 国家发展和改革委员会、国务院扶贫开发领导小组办公室《武陵山片区区域发展与扶贫攻坚规划》（国开办发〔2011〕95号）。

资源储量丰富，尤其是磷、硒和锰资源分布广、含量高。湖北省恩施土家族苗族自治州有世界已探明的唯一的独立硒矿床并被授予"世界硒都"的称号。二是生物资源多样，地表崎岖不平，海拔差异大，气候复杂多变，生物品种丰富，适合于特色农业发展。三是旅游资源丰富，武陵山区既有享誉国内外的自然景观资源，如张家界、腾龙洞、大峡谷等，也有由多个民族文化组成的人文景观资源。

**3. 武陵山片区是我国经济发展十分落后的地区**

据统计，2009年，武陵山片区人均GDP为10 147元，仅相当于全国人均GDP的39.67%（周伟和黄祥芳，2013）。其中，贵州省务川仡佬族苗族自治县人均GDP仅相当于全国人均GDP的16.4%。武陵山片区农村居民人均纯收入为2908元，仅相当于全国农村居民人均纯收入的56.43%，其中，湘西土家族苗族自治州农村居民纯收入仅有全国农村居民人均纯收入的46.17%。农村恩格尔系数基本在60%左右，人民生活处于温饱边缘。贫困人口为575万人，整体贫困发生率达22.67%，超过全国平均水平19.07个百分点，其中，武隆县、道真仡佬族苗族自治县、五峰土家族自治县贫困发生率分别高达85.20%、55.04%、47.18%（周伟和黄祥芳，2013）。经过"十二五"期间的发展，武陵山片区经济发展水平显著提高，但落后的局面仍没有得到根本改变。到2015年，湖南省怀化市是武陵山片区经济发展条件较好、发展水平较高的地区。2015年，怀化市人均GDP为26 060元，仅为湖南省人均GDP（42 754元）的60.95%和全国人均GDP（50 237元）的51.87%；城镇居民人均可支配收入为20 693元，为湖南省城镇居民人均可支配收入（28 838元）的71.76%和全国城镇居民人均可支配收入（31 195元）的66.33%；农村居民人均纯收入为7203元，为湖南省农村居民纯收入（10 993元）的65.52%和全国农村居民人均可支配收入（11 422元）的63.06%。由于武陵山片区经济发展落后，长期以来是我国落实扶贫政策的重点区域。2010年，"十二五"规划指出，在南疆地区、青藏高原东缘地区、武陵山区、乌蒙山区、滇西边境山区、秦巴山-六盘山区及中西部其他集中连片特殊困难地区，实施扶贫开发攻坚工程，加大以工代赈和易地扶贫搬迁力度。

此后，《中共中央 国务院关于深入实施西部大开发战略的若干意见》也把武陵山片区作为扶贫开发的重点区域。2011年10月，国务院发布了国家发展和改革委员会、国务院扶贫开发领导小组办公室编制的《武陵山片区区域发展与扶贫攻坚规划（2011—2020年）》，把武陵山片区作为我国14个集中连片特困地区的试点区域，探索区域发展和扶贫攻坚的道路，并给予了多项优惠政策，优先予以扶持。

**4. 武陵山片区是我国少数民族集中分布地区**

武陵山片区11个地级市（州）中，有两个自治州（恩施土家族苗族自治州、湘西土家族苗族自治州）。此外，张家界市（慈利县、桑植县、武陵源区、永定区）其实是一个少数民族集中分布地区；71个县市中，有18个自治县，即湖北的五峰土家族自治县、长阳土家族自治县，湖南的通道侗族自治县（以下简称通道县）、城步苗族自治县、麻阳苗族自治县（以下简称麻阳县）、新晃侗族自治县（以下简称新晃县）、芷江侗族自治县（以下简称芷江县）、靖州苗族侗族自治县（以下简称靖州县），重庆的石柱土家族自治县、秀山土家族苗族自治县、酉阳土家族苗族自治县、彭水苗族土家族自治县，贵州的道真仡佬族苗族自治县、务川仡佬族苗族自治县、玉屏侗族自治县（以下简称玉屏县）、印江土家族苗族自治县（以下简称印江县）、沿河土家族自治县（以下简称沿河县）、松桃苗族自治县（以下简称松桃县）。这样，再加上两个自治州的16个县（包括恩施土家族苗族自治州的恩施市、利川市、建始县、巴东县、宣恩县、咸丰县、来凤县、鹤峰县和湘西土家族苗族自治州的泸溪县、凤凰县、保靖县、古丈县、永顺县、龙山县、花垣县、吉首市），武陵山片区共有民族自治县34个，约占71个县市区的48%，如果加上张家界市的4个，约占54%。武陵山片区少数民族人口达1600万人，约占总人口的44.4%。

**5. 武陵山片区是我国多种特殊类型区重叠的地区**

特殊类型区一般包括少数民族地区、革命老区、沿边地区、贫困地区等，同时还包括库区、生态脆弱区、内陆边缘地区、军事禁区等。具体来讲：①革命老区。据统计，武陵山片区71个县中有老区县46个。②贫困地区。据《中国农村扶贫开发纲要（2001—2010年）》的统计，武陵山片区71个县市区中，有42个国家扶贫开发工作重点县、13个省级重点县，贫困村多达11 303个；部分贫困群众还存在就医难、上学难、饮用水不安全、社会保障水平低等问题。③库区。武陵山片区水能资源丰富，建有多个大坝（水库），如三峡大坝、隔河岩水库等。怀化市有大中型水库65座，涉及移民42万人。④军事禁区。怀化市的会同、靖州、通道、中方和鹤城在20世纪90年代被列为军事禁区，涉及全市约32%的土地面积和30%的人口，经济发展受到严重的影响。⑤生态脆弱区。武陵山区地表崎岖，各种自然灾害频发，生态十分脆弱。

**6. 武陵山片区是我国重点生态功能区**

2010年12月，国务院发布了《全国主体功能区规划》，这是我国国土空间开发的战略性、基础性和约束性规划，对于我国贯彻落实习近平新时代中国特色社会主义思想，促进人口、经济、社会和资源环境协调发展，实现经济社会高质量发展，建立全面小康社会均具有重要意义。

《全国主体功能区规划》将全国分为优化开发区域、重点开发区域、限制开发区域和禁止开发区域四大类型，其中，限制开发区域分为农产品主产区和重点生态功能区两个类型。重点生态功能区又分为水资源涵养型、水土保持型、防风固沙型和生物多样性维护型四小类。

武陵山片区总体上属于限制开发区域，即属于武陵山生物多样性生态功能区和三峡库区水土保持生态功能区，也有少数地方属于禁止开发区域，包括13处国家级自然保护区、3处世界文化自然遗产、15处国家森林公园、4处国家地质公园。

根据《全国主体功能区规划》，重点生态功能区的功能定位是：保障国家生态安全的重要领域、人与自然和谐相处的示范区。重点生态功能区的发展方向是：要以保护和修复生态环境、提供生态产品为首要任务，因地制宜地发展不影响主体功能定位的适宜产业，引导超载人口逐步有序转移。

武陵山片区位处长江中游，其生态状况直接影响长江中、下游地区；武陵山片区森林覆盖率相对较高，被学术界称为"中国绿心"；武陵山片区生态脆弱，易发生各种自然灾害；武陵山片区经济落后，经济发展与环境保护的矛盾突出。正是由于武陵山片区独特的生态功能，在我国主体功能区的划分中，将武陵山片区作为限制开发区域。这就意味着武陵山片区在我国环境保护中扮演重要角色。

**7. 武陵山片区是我国典型的多省交界地区**

武陵山片区是我国内陆跨省市的具有高同质性的区域：一是山同脉，以武陵山脉为中心，形成一个完整的自然地理单元；二是水同源，有沅水、澧水、清江、乌江四大水系；三是民同俗，是土家族、苗族、侗族等少数民族集中分布的地区，少数民族人口多，占比大，民族特点浓厚，民族自治地方多；四是经济同类，武陵山片区是我国内陆面积最大的少数民族贫困地区，有国家级贫困县42个，过去是18个集中连片贫困地区之一，现在仍然是14个重点扶贫地区之一。武陵山片区各地经济文化类型相同，产业同构，经济发展水平相当。综合来看，武陵山片区是一个相对独立的经济单元。但是，在长期的市场经济体制下，武陵山片区形成了独特的"行政区经济"。"行政区经济"与"经济区经济"相对称，它具有行政性、封闭性、两面性和过渡性的特征。行政性指行政区政府在区域经济发展中起主导性作用；封闭性是"行政区经济"分割了"经济区经济"，导致生产要素难以跨行政区流动；两面性指"行政区经济"运行的消极影响和积极影响两个方面；过渡性指"行政区经济"是特定历史时期的产物。"行政区经济"必然带来市场分割、地方分割、重复建设等诸多问题。在我国市场经济发展过程中，"行政区经济"的负面影响越来越明显。解决"行政区经济"存在的问题，必须在"经济区经济"的基础上，成立经济协作区。

武陵山片区的特殊性构成了本书研究的微观基础。

## 二、研究意义

研究武陵山片区劣势产业有序退出问题，既有突出的现实意义，也有深远的学术价值。

（一）现实意义

第一，从宏观层面来看，本书研究有利于我国宏观经济的发展。

如前所述，我国宏观经济正处于前所未有的战略机遇期，面临着一些新问题，如经济增长率换挡、区域差距较大、资源能源消耗巨大、环境污染严重、产能过剩加剧、居民消费不振、物价尤其是房价不稳、地方政府债务负担过重等。这些问题如果不能得到有效控制或解决，不仅影响我国宏观经济的发展，而且关系到国家的兴盛和民族的复兴。

笔者认为，一个国家或地区的经济发展过程中，总存在一些优势产业，也难免存在一些劣势产业。只有有序退出劣势产业，优势产业才能得到更好发展，环境污染、资源能源消耗、产能过剩等问题才能得到有效缓解。

第二，从中观层面来看，本书研究有利于武陵山片区的区域发展和扶贫开发。

武陵山片区是我国 11 个集中连片特困地区之一。从 2011 年开始，国家发展和改革委员会与国务院扶贫开发领导小组办公室开始在武陵山片区进行试点，探索区域开发与扶贫攻坚之路。

笔者认为，能否有序退出劣势产业，是关系到武陵山片区区域开发与扶贫攻坚能否成功的重要问题。只有有序退出劣势产业，区域开发和扶贫攻坚才能轻装上阵，取得应有的成绩。

第三，从微观层面来看，本书研究有利于武陵山片区产业结构调整。

产业结构既包括三大产业之间的结构，也包括农业内部（农业、林业、牧业、渔业之间）结构、工业内部（轻工业、重工业）结构，还包括其他结构，如行业结构、优势产业和劣势产业之间的结构等。

笔者认为，武陵山片区只有有序退出劣势产业，产业结构才有可能趋于合理化。更进一步说，劣势产业退出是产业结构调整的前提和基础。

（二）学术价值

在成熟的市场经济体制国家，市场在资源配置中起着决定性作用。通过市场的调节作用，劣势产业会自动退出。因此，在西方学术界，鲜有对劣势产业进行研究的文献。

在国内，伴随着改革开放的推进，经济学日益繁荣，研究体系日渐完善。自20世纪80年代以来，经济学界研究了产业经济的方方面面，但对劣势产业退出展开研究的文献很少。

由于我国宏观经济面临的一系列问题，在未来一段时间内，劣势产业必须有序退出。相应的，学术界也将密切跟进。因此，本书研究可以在一定程度上填补学术界研究的空白，甚至或许会开辟一个新的研究领域。

## 三、文献综述

国外学术界很早就展开了对产业经济的研究。早在17世纪，英国古典政治经济学创始人、统计学家——威廉·配第就提出了配第定理，指出：第一，劳动力在不同产业间流动的原因是不同产业收入存在着差异；第二，随着经济的发展，产业重心将由有形财物的生产转向无形服务的生产。在此基础上，20世纪40年代，英国经济学家科林·克拉克进一步指出，随着经济的发展，劳动力将由第一产业向第二产业转移，进而向第三产业转移。后来经过英国古典经济学家亚当·斯密、大卫·李嘉图，瑞典经济学家贝蒂·俄林，德国经济学家霍夫曼，美国经济学家里昂惕夫、库兹涅茨，日本经济学家大川一司、宫崎勇、筱原三代平等人的艰辛研究，产业经济学逐渐发展成为一门完整、系统的学科。

国内产业经济学研究起步较晚。20世纪80年代中期，中国人民大学教授杨治出版了国内第一本"产业经济学"著作——《产业经济学导论》，从此开启了国内产业经济学的研究，其后国内出版的相关教材或专著均借鉴或模仿其基本框架。

随着我国改革开放的深入推进，产业经济学作为介于宏观经济学和微观经济学之间的中观经济学，在经济学研究体系中的地位日益突显，如今已发展成为应用经济学的一个重要分支学科。

产业经济学界对我国产业经济发展的方方面面展开了研究，取得了丰硕的成果。其中，与本研究相关的成果主要包括衰退产业研究、污染产业研究、过剩产能产业研究及劣势产业研究。

（一）关于衰退产业的研究

产业有生命周期，一般分为产生、发展、成熟、衰退四个阶段，通常把处于衰退阶段的产业视为衰退产业。国外学术界主要从衰退原因、处置方式等方面展开研究，国内学术界主要从衰退产业的识别、战略、调整、援助、转型、退出等方面展开研究。

**1. 国外关于衰退产业的研究**

一是衰退原因。Zammuto 和 Cameron（1982）运用组织理论，研究了产业衰退的原因，认为：衰退是多维概念，环境衰退导致了组织的反应，从而导致组织管理者的不同的理解、不同的行为、不同的定位及不同的战略。

二是处置方式。Harrigan（1980）着重研究了衰退产业的退出战略，指出：由于衰退产业面临着不同环境，应采取不同战略来处置。此外，Ferris 等（1984）认为，在处置衰退产业时，应充分发挥人力资源的作用，也就是根据不同的人力资源状况，采取不同的对策。Ghemawat 和 Nalebuff（1985）认为，在较短时间内，由于较大公司的成本优势、研发优势的存在，小公司应先退出市场。

**2. 国内关于衰退产业的研究**

在"中国知网"上，以"衰退产业"作为搜索词，进行"精确"搜索，发现有60多篇文章（从1993年4月1日至2018年11月10日）分别研究了衰退产业的识别、发展战略、调整、援助、转型、退出等方面的问题。

（1）关于衰退产业识别的研究

夏锦文等（2005）采用数据包络分析（data envelopment analysis，DEA）方法对衰退产业进行识别。朱秀君（2004）对衰退产业识别指标的选择问题进行了探讨，提出了事前预警指标与事后鉴别指标、一般识别指标和特殊识别指标的构想。陆国庆（2002）认为，衰退产业的识别与诊断具有宏观和微观两方面的意义，并提出了识别衰退产业的理论方法和五个经验性判断标准，论证了产业衰退的四个假设。张米尔和高喆（2004）主张从产业演进趋势、区域产业竞争力与资源约束三个方面来识别城市衰退产业。

（2）关于衰退产业发展战略的研究

陆国庆（2002a，b）较为深入而系统地研究了衰退产业的战略问题，提出创新是企业竞争的原动力，企业应依照自身特征来选择不同的创新模式，如产业创新模式、绿色战略模式、产业延伸模式等。任红波和李鑫（2001）提出了需求型衰退产业战略、比较优势性衰退产业战略及技术性衰退产业战略。

（3）关于衰退产业调整的研究

刘志彪和陆国庆（2002）认为，衰退产业的调整应以市场机制为基础，并辅之以政府的扶持及援助。陈刚（2004）研究了衰退产业的调整模式。此外，陈淮（1996）、刘志彪（1997）、陆国庆（2000）、杨刚（2001）、郭连强（2004）等研究了日本、美国、英国、法国、德国等国衰退产业调整的经验和借鉴意义。

（4）关于衰退产业援助的研究

邬晓霞和魏后凯（2009）在分析一些政府机构和区域组织改造衰退产业经验

的基础上指出,国外的经验教训对我国政府制定援助政策具有一定的借鉴意义,应采取各种灵活的援助政策,构建有效的制度体系来保障对衰退产业的援助顺利进行。此外,王广科(1998)、方艳青和赵庆国(2009)等也对衰退产业的援助政策进行了研究。

(5)关于衰退产业转型的研究

周敏等(2008)利用运筹学理论,构建了城市衰退产业转型决策模型,并对转型时机与方向进行了分析;徐冬青(2008)着重探讨了日本的衰退产业转型问题,指出日本成功的经验在于有效实施了政府干预措施。

(6)关于衰退产业退出的研究

黄立(2000)研究了衰退产业退出中存在的问题,包括资本、人员、债务、退出成本、信息及社会问题等,这些问题构成了衰退产业退出障碍,同时还相应地提出了处置对策。郑声安(2006)分析了衰退产业的退出形式,指出企业的退出形式可分成被动退出和主动退出两种。吉新峰和周扬明(2007)探讨了衰退产业的退出壁垒问题。黄建康(2010)论证了衰退产业的退出黏性问题,提出了衰退产业退出黏性的具体表现形式及突破退出黏性的路径。

(二)关于污染产业的研究

当代人类社会面临着十分严峻的环境污染形势。经济发展过程中难免造成环境污染,尤其是一些污染产业的发展给环境保护带来巨大冲击。因此,对污染产业的研究是学术界的重要任务。学术界从污染企业、污染行业及污染产业转移三个角度对污染产业进行了研究。

**1. 关于污染企业的研究**

在"中国知网"上,以"污染企业"作为关键词进行检索,文献达1000多条(从1992年4月30日至2020年12月15日)。这些文献分别研究了污染企业的退出、转移、社会责任、外部性等问题。

(1)关于污染企业退出的研究

罗文兵等(2012)从完全信息静态博弈角度,构建了政府、污染企业之间的博弈矩阵,对各种均衡进行了分析,指出环境污染损害赔偿制度不完善直接导致第三方难以参与环境监管,补偿机制缺失导致污染企业治理与退出不到位,各级政府严格监管是破解当地政府和污染企业合谋的关键。易志斌和马晓明(2008)在总结国外重污染企业退出政策的基础上,分析了深圳市污染企业退出的相关问题,提出了污染企业退出的政策建议和援助计划。

肖更生和许华夏(2010)研究了污染企业退出的补偿问题,认为重污染企业退出必然会面临影响当地就业,造成地方经济压力及企业投资者不配合等障碍。

因此，应该对原土地使用权、地上附着物及搬迁时发生的有关费用和损失进行补偿，对退出企业职工、退出企业固定资产损失、利润损失及当地财政税收损失进行补偿，以保证重污染企业顺利退出。唐湘博和刘长庚（2010）研究了湘江流域重污染企业的退出及补偿问题，从重污染企业退出范围与退出方式、补偿主客体与补偿方式等方面对重污染企业退出机制进行探讨，重点研究了国家法律法规中没有明确规定关停并转或还在合法生产期限内的重污染企业退出的约束机制及补偿政策标准，并提出了湘江流域重污染企业退出的保障措施。

李华友（2010）研究了重污染企业的退出机制问题，他对重污染企业进行了分类，同时指出行政措施依旧是当前推动重污染企业退出的主要手段，经济补偿和利益引导是重污染企业退出的推动力。在重污染企业退出缺乏明确的衡量标准和规划的情况下，社会稳定成为重污染企业逃避退出的"避风港"。

（2）关于污染企业转移的研究

唐荣智和钱水娟（2007）研究了污染企业的转移问题，指出世界环保发展史上有过三次污染企业大转移，其中，我国改革开放后，发生污染企业自发达国家向我国转移，城市向农村转移，从东南沿海地区向中西部地区转移。由于理论上的误导和立法上的缺陷，我国污染企业转移大多造成严重的环境问题。为此，需要总结历史经验，正本清源，完善制度建设和相关立法。李俊（2014）研究了制度压力下污染企业的空间转移问题，文章以新制度主义理论为基础，从制度压力的视角出发，探讨了污染跨区域转移背后的驱动机制；论证了制度压力驱动污染企业跨区域转移的方式，提出了优化制度的对策。

汪晓文和刘欢欢（2009）研究了我国西部地区承接东部地区污染转移问题，验证了西部地区"污染避难所假说"。文章将西部地区作为研究区域，以该地区承接污染产业转移的动因作为切入点，列举了1985~2006年甘肃企业工业总产值与外商直接投资（foreign direct investment，FDI）企业工业生产总值及"三废"排放量的数据，对甘肃进行"污染避难所假说"的实证研究，初步验证了"污染避难所假说"。

夏友富（1995）研究了我国处理外商污染密集型产业转移的问题，文章在分析外商污染密集型企业向我国转移的现状和危害的基础上，探讨了向我国转移的原因，提出了五点政策建议：一是切实提高国民特别是涉外工作者的环保意识；二是调整吸引外国直接投资发展战略；三是完善环保法治；四是强化外商投资企业环境管理；五是加强国际合作，把外商投资企业对环境造成的不利影响降至最低程度。罗双临等（2008）研究了国外污染产业向我国转移的问题，文章从污染转移理论出发，在Nash谈判模型的基础上构建中外合资企业投资双方的合作博弈模型，指出了跨国公司采取的污染产业规模变动的战略策略。

(3) 关于污染企业社会责任的研究

学术界多从伦理学角度出发研究企业社会责任，但只有少数学者研究了污染企业的社会责任。例如，沈红波等（2012）以紫金矿业汀江污染事故为例，分析了紫金矿业污染事件及其同行业公司股价的波动，说明了环境污染事件的市场效应问题。许人骥等（2013）研究了我国污染企业环保意识淡薄的原因及强化对策，认为安全监管不到位、信息不公开和处罚力度不够是我国企业环境社会责任意识淡薄的主要原因，建议从法律法规入手，建立健全一整套企业的风险防范和管理制度，强化我国企业社会责任意识。牛晓蕾（2008）研究了环境污染企业社会责任披露模式，并指出，企业社会责任披露的内容，一般包括环境、就业机会、人事、参与社会活动、产品的性能与安全、企业行为、商业道德七项，指出环境污染企业应该对其生产过程中所造成的污染负责，并采取措施将污染损害降至最低程度。王玮（2014）研究了高污染企业的社会责任问题，从高污染企业带来的环境问题入手，首先对其社会责任管理现状进行了概括，其次对企业社会责任的博弈模型进行探讨，最后从社会、企业自身和政府的角度探索使高污染企业能够更好地履行社会责任的途径，并将慈善力、道德力、法律力融入高污染企业社会责任中。

(4) 关于污染企业外部性的研究

周沂等（2014）运用外部性原理，分析了污染企业城市空间分布特征，文章指出：污染企业的空间分布表现出强烈的环境容量制约性和政府规制主导性，并向城市边界和环境准入门槛低的区域迁移，使得污染企业空间分布及其所形成的城市污染格局更加复杂。他们还发现：废水与固体废弃物污染严重企业具有明显的靠近城市外围边界但远离经济特区的分布特征，以邻为壑的污染转嫁将辖区内的环境负外部性扩展到邻近城市，以避免对本城区的污染。同时，废水排放较多的污染企业也有明显的靠近城市环境功能较低的外流河的分布特征。企业所有制性质、经营时间等在一定程度上影响企业的排污能力，进而影响污染企业的空间分布。另外，不同排污类型的企业空间分布也具有显著的差异。该文章对于转型期正确制定城市产业结构空间调整政策，合理引导经济环境协调发展，尤其是避免跨界流域河道等成为转移负外部性的通道具有重要启示。王小华（2011）利用外部性理论研究了老工业基地重污染企业退出机制，文章从外部性理论出发，分析了国内老工业基地重污染企业的外部不经济现象并结合重污染企业退出现状中的不足，根据吉巴德-萨特斯维特的操纵定理，构建了以政府为主导、以建立排污交易市场为手段的重污染企业退出机制框架。

**2. 关于污染行业的研究**

从行业角度研究污染问题，多集中在污染行业上市公司和具体污染行业。

(1) 关于污染行业上市公司的研究

周洁和王建明（2005）、沈洪涛等（2010）、陈华等（2012）、宣杰和胡春晓（2010）、戴春浩等（2009）等对污染行业上市公司研究的重点多集中在信息披露方面。例如，杨熠等（2011）对我国重污染行业上市公司进行了研究，依据披露的年度环境信息，构建环境信息披露指数，系统考察绿色金融政策下公司治理因素对企业环境信息披露水平的影响。黄茜（2014）则对16类重污染行业的信息披露进行了研究，文章以重污染行业160家上市公司2012年披露的环境信息为样本，从披露的方式、质量及数量三个层次对其披露的环境信息进行统计分析，剖析了重污染行业上市公司环境信息披露情况，并分别从政府、企业自身及第三方角度提出改善建议。

此外，学术界也对污染行业上市公司其他问题进行了研究，如郑雅方和袁鑫（2014）研究了污染行业上市公司环境责任的法律对策问题；姚雪婷（2013）研究了污染行业上市公司产品市场竞争对企业绿色研发的影响；罗文兵等（2013）研究了污染行业上市公司环境经营等级评价问题。

(2) 关于具体污染行业的研究

由《上市公司环保核查行业分类管理名录》可知，环境保护部（现为生态环境部）将上市公司环保核查行业分为火电、钢铁、水泥、电解铝、煤炭、冶金、化工、石化、建材、造纸、酿造、制药、发酵、纺织、制革和采矿业16类。据此，也有学者对这些具体的行业展开了研究，如赵际红（2008）研究了火电污染问题，基于"大气污染的90%来自工业，工业污染的70%来自火电"的认识，提出我国环保的重点应集中在火电污染的控制与治理上。曾慕成等（2008）研究了我国钢铁工业污染及其防治问题，文章通过对国内外钢铁工业污染排放与处理的比较，发现了差距及存在的问题，提出了治理钢铁污染的对策。国内学者还从自然科学角度研究了水泥生产中的重金属污染问题，仅有少量学者从人文社科角度展开研究。例如，李红（2009）研究了辽阳市水泥行业污染问题；张同全（1995）研究了煤炭污染问题；陈军和李世祥（2011）研究了我国煤炭消耗与污染排放的区域差异问题，研究表明：在不同区域，煤炭消耗对不同污染物排放的影响各不相同，经济发达地区煤炭消耗对各项污染排放的影响要高于经济欠发达地区。

经过检索，每个行业都有研究，只不过有的研究是从自然科学角度展开，有的研究是从人文社科角度展开。基于篇幅的考虑，在此不一一赘述。

**3. 关于污染产业转移的研究**

学术界关于污染产业转移的研究文献十分丰富，涉及污染产业转移成因、转移机制和转移方向三个方面的问题。

(1) 关于污染产业转移成因的研究

曾凡银和郭羽诞（2004）研究了绿色壁垒与污染产业转移成因，文章指出，发展中国家环境标准相对较低，发达国家环境标准相对较高，为实现利润最大化，发达国家的企业会将污染产业转移到环境标准相对较低的发展中国家。张菊梅和史安娜（2008）研究了污染产业转移成因及政府规制问题，文章认为，由于环境标准存在区域差异，地方政府为了 GDP 最大化，污染问题伴随产业转移，影响了转入地的生态环境。

(2) 关于污染产业转移机制的研究

沈静等（2012）通过研究发现，环境管制是促进污染密集型产业跨区域流动的重要因素。此外，污染产业转移还受其他因素影响，如迁入地地方政府的基础设施条件、服务水平和优惠政策等。

(3) 关于污染产业转移方向的研究

邓小云（2014）研究了城乡污染产业转移问题，文章认为，城乡污染转移主要表现为城市污染转移到农村，或者城市污染企业将环境风险以产业链延伸、项目转让、投资、技术贸易等形式转移给农村。为此，我国应当采取多种措施，遏制城乡污染转移。

(三) 关于产能过剩的研究

产能过剩是改革开放以来出现的新现象，学术界对此进行了广泛而深入的研究。经过检索，学术界主要从产能过剩的概念、成因、评价指标、治理等几个方面展开了研究。

**1. 关于产能过剩概念的研究**

产能过剩的概念最早出现在爱德华·张伯仑的《垄断竞争理论》中，他从微观经济学角度出发指出：垄断竞争导致平均成本线高于边际成本线，从而出现持续的产能过剩。贝恩在《产业组织》中认为，某些低集中度的产业，常常存在持续性过度供给或过剩生产能力且经济绩效比较差的现象，这种现象称为产能过剩。

周劲和付保宗（2011）指出，当某一行业或领域产能富余超过一定限度，并导致其对经济社会发展产生的负面效应大于正面效应时，即出现了产能过剩现象。

**2. 关于产能过剩成因的研究**

韩国高等（2011）认为，产能过剩的直接原因是过度投资。闻潜（2006）认为，产能过剩的直接成因是投资和消费的关系失调，深层次成因则是宏观调控缺乏系统的理性思考。祝宝良（2013）认为，有效需求不足是产能过剩的主要原因。苏平（2013）认为，产能过剩的原因主要表现为：一是地方政府追求经济增长政绩；二是产业政策导致某些行业投资"一哄而上"；三是企业对市场信息把握不准。

**3. 关于产能过剩评价指标的研究**

王兴艳（2007）构建了产能过剩评价指标体系。该指标体系包括4个一级指标和17个二级指标，分别为固定资产（企业数量、设备数量、固定资产投资、年末生产能力）、产需与库存（供需比例、产能利用率、产销比、库存变化率）、行业效益与价格水平（行业总产值、总资产报酬率、销售利润率、本金收益率、利息支付倍数、市场价格指数）、劳动（劳动人员数、劳动工资水平、劳动生产率）。刘晔和葛维琦（2010）构建的产能过剩评价指标体系包括5个一级指标和14个二级指标，5个一级指标分别为供给能力、供需状况、经营状况、需求变动、在建产能。周劲（2007）从产能利用率、企业存货水平、其他经济效益指标（如产品价格、资金利润率、企业亏损面、市场环境、政策环境、原材料供应）等方面构建产能过剩评价指标体系。

**4. 关于产能过剩治理的研究**

杨振（2013）从激励扭曲角度研究了产能过剩的原因，提出的治理对策：第一，完善和优化企业的市场进入与退出机制；第二，培育和建设有效的企业控制权交易市场；第三，产业政策执行过程中，政策性补贴应由"输血"向"造血"转变；第四，统筹全局，加强对地方政府的竞争性引资监管。国家行政学院经济学教研部课题组（2014）提出的治理对策是：第一，围绕四个主体（政府、市场、企业、员工）进行标本兼治；第二，以法律和行政手段进行应急式治理；第三，给"高烧病"经济系统降温；第四，把纠正政府行为经济人化上升为当前改革的首要任务；第五，在经济转型升级中化解产能过剩；第六，利用国际市场化解产能过剩；第七，制定应对经济系统危机的预案。魏国江（2014）从产业生态系统共生视角研究了产能过剩治理问题，提出的治理对策是：第一，扩大企业的自主权，形成政府与企业的良性互动；第二，合理控制投资，增加有效供给；第三，加强管理，规范企业竞争行为，转变企业竞争方式；第四，促进发展方式转变，强化内涵发展，弱化外延发展。

**（四）关于弱势产业的研究**

经检索，学术界关于弱势产业的研究成果并不多，仅仅只有几篇。其中，保建云（2007）运用新贸易保护主义理论，从国际贸易的角度研究了我国弱势产业对外贸易问题。文章认为：大国与小国对待弱势产业的态度完全不同，大国可以利用大国规模经济效应提升弱势产业的比较优势，因此，我国应该采取措施，保护弱势产业发展。范纯增（2003）引入"产业竞争场"概念来研究弱势产业，文章主张对于弱势产业的处置可依据两条基本路径，一是向强势方向发展；二是产业弱势加重，最终退出竞争场。廖洪泉（2007）研究了国内区域竞争格局，文章指出，在"一刀切"的政策背景下，弱势产业、弱势区域参与全国竞争，处于极其被动的局面。胡瑞法等（2000）把传统农业作为弱势产业进行了研究，文章通过总结台湾地区发展农业的经验，认为应该重视弱势产业。

（五）关于优势产业的研究

劣势产业是相对优势产业来讲的，优势产业研究的理论基础、基本方法也可以应用在劣势产业研究之中。因此，学术界对优势产业的研究成果也具有借鉴价值。

我国学者关于优势产业的研究兴起于20世纪后期，涉及优势产业概念、特征、评价指标体系、发展措施等方面。

**1. 关于优势产业概念的研究**

冯江华和王峰（2000）从市场竞争力的角度指出，优势产业是指产出占比较大、资源配置合理、资本营运效率较高、发展前景较好的产业。何跃和卢鹏（2006）认为，优势产业是指具有市场竞争力和良好经济效益的产业部门。

**2. 关于优势产业类型的研究**

宋德勇和李金滟（2006）从优势来源角度，将优势产业分为外生优势产业与内生优势产业两种类别。内生优势产业比外生优势产业更为高级，更具竞争力和生命力，也更具持续性和稳定性。范松海等（2006）运用产业生命周期理论对优势产业进行了分类，将优势产业分为成熟型优势产业、成长型优势产业、潜在型优势产业三个类别，并进一步指出，优势产业显示出不同的发展阶段性特征，即萌芽期、进入期、成长期或成熟期四个阶段，而没有普通产业的衰退期。

**3. 关于优势产业评价指标体系的研究**

在学术界，很多学者如石庆焱（2005）、孙畅和吴立力（2006）、王文成等（2006）、宗刚和李红丽（2006）采用区位熵的方法进行评价。贺灿飞（2006）在此基础上，采用产业的净流出对区域优势产业做出了更为精确的判断。其方法是采取地区投入-产出表计算两个关键的产业指标，即净流出额和净流出额占总产出的比例，净流出额为正且净流出额占总产出的比例较高的产业通常具有比较优势，为优势产业。

**4. 关于优势产业发展措施的研究**

王建国（2005）提出了加快优势产业发展的一些综合措施：一是扶持龙头企业发展；二是促进产业集群发展；三是推动科技进步和应用推广；四是强化体制

机制创新；五是拓宽投融资渠道；六是实施人才培养和引进战略；七是规范经济发展秩序。刘军和高建（2006）认为，一个国家或地区，为了促进优势产业发展，应该做到因地制宜、因时制宜，针对不同区域、不同时间、不同产业采取不同措施。其中，加快老工业基地改造以便推进工业结构战略性调整，依靠技术进步以便推进优势产业升级，加大农业综合开发力度以便提高农业综合生产能力，大力发展第三产业以便扩大具有优势的第三产业部门等，都是一些有效措施。

（六）关于劣势产业的研究

总体上讲，学术界关于劣势产业的研究成果不多，经过检索，仅有数篇直接研究劣势产业的文章。陈迅（2002）研究了老工业基地的劣势产业，指出我国老工业基地的劣势产业包括两部分：一部分是指由于技术进步滞后，创新能力衰退、市场竞争能力弱的产业；另一部分是指在特殊时期，由于机械式嵌入，不具备比较优势的产业。李玲（2006）研究了劣势产业的退出问题，指出在产业结构的调整中，劣势产业的退出至关重要却又困难重重。劣势产业由于本身的特征及各种障碍，退出不但存在高昂的经济成本，还可能产生极大的社会成本，给社会稳定带来极大隐患。郑惠强（2010）研究了上海市劣势产业退出问题，文章在概述上海市劣势产业基本类型、形成原因、退出措施的基础上，分析了退出经验：各部门高度重视，形成合力；制定各项政策措施，形成体系；设立专项扶植资金，适当补助；加强调研和分析，探索创新；区分不同情况，分类指导。

## 四、研究内容

本研究着重分析武陵山片区劣势产业退出问题。具体内容包括以下几个方面：

第一章是绪论，介绍了武陵山片区劣势产业退出的宏观经济环境、武陵山片区的特殊区情，说明了本书研究的研究意义，概述了学术界相关的研究成果，探讨了研究内容、研究方法、创新与不足之处。

第二章是理论分析，一方面，从狭义和广义的角度概述了劣势产业；另一方面，分别述评了马克思主义产业结构理论和西方产业结构理论。本章旨在为本书研究提供理论基础。

第三章概述了武陵山片区产业发展的现状、存在的问题及劣势产业状况。一方面，旨在为本书研究提供现实基础；另一方面，旨在说明武陵山片区经济发展需要调整产业结构，产业结构调整需要发展优势产业，优势产业发展需要退出劣势产业。

第四章着重论述了武陵山片区劣势产业的退出机制、次序、壁垒和援助政策。本章首先论述了劣势产业退出的政府主导机制和市场倒逼机制，认为不同劣势产业退出的作用机制不同；其次指出劣势产业应该有序退出，不同劣势产业应选择优先退出、延后退出、逐步退出的次序；再次分析了劣势产业退出的资本壁垒、技术壁垒、渠道壁垒、社会壁垒、制度壁垒、文化壁垒；最后提出了援助政策。

第五章论述了武陵山片区传统农业退出问题。本章指出，传统农业仍然是武陵山片区农村主要的生产方式，但存在许多问题，与新时代中国特色社会主义市场经济格格不入，需要退出，但鉴于传统农业存在的普遍性和其自身的特殊性，只能通过转型升级，即发展现代农业，才能达到退出的目的。

第六章论述了重庆市武陵山片区产能过剩产业退出问题。本章根据我国产能过剩行业基本情况，采用定量分析的方法，得到的结论是：第一，烟草制品业历年的产能利用率分别为97.0%、87.2%、100.0%、93.7%、92.9%，均超过了79.0%，属于正常运转甚至在一定程度上属于超负荷运转的状态，这是黔江区政府把卷烟生产作为主导产业发展的结果。第二，以煤炭开采和洗选业、石油和天然气开采业等行业为主的开采业的产能利用率普遍低于50.0%，属于重度产能过剩的行业。第三，交通运输设备制造业的产能利用率属于比较典型的逐年下降的走势，未来必定是产能过剩行业，应该引起密切关注。

第七章论述了恩施州劣势产业退出问题。本章运用定量分析方法，得出的结论是：黑色金属矿采选业、非金属矿物制品业、造纸和纸制品业、专用设备制造业、印刷和记录媒介复制业、煤炭开采和洗选业为恩施土家族苗族自治州的劣势产业。建议分别采用清算破产、兼并重组、改造升级、转移、转产等措施引导劣势产业退出。

第八章论述了长阳县劣势产业退出问题。本章首先采用定量分析方法，联系长阳土家族自治县实际情况，把相对效率小于0.6的产业确定为劣势产业，分别为煤炭开采和洗选业、黑色金属矿采选业、造纸及纸制品业、非金属矿物制造业、黑色金属冶金及压延加工、专用设备制造业6个行业。其次根据长阳土家族自治县不同行业发展的具体情况，因地制宜地提出了劣势产业退出方式。

## 五、研究方法

### （一）文献研究法

文献阅读是本书研究的基础。一是阅读产业经济学、产业结构调整方面的研究著作和学术论文，为本书研究提供理论基础；二是阅读武陵山片区经济发展方面的研究著作和学术论文，为本书研究提供现实基础；三是阅读调查材料和统计数据，为本书研究提供数据材料。

（二）调查研究法

调查研究是本书研究的关键。本书研究主要采用了调查研究法。这是因为：第一，调查研究法是人文社会科学甚至是部分自然科学（考古学、地理学、生物学等）最常用的一种研究方法。第二，本书研究必须采用调查研究法。本书研究涉及的地域范围广，行政区域多，包括4个省（直辖市）、11个地级市（州）、71个县市，仅仅借助统计年鉴无法较全面地提供数据资料，只能通过大量的调查，收集相应的数据。

（三）定量分析法

定量分析法是经济学研究中常用的方法。在为数不多的几篇关于劣势产业的研究文献中，也使用了定量分析法，包括区位熵分析方法、DEA模型等。在本书研究中，仅对片区内部分行政区劣势产业（如重庆市武陵山片区产能过剩产业、恩施土家族苗族自治州劣势产业、黔江区劣势产业、长阳土家族自治县劣势产业）识别进行了定量分析，整个武陵山片区的劣势产业识别没有采用定量分析法。这是基于以下考虑：

首先，劣势产业是一个相对概念，是指某行政区范围内某一产业相对其他产业来讲，在产业发展规模、产值等数量方面处于劣势，或者是指在不同行政区之间，某一产业在发展规模、产值等数量方面处于劣势。不管是哪种情况，劣势产业都可以通过定量方法来识别，以"量"为标准来决定退出次序、退出方式。但是，由于武陵山片区经济发展落后，产业结构演进程度低，以传统产业为主，符合人类社会发展方向和产业结构演进趋势的战略性新兴产业、高科技产业、现代服务业发展滞后，其区位熵必定很低。如果按照计量结果，是应该退出的；如果联系实际，不仅不能退出，而且是应该重点发展的。

其次，本书研究涉及的地域范围广而杂。所谓"广"，是指包括4个省（直辖市）、11个地级市（州）、71个县市。所谓"杂"，是指行政区的不完整性，4个省（直辖市）是指湖南、湖北、重庆、贵州；在11个地级市（州）中，只有恩施土家族苗族自治州、湘西土家族苗族自治州、怀化市、张家界市、铜仁市完整地包含在武陵山片区内，其他6个市（宜昌市、遵义市、娄底市、益阳市、邵阳市、常德市）中，仅有部分县市包含在武陵山片区内，其中，益阳市仅有安化县，常德市仅有石门县在武陵山片区内。在我国特殊的"行政区经济"背景下，武陵山片区各地有各地的地方利益，较难形成经济共同体，对内统一生产，对外统一定价。因此，采用定量分析法识别整个武陵山片区的劣势产业是没有意义的。

再次，武陵山片区是一个相对封闭的市场，其内部各地可能互为市场。经过40多年的改革开放，国内任何地区都是开放的，只不过开放程度不同而已。武陵山片区由于经济发展落后，远离区域性经济中心（武陵山核心地区[①]首府所在地离各自省会城市的距离均在500公里左右），交通相对不便，市场信息不灵，是一个相对封闭的市场。同时，在武陵山片区内部，虽然在自然环境、经济发展、社会发育、民族文化、历史传统等方面相同或相似，各地具有高度的同质性，但由于行政分割的存在、资源禀赋的差异、发展战略的不同，不同地区很有可能互为市场。因此，采用定量分析法识别整个武陵山片区的劣势产业同样是没有意义的。

最后，考虑到人类社会经济发展大势、我国宏观经济环境及武陵山片区的区情，联系污染产业、产能过剩产业、衰退产业的实际情况，本研究认为，这些产业均存在各种各样的问题，会危害或不利于经济发展，是应该首先退出的劣势产业。在武陵山片区，这些产业的识别不需要进行定量分析。

## 六、创新与不足之处

（一）创新之处

本研究的创新之处在于：

1）研究主题具有一定新意。经济又好又快发展，是时代赋予我们的使命。在新时代供给侧结构性改革背景下，实践工作者和学术界多关注新兴产业、主导产业、支柱产业等发展问题，劣势产业的处置问题还未引起足够关注。学术界仅有为数不多的几篇文章，分别研究了重庆市和上海市的劣势产业退出问题。本书研究则系统分析了武陵山片区的劣势产业退出问题。因此，本书研究的理论意义和现实意义均比较突出。

---

[①] 在学术界，早已开展了对武陵山地区社会经济、民族文化等方面的研究，通常把恩施州、湘西州、张家界市、怀化市、铜仁地区、原黔江地区视作湘鄂渝黔交界地区或湘鄂渝黔民族地区。2011年，《武陵山片区区域发展与扶贫攻坚规划（2011—2020年）》出台以后，才有"武陵山片区"的称谓，并把地域范围从传统的6个地级市（州）扩大到11个地级市（州）。考虑到学术研究传统、民族分布情况、地理区位及武陵山地区各地长期存在的各种联席会议的联席方情况，把上述6地级市（州）所在地称为武陵山核心地区，与此相应，把武陵山片区其余地方称为武陵山边缘地区。

2）某些结论具有一定新意。第一，比较完整地分析了劣势产业退出的政府主导机制和市场倒逼机制。第二，提出了劣势产业应有序退出的观点，并结合实际情况，提出了劣势产业退出次序。第三，根据我国宏观经济发展背景，联系武陵山片区实际情况，依据计量结果，提出了重庆市、恩施土家族苗族自治州、长阳土家族自治县应该退出的具体产业。

（二）不足之处

本研究的不足之处在于，研究的地域范围主要在武陵山片区的核心区，其他区域关注不多。其原因在于：第一，武陵山片区包含4个省（直辖市）、11个地级市（州）、71个县市，地域范围较广，调查难度较大。第二，从学术传统来看，学术界过去研究的武陵山地区基本上是指前文所说的核心区，基于少数民族、自然环境、经济发展、社会文化、政策优惠等方面的考虑，我们也认为，武陵山片区主要指武陵山核心区。

# 第二章 武陵山片区劣势产业退出的基础理论

## 第一节 劣势产业概述

学术界从不同角度研究了产业及其发展问题。在与本书研究相关的文献中，人们较多地研究了优势产业发展问题。在产业结构调整及经济发展过程中，优势产业要发展，劣势产业必须有序退出。本书研究中的劣势产业，有狭义和广义之分。

## 一、狭义的劣势产业

（一）劣势产业的概念

狭义的劣势产业是指一个地区或一个国家的产业结构不具备区位、资源、技术、市场等优势，发展前景黯淡，缺乏竞争力的产业。它是相对优势产业来讲的，任何一个区域，既有其优势产业，也有其劣势产业。在优势产业中，优势程度有差别；在劣势产业中，劣势程度也有不同。

（二）劣势产业的特征

纵览劣势产业，它具有以下特征：

1）相对性。劣势产业总是相对于一定的地域范围来讲的，大到一个国家，小到一个县域。劣势产业一定是某个区域范围内的劣势产业，具有地域上的相对性。同时，劣势程度也有所不同，具有程度上的相对性。

2）萎缩性。劣势产业的市场需求不旺，呈现萎缩性特征。技术的进步、新资源的发现或传统资源的新利用，可能会生产出新的产品，从而产生一个新的产业或行业，该产业与行业生产的产品具有替代其他产业或行业生产的产品的可能性，被替代的产业或行业的市场需求不可避免地处于萎缩状态。例如，在20世纪80年代，化学纺织品广泛替代棉织品，导致棉纺工业市场需求的萎缩就是典型的案例。

3）多因性。劣势产业的出现，原因是多方面的，呈现出多因性的特征。一是资源的短缺或枯竭，导致某些产业衰退并逐渐演变为劣势产业。这种劣势产业在我国资源枯竭型城市尤为普遍。二是生产成本上升，商品价值增加，价格缺乏市场竞争力，导致某些产业成为劣势产业。近年来，由于劳动力价格上升，东南沿海地区某些劳动密集型产业成为劣势产业就是典型的案例。三是技术进步，尤其是推广应用困难，导致某些产业劳动生产率上升缓慢，经济效益低下，成为产业结构体系中的劣势产业，农业就是典型的案例。四是政策的变化导致某些产业成为劣势产业。近些年来，由于环境污染的日益加剧，环境政策越来越严厉，在经济发达地区和人口集中的城市，某些重污染产业已无立足之地，在短时间内成为劣势产业。

（三）劣势产业的识别

识别劣势产业最简单的方法就是区位商分析法。区位商又称专门化率，是空间经济学家哈盖特（P. Haggett）于1972年首先提出来的。哈盖特在衡量某一经济要素的空间分布状况时，用区位商反映某一产业部门的专业化程度，以及某一区域在高层次区域中的地位和作用。在产业结构研究中，运用区位商可以分析区域优势产业和劣势产业的状况。在我国学术界，区位商分析法逐渐成为判断一个产业是否构成一个地区优势产业或劣势产业的基本方法。

区位商是指一个地区某个特定部门的产值在地区工业总产值中所占的比例与全国该部门产值在全国工业总产值中所占比例之间的比值。如果区位商大于1，则可以判定该产业是该地区的优势产业，并且区位商越大，优势程度越高，该优势产业越有发展前景；如果区位商小于1，则可以判定该产业是该地区的劣势产业，并且区位商越小，劣势程度越明显，该劣势产业越没发展前景。此外，区位商还有另外两种表述方式：

其一，从从业人员的角度，区位商是指某区域某产业从业人数与该区域全部产业从业人数之比和全国该产业从业人数与全国所有产业从业人数之比相除所得到的商。

其二，从产值的角度，区位商是指某区域某产业产值在该地区总产值中所占的比例与全国该产业产值在全国总产值中所占比例之间的比值。

当然，用区位商分析法来识别劣势产业也有其局限性，即指标过于单一。用这种方法识别出来的劣势产业，有的可能只是短期内的劣势产业，但从长期来看，有可能发生转换，甚至经过一个较长时期的发展而成为优势产业。因此，在实践过程中，不能简单地依据区位商来决定产业结构发展的方向。

为了弥补区位商分析法的不足，我国学术界根据实际情况，提出了多指标识别法。例如，陈迅和秦廷奎（2001）采用七项指标即附加价值率、波及系数、能耗率、排污系数、技术进步率、生产上升率、需求收入弹性计算出总各产业的指标值，然后根据指标值把产业分为发展潜力大、发展潜力一般、发展潜力小三类，发展潜力最小的产业即为劣势产业。

（四）劣势产业的退出

劣势产业的退出一般有以下几种方式：一是关停。就是直接封锁厂房、销毁机器、清理资产、解散工人的退出方式。这是最极端的劣势产业处置方式，对于那些资源短缺、市场前景黯淡，兼具污染严重、产能过剩的劣势产业，可以采用这种退出方式。这种退出方式的优势在于退出彻底、干净，不留余地；劣势在于不利于社会稳定。二是破产。对于那些资产负债率过大、整个行业不景气的企业进行清理，予以果断破产。三是转移。即跨地区转移，对于那些因原材料短缺、生产场地受限、环境政策管制等而处于劣势状态的企业，虽然已不适合在当地发展，但仍具有一定市场需求，可以考虑向其他地区转移。四是转产。即跨行业转产，鼓励劣势产业的企业的生产活动向当地发展潜力较大的其他产业转移，进入前景较好的其他产业。五是出让。即跨地区但不跨行业转让。对于那些因原材料、技术、规模等引起的劣势产业中的企业，出让给其他地区的同行，成为其生产车间。

退出劣势产业是调整产业结构的关键环节，意义重大。但是，在退出过程中，不可避免地受到多种因素的阻挠，遇到各种障碍，学术界把这些阻挠或障碍称为退出壁垒。目前，劣势产业退出壁垒主要有以下几种：

1）资本壁垒。在退出过程中，采用关停的退出方式，将损失全部固定资产、部分流动资本，部分产品价值也无法实现；采用破产的退出方式，经过清算，无论是达成和解还是重组，都会带来巨大的经济损失；采用转移、转产、出让等柔性方式退出，也一定会增加再生产成本，导致一定的经济损失。无论是企业，还是地方政府都不愿意承担这些损失。因此，这些损失便构成了劣势产业退出的资本壁垒。

2）技术壁垒。对于那些劳动密集型的劣势产业而言，由于技术进步难度相对较大，设备相对落后，在转移、转产、破产等退出过程中，面临着技术引进、研发、运用的难题；原有设备磨损过度，行将报废，或技术落后，丧失市场价值；原有员工需要技术培训。因此，劣势产业的有序退出及再生产的顺利进行，需要先进技术作为支撑。先进技术客观上构成了劣势产业退出的技术壁垒。

3）社会壁垒。劣势产业的退出必然导致部分职工的失业，使其面临着再就业问题。就业是保障和改善民生的核心，保障和改善民生是新时期党和政府工作的重点内容之一。

资本壁垒、技术壁垒和社会壁垒构成了劣势产业退出的主要障碍。此外，政治因素、文化因素也有一定影响。

## 二、广义的劣势产业

广义的劣势产业是指由于多方面的原因，一个国家或地区存在的生产艰难、市场需求萎缩、在整个产业体系中处于不利地位的产业。通常来讲，广义的劣势产业除了包括狭义的劣势产业外，还包括衰退产业（传统农业）、污染产业、产能过剩产业等。

（一）衰退产业

任何产业都要经历由产生到衰退的变化过程，这个过程被学术界称为产业生命周期。产业生命周期一般分为四个阶段，即初创阶段、成长阶段、成熟阶段和衰退阶段。学术界又把处于衰退阶段的产业称为衰退产业。

1966年，美国经济学家雷蒙德·弗农在《产品生命周期中的国际投资与国际贸易》中首先提出产品生命周期理论。其后，经过多位经济学家的努力，逐渐发展成为产业经济学意义上的产业生命周期理论。该理论认为，任何产业在经历一个较长时间的成熟期以后，由于新产品或替代品的出现，原产业的市场需求开始逐渐减少，产品的销售量也开始下降，市场状况开始恶化，呈现出萧条景象，某些厂商被迫向其他产业转移资金，甚至完全从原产业退出。至此，整个产业进入了其生命周期的最后阶段——衰退阶段。

衰退的原因可能来自以下三方面：

其一，自然资源枯竭，也就是该产业赖以发展的资源，在经过长期的开采后，蕴藏量逐渐减少，直至枯竭。此时，该产业必然衰退。

其二，生产效率下降，也就是该产业赖以发展的核心技术进步困难或止步不前，生产效率相对其他产业日益下降，逐渐呈现出比较劣势。此时，该产业必然衰退。

其三，需求收入弹性的影响，也就是那些需求收入弹性较低的产业可能成为衰退行业。一般来讲，不同产业生产的产品，其需求收入弹性不一样。随着经济的发展，需求收入弹性较高的产业，需求量会扩大，产业兴旺；需求收入弹性较低的产业，需求量会缩小，产业衰退。

处于产业衰退期的企业，其发展战略定位主要包括以下三种：

其一，转产。这是处于衰退期企业的主要选择，原因在于成本相对较低，各种壁垒较弱，损失相对不大。前提是企业及时转产的损失小于滞留在产业内所导致的损失。

其二，转移。这也是处于衰退期企业经常性的选择，常常发生在那些资源枯竭、生产效率下降的产业中。转移将面临着资本壁垒、政治壁垒以及文化壁垒等障碍。

其三，固守。这就是既不转产，也不转移，而是固守本产业，力求在一定时间内有一定的发展。这是因为：第一，产业衰退期是一个或长或短的过程，其间，仍然有一定的市场需求，需要部分供给，这为部分企业提供了生存空间。第二，在产业衰退期，陆陆续续有部分企业先行转移或转产，整个产业的产品供给减少，竞争压力减小，利润率相对上升。第三，企业还可以通过增加投资、改进技术、更新设备等方法降低成本，通过帮助竞争者降低退出障碍来减少竞争对手，扩大市场份额，通过购买竞争者一部分生产能力，扩大生产能力直至具有一定程度的定价权。采用上述措施，足可保证企业在一定的时间内获得稳定的利润。

（二）污染产业

当今，人类社会面临着严峻的环境危机。我国作为发展中的大国，在经济高速发展的30多年里，环境问题日益凸显，成为民族与国家进一步发展的重大威胁。实施环境治理与保护，实现经济发展与环境保护的协调是我国面临的头等大事。

2003年6月，国家环境保护总局制定了《关于对申请上市的企业和申请再融资的上市企业进行环境保护核查的规定》。该规定将冶金、化工、石化、煤炭、火电、建材、造纸、酿造、制药、发酵、纺织、制革和采矿业13个行业规定为重污染行业；行业内申请上市的企业和申请再融资的上市企业要进行环境保护核查。

根据《关于对申请上市的企业和申请再融资的上市企业进行环境保护核查的规定》，对申请上市的企业实施环境保护核查的内容包括：污染物排放达标情况，排污许可证领取情况，企业单位主要产品主要污染物排放量同国内行业先进水平的比较情况，工业固体废物和危险废物安全处置率情况，新、改、扩建项目环境影响评价和"三同时"制度执行情况，环保设施稳定运转率情况，排污费缴纳情况，以及禁用物的使用情况。对申请再融资的上市企业实施环境保护核查，除上述情况外，还应包括以下内容：募集资金投向是否造成现实的和潜在的环境影响，募集资金投向是否有利于改善环境质量，以及募集资金投向不属于国家明令淘汰落后生产能力、工艺和产品，有利于促进产业结构调整。

2010年9月，环境保护部公布了《上市公司环境信息披露指南》（征求意见稿），该指南将火电、钢铁、水泥、电解铝、煤炭、冶金、化工、石化、建材、造纸、酿造、制药、发酵、纺织、制革和采矿业16类行业规定为重污染行业；重污染行业上市公司应当定期披露环境信息，发布年度环境报告。

从主观上来看，污染产业产生的原因很多，一是传统发展观的影响。传统发展观是一种非理性的发展观，把经济发展等同于经济增长，并把经济增长作为唯一目标，认为发展就是将"经济馅饼"做大。其特点是，追求高速度，推崇非均衡发展，注重眼前利益，物本高于人本，陷入"为发展而发展"的怪圈之中。因此，不顾一切地掠夺资源，建设了许多污染产业，边发展边污染，破坏了生态环境。二是单纯"唯GDP"政绩观的影响。为了追求经济的高速发展，在相当长的时间里，GDP是非常重要的考核指标。这样，一方面保持了我国经济30多年的高增长率，但另一方面也导致了我国多方面的非均衡增长，尤其是恶化了经济发展与环境保护的关系。

污染产业的转移是十分普遍的现象。一是污染产业的跨国转移。据研究，20世纪60年代以来，日本已将60%以上的高污染产业转移到东南亚国家和拉美国家，美国也将39%以上的高污染、高消耗产业转移到其他国家。二是污染产业的跨地区转移。一方面，从经济发达的地区向经济欠发达的地区转移。近年来，我国出现了势不可挡的产业转移浪潮，东部地区经济发展水平较高，自然资源短缺，劳动力成本高，环境污染管束严格，中西部地区经济发展水平较低，有快速发展经济的强烈愿望，自然资源丰富，劳动力成本低，环境污染管束宽松。在这种背景下，一些自然资源产业、劳动密集型产业、环境污染型产业从东部地区向中西部地区转移。另一方面，从城市向农村转移。城市尤其是大中城市经济发展水平较高，人口密集，环境污染管束严格，而农村经济发展水平较低，人口稀疏，环境污染管束宽松，在城市无立足之地的污染产业向农村转移。

无论是经济欠发达国家、地区，还是落后的农村，在迎接产业转移浪潮时，都应坚决拒绝污染产业的转移。

（三）产能过剩产业

通俗地讲，产能过剩是由于受到市场需求的限制，经济活动没有达到潜在产出水平，资源未能充分利用的状况。也就是说，产能过剩是在一定时期内，利用现有的技术条件，某个产业的实际产出低于生产能力，导致设备闲置、开工不足的现象。可见，产能过剩的核心是产品"供过于求"。

与产能过剩相近的概念有重复建设、过度投资、落后产能等。四个概念描述的都是产品"供过于求"现象，重复建设、过度投资从过程、原因的角度分析了产品"供过于求"现象，可以将其概括为产能过剩的原因；产能过剩是重复建设、过度投资的结果。落后产能是对"供过于求"进行技术判断，产能过剩是对"供过于求"进行市场判断。一般来讲，过剩产能往往包括落后产能，落后产能的淘汰有助于改变市场供求关系，减轻产能过剩的压力。

产能过剩的原因很多，归纳起来，主要包括以下几个方面。

1）市场失灵。投资于某个产业，对个别企业来讲，是理性的，但对社会来讲，可能是非理性的。全社会对某一产业的发展前景存在共识，可能引发大量投资，出现投资"潮涌"现象，导致产能过剩。

2）投资体制不合理。长期以来，投资在我国经济增长中起着重要作用，是经济增长的核心牵引力。由此形成了"重投资、轻消费"的经济发展理念。长期过高的投资率和不合理的产业投向导致某些产业供过于求，进而形成产能过剩。

3）宏观经济波动的负面影响。宏观经济周期性波动是市场经济体制必然的结果。市场经济体制国家，无论是发达的资本主义国家，还是新型市场经济国家，都会经历宏观经济波动。在宏观经济周期性波动过程中，当经济处于繁荣阶段时，企业具有扩大产能的冲动；当经济处于衰退阶段时，产能过剩就会不可避免地出现。

地方债务、房价高企、产能过剩，被称为影响我国经济结构调整的三大"绊脚石"。产能过剩不仅危害我国产业结构的转型升级，而且危害我国经济的可持续发展。具体来讲，产能过剩的危害性在于：

1）削弱产业良性发展的基础。在产能过剩环境下，企业之间为了争夺市场，势必展开激烈竞争，进行激烈的价格战。其结果必将削弱企业的盈利能力和技术创新能力，反过来将强化企业间的恶性竞争，导致产业发展陷入恶性循环。同时，国内过剩产能为寻找出路，往往流向国际市场，影响国际市场供需平衡，引爆国际市场价格战，价格竞争加剧，贸易争端增多，导致产业发展面临更为恶劣的国际环境。

2）造成严重的资源浪费。过剩产能的形成需要大量自然资源、人力资源和资本资源。对于人类来讲，无论什么资源，都是短缺的和宝贵的。我国是世界上少有的人口大国，许多资源人均占有量很少，是世界上资源短缺型国家之一。产能过剩产业生产的部分产品不能有效地售卖出去，只能储存在仓库中，不能为人们所用，不仅无法实现其价值，导致生产者的亏损，而且浪费了本来就稀缺的资源。

3）引致其他经济社会问题。产能过剩的危害是全面的。这种危害能够通过经济传导到社会、生态等多个领域。首先，可能影响社会就业。一方面，产能过剩产业的就业将受到影响，这是不言而喻的；另一方面，该产业还有其上、下游等相关产业，由于这些产业部分商品不能转化为货币，资金周转不活，企业的稳定生产势必受到影响，从而影响职工的就业。其次，破坏生态环境。许多过剩产能产业都是污染产业，污染产业的发展必然加剧生态环境的破坏。最后，影响社会稳定。

治理产能过剩是摆在我们面前的重要任务，综合考虑，产能过剩的治理应从以下几个方面入手。

1）充分发挥市场在资源配置中的决定性作用。市场的调节作用，就是通过市场的价格机制来调节产品供需，协调生产与消费，决定生产与消费。为此，政府应按市场经济体制的要求，推动产能过剩产业自由进入或退出市场，破除产业进入或退出壁垒。

2）实施产能过剩产业的跨国转移。一方面，国际经济体系中，在自然资源禀赋、技术进步程度、劳动力素质、资本等方面存在明显的差异性；另一方面，世界经济的发展存在广泛的不平衡性。这样的状况为产能过剩产业的跨国转移提供了条件，既可以采用对外贸易的方式将过剩产能转移到国外，也可以采用海外投资的方式将部分过剩产能转移到国外。

3）践行科学发展观，改革政府绩效考核体系。一方面，践行科学发展观，按照科学发展观的要求履行职能，摒弃传统的"唯GDP"发展观。规范政府投资行为，抑制企业盲目投资、过度投资行为，积极对经济发展思路及发展方式进行反思。另一方面，改革政府绩效考核体系，弱化GDP指标在官员考核、晋升中的作用，倒逼政府转变经济发展方式，将文化、教育、卫生、民生、环境保护、资源节约等指标纳入政府绩效考核体系中。

4）构建产能过剩问责机制。政府是行政管理主体，企业是经济行为主体。两者在产业发展中起着重要作用，对产能过剩负有义不容辞的责任。政府有责任制定科学的产业发展规划、规范自身投资行为、引导企业合理投资；企业有责任依照产业发展规划，规范自身投资行为。为此，对于产业发展规划不科学、政府过度投资、企业投资引导不力，从而造成产能过剩的地方政府应该追问责任；对于不符合产业发展规划、盲目投资的企业尤其是国有企业，应该追究企业负责人的责任。

5）规范市场准入机制与退出机制。建立科学的评价体系，对企业投资项目的市场前景及节能效果、环境污染进行评估和审查，规范市场准入机制，避免地方政府发展经济的盲目性,降低产能过剩的风险。同时,建立完善的退出机制,对过剩产能予以坚决退出。

6)信贷资源优化配置。信贷资源优化配置不仅能阻断过剩产能的融资渠道,有利于产能过剩问题的解决,而且有利于新技术以及高生产效率企业及时得到信贷资源的支持,促进产业结构的升级。

## 第二节　马克思主义产业结构理论

马克思主义政治经济学是人类思想史上的宝贵财富,不仅在经济思想史上是浓墨重彩的一篇,而且在实践中具有重要的指导意义。关于产业结构方面,也产生了许多经典理论。

### 一、产业划分理论

在马克思主义经济学的经典文献中,产业系指从事物质生产活动的部门或行业,如农业、工业等。恩格斯首先使用了"产业革命"一词。产业革命是指从资本主义工场手工业过渡到机器大工业的过程中发生的生产技术变革。在这个术语中,产业是指包括农业、工业在内的物质生产部门。

如今,产业概念已得到了全面扩展,不仅包括物质生产部门,而且包括非物质生产部门。也就是说,产业是指从事国民经济中同一性质的生产或其他社会、经济活动的企业、事业单位、机关团体的总和,即在社会分工条件下的国民经济各部门。

马克思将整个社会生产部门分为两大部类,即第Ⅰ部类和第Ⅱ部类。马克思把社会总产品的生产分成两大部类:①生产资料,即具有必须进入或至少能够进入生产消费的形式的商品。②消费资料,即具有进入资本家阶级和工人阶级的个人消费的形式的商品。

这两大部类中,每一部类拥有的所有不同生产部门,整合起来都形成一个单一的大的生产部门:一个是生产资料的生产部门,另一个是消费资料的生产部门。在这里,两大部类均为物质生产部门,不包含非物质生产部门。

### 二、结构均衡理论

马克思研究了社会经济发展的规律,提出了社会再生产顺利进行的条件,即各个生产部门应该保持适当的比例关系,保持协调和均衡发展。

在简单再生产条件下，从价值形态来看，第Ⅰ部类的可变资本加上剩余价值必须等于第Ⅱ部类的不变资本；从实物形态来看，第Ⅰ部类生产的生产资料总量应该等于两大部类消耗的生产资料之和，同理，第Ⅱ部类生产的消费资料总量应该等于两大部类消耗的消费资料之和。

在扩大再生产条件下，一方面，第Ⅰ部类生产的产品在补偿两大部类生产资料消耗后的余额等于两大部类追加的生产资料；另一方面，第Ⅱ部类生产的产品在补偿两大部类消费资料消耗后的余额等于两大部类追加的消费资料。

### 三、生产资料优先增长理论

马克思在分析了两大部类的关系后进一步提出了生产资料优先增长理论。他指出，随着资本主义生产的发展，机器和原料部分的投入资本在增加，花在工资部分的投入资本在减少，这是不容争辩的事实。随着机器体系的每一进步，由机器、原料等构成的不变资本部分不断增加，而用于劳动力的可变资本部分则不断减少。列宁在马克思的基础上，对生产资料优先增长理论作了更为明确的表述，即增长最快的是制造生产资料的生产资料生产，其次是制造消费资料的生产资料生产，最慢的是消费资料生产。

在我国，人们一般把生产生产资料的工业称为重工业，而把生产消费资料的工业称为轻工业。因此，该理论又叫重工业优先增长理论。

## 第三节　西方产业结构理论

劣势产业的退出是产业结构调整的过程和手段。在经济思想发展的历史过程中，不同发展阶段的学者们从不同角度对产业结构演进规律进行了探讨，提出了对产业结构调整具有指导意义的系统理论。这些理论也是劣势产业退出的理论基础。

在学术界，根据研究内容的不同，将产业结构理论大致分为结构演进趋势理论、结构调整理论和结构演变理论三类。

### 一、结构演进趋势理论

学界根据是否考虑国际贸易因素，将结构演进趋势理论分为封闭型结构演进理论和开放型结构演进理论两类。

(一) 封闭型结构演进理论

封闭型结构演进理论一般不考虑对外贸易对产业结构演进的影响。该理论发端于英国古典经济学家威廉·配第，经过科林·克拉克、库兹涅茨、霍夫曼等人的发展，到美国经济学家里昂惕夫逐渐成熟。

1) 配第定理。英国古典经济学家威廉·配第比较了不同产业从业人员的收入后，在其《政治算术》一书中指出：工业的收入相比农业较多，而商业的收入相比工业较多。这一结论揭示了不同产业间的收入差异。

2) 配第–克拉克定理。1940年，英国经济学家科林·克拉克出版了《经济进步的条件》一书，通过统计分析，不仅验证了配第定理，而且进一步指出：随着经济的发展，国民收入的提高，劳动力将从第一产业向第二产业转移；随着经济的进一步发展，劳动力进一步向第三产业转移。克拉克不仅发现了劳动力在不同产业间流动的规律，而且找到了这种流动的原因，即揭示了人均国民收入水平与产业结构变动的内在关联。

3) 库兹涅茨法则。美国经济学家库兹涅茨进一步发展了配第–克拉克定理，从就业和产值两个方面考察了产业结构演变规律。他在《各国的经济增长》一书中指出：第一，随着时间的推移与经济的发展，第一产业的产值比例和就业比例将不断下降。第二，第二产业的产值比例大体上是上升的，就业比例大体不变或略有上升。第三，第三产业的产值比例和就业比例基本上都是上升的。

4) 霍夫曼定理。德国经济学家霍夫曼研究了工业结构演变的规律。他在1931年出版的《工业化阶段和类型》一书中提出了著名的霍夫曼定理。霍夫曼将全部工业分为消费资料工业和资本资料工业两大类。他认为，随着经济的发展，消费资料工业净产值的比例将不断下降，资本资料工业净产值的比例将不断上升，即消费资料工业净产值与资本资料工业净产值的比例，就是霍夫曼比例。其结论是：霍夫曼比例是下降的。

5) 里昂惕夫投入–产出分析法。俄裔美国经济学家里昂惕夫开创了投入–产出分析法。该方法以一般均衡理论为基础，研究国民经济各部门之间投入与产出的数量关系，计算为满足社会最终需求各部门需要生产的产品总量，并据此推算各个产业发展前景和结构演变趋势。投入–产出分析法作为一种分析工具，在经济思想史上，首次定量讨论产业结构的演变规律；同时，投入–产出分析法在不同体制、不同时期经济发展和结合演变的预测与计划中得到了广泛的应用，具有较高的实用价值。

(二) 开放型结构演进理论

开放型结构演进理论把国际贸易作为影响产业结构演变的一个重要因素，认为在存在国际贸易及国际分工的前提下，一个国家或地区的产业结构演进呈现出不同的特点。开放型结构演进理论的代表人物有亚当·斯密、大卫·李嘉图、赫克歇尔、俄林、里昂惕夫、筱原三代平等。

1）亚当·斯密的绝对优势理论。英国古典经济学家亚当·斯密在他1776年出版的《国民财富的性质和原因的研究》一书中系统地阐述了绝对优势理论。绝对优势理论或称绝对成本说、地域分工说，是指两个国家生产某种产品的成本存在绝对差异，即一个国家所耗费的成本绝对低于另一个国家。据此，两个国家均生产成本最低的产品，然后彼此交换，两个国家均能从交换中获得较大利益。其逻辑是：首先，分工有利于提高劳动生产率，增加财富；其次，分工的基本原则是成本的绝对优势；再次，国际分工是分工发展过程中的最高阶段，以国际分工为基础开展的国际贸易，给贸易双方都会带来利益；最后，国际分工的基础是有利的自然禀赋或其他有利条件。

2）大卫·李嘉图的比较优势理论。英国另一位古典经济学家大卫·李嘉图在绝对优势理论的基础上，提出了比较优势理论。比较优势理论认为，国际贸易的基础是生产技术与成本上存在的相对差别。每个国家都应集中生产并出口其具有比较优势的产品，进口其具有比较劣势的产品。这样，贸易双方均可从劳动力节省、专业化分工、劳动生产率提高过程中获得好处。

3）赫克歇尔-俄林的要素禀赋理论。要素禀赋理论是瑞典经济学家赫克歇尔和俄林共同提出来的，是关于国际贸易理论的基础，简称赫克歇尔-俄林原理，或赫-俄原理（H-O原理）。该理论是用生产要素丰裕程度的不同来解释国际经济分工的理论。该理论认为，一个国家在国际贸易中的比较优势是由其生产要素的丰裕程度决定的。一个国家应生产和出口较密集地使用其较丰裕的生产要素的产品，进口较密集地使用其较稀缺的生产要素的产品。也就是说，在一般情况下，国际贸易取决于各国生产要素的禀赋。

4）里昂惕夫之谜。1953年，美国经济学家里昂惕夫运用其投入-产出分析法，对美国20世纪40~50年代的对外贸易进行统计分析，考察了美国出口产品的资本-劳动比和进口产品的资本-劳动比，结果发现，美国出口产品的资本-劳动比低于进口产品的资本-劳动比。事实上，在各种生产要素禀赋中，美国资本要素丰裕，劳动力要素相对短缺。这与要素禀赋理论是相悖的，这就是著名的"里昂惕夫之谜"。在西方经济学界，对"里昂惕夫之谜"提出了多种解释，代表性的学说有技术差距理论、新要素贸易理论、偏好相似理论、产业内贸易理论、人力资本说等。

5）筱原三代平的动态比较成本说。日本经济学家筱原三代平认为，大卫·李嘉图的比较优势理论是静态的，不能有效解释一些经济现象。于是，筱原三代平提出了动态比较成本说。他认为，比较成本具有动态性。也就是说，每个国家的经济发展都是一个动态的过程。在这一过程中，生产要素禀赋会发生变化，其变化的程度和速度在不同国家和地区会有很大的不同，从而引起一国经济在世界经济中的地位发生变化。因此，他强调：动态比较优势的形成要借助国家的干预力量；一国经济的发展在很大程度上还取决于政府的支持程度；一国的国际贸易优势应与合理的产业结构保持一致。

## 二、结构调整理论

基于产业结构的演进趋势理论，学术界对产业结构的调整进行了深入研究，提出了众多产业结构调整理论。在这些理论中，学术价值较大、社会影响较广的有刘易斯的二元经济结构转变理论、赫希曼的不平衡增长理论、罗斯托的主导部门理论和筱原三代平的两基准理论，等等。

1）刘易斯的二元经济结构转变理论。1955年，美国经济学家刘易斯首先提出了二元经济结构理论。在其《劳动无限供给条件下的经济发展》一文中指出：发展中国家并存有传统的农业经济体系和现代工业体系，两大经济体系构成了二元经济结构。他认为，在发展中国家传统的农村经济体系中，由于存在着大量过剩人口、耕地数量有限、生产技术简单又很难突破，农业生产中的边际生产率趋于零。而在发展中国家现代工业体系中，由于存在着具有可再生性的生产资料，生产规模易于扩大、发展速度易于提高，劳动边际生产率及工资水平均高于农业部门，便于工业部门从农业部门吸收剩余劳动力。另外，由于农村劳动力是廉价的，工业部门只需要支付较少的劳动报酬，便可获得相对较高的利润，这些利润被投入到扩大再生产过程中，又可以从农业部门吸收更多的剩余劳动力到工业部门，获得更多利润……如此循环，形成一个良性的运行过程，逐步消减二元经济结构，实现结构转换和经济发展。此后，费景汉、拉尼斯等人修正了刘易斯模型中的假设，进一步完善了二元经济结构转变理论。

2）赫希曼的不平衡增长理论。不平衡增长理论是美国经济学家赫希曼于1958年在其《经济发展战略》一书中首先提出的。该理论主张：发展中国家应集中有限的资金和其他经济资源，有选择地在某些部门优先投资，促进其优先发展，然后利用其外部效应，带动其他部门逐步发展。同时进一步指出，政府如果选择具有战略意义的产业部门，如基础设施建设部门进行投资，就可以带动整个经济的发展。不平衡增长理论还提出了连锁效应概念。连锁效应包括前向关联效应、后向关联效应、旁侧关联效应三种。

3）罗斯托的主导部门理论。罗斯托是美国著名经济史学家，1960年出版了

《经济成长的阶段》一书，提出了主导部门理论。罗斯托根据一定的技术标准，把人类社会经济活动的成长过程分为六个阶段，即传统社会阶段、为起飞创造前提阶段、起飞阶段、成熟阶段、高额群众消费阶段、追求生活质量阶段；每个阶段都存在起主导作用的产业部门，即主导产业部门；每个阶段的演进都以主导产业部门的更替为特征；主导部门通过回顾、前瞻、旁侧三重影响带动其他部门发展。与经济成长阶段相对应，他还列出了后五个阶段的主导部门：在为起飞创造前提阶段，主导部门是食品、饮料、烟草、水泥、砖瓦等工业部门；在起飞阶段，主导部门是非耐用消费品的生产部门；在成熟阶段，主导部门是钢铁、煤炭、电力、通用机械、肥料等工业部门；在高额群众消费阶段，主导部门是汽车工业生产部门；在追求生活质量阶段，主导部门是服务业、城市和城郊建筑等部门。罗斯托还认为，主导部门序列不能随意改变，任何国家都要经历由低级到高级的演变过程。

4）筱原三代平的两基准理论。两基准理论是日本经济学家筱原三代平提出的规划产业结构的两个基本准则。所谓两基准是指收入弹性基准和生产率上升基准。所谓收入弹性基准，是指以需求收入弹性的高低作为选择战略产业的基本准则，要求把积累投向收入弹性大的行业或部门。所谓生产率上升率基准是指以劳动生产率的高低作为选择战略产业的基本准则，要求把积累投向生产率上升最快的行业或部门。

## 三、结构演变理论

结构演变理论可以分为雁行形态演变模式和产品循环演变模式两种。

1）雁行形态演变模式。雁行形态演变模式是日本经济学家赤松要提出的一种结构演变模式。他认为，在产业发展方面，落后国家的产业发展为了赶超先进国家，其产业结构的变化应按进口–国内生产–出口的模式相继交替发展。这个结构变化过程表现在图形上，就像三只大雁在飞翔，故称之为雁行形态演变模式。产业发展的雁行形态演变模式的具体表现为：第一只雁是进口浪潮，这是由国外产品大量进口引起的；第二只雁是国内生产浪潮（或替代进口浪潮），这是由进口刺激国内市场引起的；第三只雁是出口浪潮，这是由国内生产发展引起的。雁行形态演变模式揭示了后进国家参与国际分工、实现产业结构升级的基本途径。

雁行形态演变模式还有两个变型：其一，产业发展的顺序一般遵从从消费资料到生产资料、从农业到轻工业再到重工业的过程，其二，消费资料的发展不断从粗制品向精制品转化；生产资料的发展不断从生产生活资料的生产资料向生产生产资料的生产资料转化。生活资料和生产资料的生产都需要生产资料。钢铁可以用来生产生活资料的小轿车，也可以用来生产生产资料的大卡车，钢铁作为生产资料，它需要另外的生产资料，如铁矿石和煤炭。总而言之，生产资料优先增长。

2）产品循环演变模式。产品循环演变模式是讨论国际贸易对发达国家产业结构影响的理论。最早由美国麻省理工学院教授弗农提出。弗农认为，发达国家产业发展的过程必经四个阶段：第一，国内新产品问世、市场形成和扩大。第二，开拓国外市场，产品出口至国外。第三，随着国外市场的形成，资本和技术紧随其后出口，与后进国家廉价劳动力相结合，形成生产能力。第四，国外生产能力的形成，又会使这种产品以更低的价格打回本国市场，发达国家放弃该产品的生产而去开发新产品。上述四个过程的连续化进行就形成了产品循环，即新产品开发—国内市场形成—出口—资本和技术出口—进口—开发新产品。

# 第四节 产业结构理论的适应性

任何一个理论，都有其产生的特殊时代背景，也有其独特的适应环境。无论背景与环境如何，照抄照搬理论，只能是教条主义，既有可能造成对理论的误解，也有可能给实践带来损失。

## 一、马克思主义产业结构理论的适应性

（一）马克思主义产业结构理论的指导意义

**1. 马克思主义的指导地位是历史的选择**

中国现代历史表明，把马克思主义作为指导思想，是革命和建设事业取得成功的关键。在马克思主义指导下，中国共产党取得了新民主主义革命的胜利，完成了生产资料所有制的社会主义改造，建立了社会主义制度；十一届三中全会以来，中国共产党坚持进行改革开放，取得了举世瞩目的成绩。中国特色社会主义，就是马克思主义基本原理与我国基本国情相结合的产物，走中国特色社会主义道路，就要既坚持马克思主义基本原理，又结合我国的具体国情和时代特征。

**2. 马克思主义产生的历史背景与我国当代经济社会发展状况具有相似性**

马克思主义经济学产生于19世纪中叶。当时，在政治上，资产阶级是统治阶级，资本主义的意识形态是主流的意识形态，资产阶级的经济学是主流的经济学，但在经济上，资本主义工厂正在蓬勃发展，正值资本主义的上升时期，处于

市场经济完善与发展阶段。反观我国当今时代特点，在政治上，我国是社会主义国家，在马克思主义基本原理指导下，走中国特色社会主义道路，但在经济上，也处于市场经济体制发展与完善阶段。也就是说，虽然政治体制不同，但经济体制和经济发展阶段具有相似性。因此，需要紧密联系我国基本国情，灵活运用马克思主义基本原理，充分发挥马克思主义经济学基本原理及其具体观点对我国经济发展的指导作用。

**3. 马克思主义产业结构理论具有科学性**

马克思主义产业结构理论，揭示了社会化大生产条件下经济发展及产业结构变化的一般规律，对于我国经济建设的指导意义体现在以下几个方面：

1）关于社会主义生产过程必须按比例、协调发展的规律。党的十八大以来，市场在资源配置过程中起着决定性作用。这就要求，一切经济活动遵循价值规律、适应市场供求关系的变化；正确运用价格杠杆和竞争机制等。但是，由于市场失灵的存在，必须加强和改善宏观调控。在宏观调控的过程中，必须遵循按比例协调发展的规律，保持经济总量即保持社会总供给和总需求的基本平衡。这是因为：第一，社会总供给与总需求之间的平衡是保持国民经济按比例、协调发展的最重要的一种平衡关系，是实现国民经济持续快速发展的必备条件。第二，社会总供给与总需求之间的平衡是宏观经济良性循环和微观经济有效运行的基础。第三，社会总供给与总需求之间的平衡有利于发挥市场机制的功能，实现资源的优化配置，更好地满足人民群众的需要。

2）关于生产资料优先增长的原理。生产资料是生产其他一切社会财富的物质基础，没有生产资料的优先增长，消费资料的增长就失去了物质基础。因此，总体上来讲，生产资料优先增长理论具有正确性。这就要求在经济发展过程中，根据两大部类关系的原理，处理好农业、轻工业、重工业之间的比例关系。当然，我们不能片面地理解生产资料优先增长理论。生产资料生产优先增长理论只表明经济发展的一种趋势，并不是在任何条件下，生产资料生产都要比消费资料生产增长得更快，更不表示生产资料生产可以脱离消费资料生产而片面发展。

3）社会再生产过程中的价值补偿和实物补偿的原理。一方面，社会总产品的价值补偿是社会主义生产和再生产正常进行的基础，这是因为，社会再生产要顺利进行，最基本的条件是社会总产品必须销售出去，才能实现商品价值，为买回再生产所需的生产资料和劳动力提供必要的货币；另一方面，社会总产品的实物补偿是社会再生产顺利进行的保证。社会主义再生产要正常进行，必须保证上一个生产过程中消耗的生产资料和劳动力得到替换和补偿，即要在市场上购买到生产资料和消费资料，否则，再生产过程就会停止。

### (二) 马克思主义产业结构理论的局限性

马克思主义产业结构理论产生于 19 世纪中叶，受限于人类经济发展水平和经济学发展水平，不可避免地存在一些局限性。对这些局限性的准确认识和把握是我们坚持马克思主义指导地位的前提。

**1. 产业划分理论的局限性**

马克思把人类经济活动分为两大部类，即生产资料的生产和消费资料的生产。其局限性在于：第一，人类经济活动分为生产资料的生产和消费资料的生产两大部类，未能涵盖人类全部经济活动。生产资料的生产和消费资料的生产都是物质生产部门，遗漏了非物质生产部门（服务部门）。事实上，人类社会发展到今天，服务业已经成为最重要的经济部门，在西方发达国家，出现了"经济服务化"现象，即使在发展中国家（如我国），第三产业产值在总产值中的占比也已超过50%。第二，把人类经济活动分为生产资料的生产和消费资料的生产两大部类，难以准确地对部分企业归类。在经济发展实践中，广泛存在着一些企业，既可生产生产资料，也可生产消费资料，或者说，其产品既可以成为生产资料，也可以成为消费资料，那么，这样的企业归入哪个部类呢？马克思的两大部类理论，无法回答这个问题。然而，在德国经济学家霍夫曼那里，就能找到答案。霍夫曼把国民经济的物质生产部门分成三类：消费资料产业、资本资料产业和其他产业。他进一步指出，其产品全部或75%以上为消费资料的企业归入消费资料产业，其产品全部或75%以上为资本资料的企业归入资本资料产业，除此以外，其他企业都归入其他产业。

**2. 结构均衡理论的局限性**

马克思在描述社会再生产顺利进行的条件时指出，只有在各个产业尤其是两大部类均衡发展时，社会再生产才能顺利进行。社会经济活动不仅仅只有物质生产部门，还有在现代社会更为重要的非物质生产部门。一般来讲，农业是基础，工业是主导。在人类社会发展的早期，包括农业、工业在内的物质生产部门确实很重要，其直接提供物质产品，满足人们日常之需。但是，当人类社会发展到当今，温饱问题已基本解决，发展与享受已成为社会的主流需求。在这种背景下，服务业尤其重要。它既服务于经济发展，也服务于人类生活。因此，一方面，结构均衡应该是包括服务业在内的各个产业之间的结构均衡；另一方面，鉴于服务业的重要作用，服务业不仅不能满足于简单的均衡发展，甚至应该超前发展。

**3. 生产资料优先增长理论的局限性**

马克思首先提出了生产资料优先增长的观点，列宁在此基础上进一步完善形成了生产资料优先增长理论。该理论既是实践经验的总结，也经得起逻辑推理，后来又被德国经济学家霍夫曼所证实。但是，苏联、中国计划经济体制时期广泛运用这一理论来指导社会主义经济建设实践，并未取得理想的结果。苏联把生产资料优先增长理论发挥到极致，重点发展生产资料工业，导致生产资料工业和消费资料工业的严重失调，生产资料严重过剩，消费资料异常短缺，人们因生活困难而普遍不满，这最终成为苏联解体的一个重要原因。

实践表明，生产资料优先增长理论是有前提的。其前提是：

第一，生产资料优先增长必须和一定的经济社会发展阶段相联系。在人类社会发展的某些阶段特别是工业化阶段，这一理论是成立的。在工业化的过程中，生产资料工业是发展的基础，应该优先发展。但是，一方面，在传统农业社会，生产资料工业没有发展的物质、技术基础和社会需要，没有发展的可能性和必要性；另一方面，在现代发达国家，整个社会经济已服务化，生产资料工业发展已无足轻重，显然无须优先发展。

第二，生产资料优先增长不能牺牲消费资料的生产。其一，在西方经济学看来，企业的生产目的是利润最大化，利润最大化又必须适应市场需求的变化，满足人们生产、生活的需要。在政治经济学（社会主义部分）看来，企业的生产目的是满足人民群众不断增长的物质和文化生活的需要。因此，不管是资本主义的企业，还是社会主义的企业，都是市场经济体制下的企业，都应该遵循市场经济规律，自觉按照市场经济规律办事。其二，刻意强调生产资料优先增长，过度忽视消费资料的生产，与马克思主义结构均衡增长理论是矛盾的。

第三，生产资料优先增长理论仅适应封闭的政治经济环境。在一个封闭的政治经济环境中，经济发展完全依靠自身的资源、资本、技术和劳动力，产品在经济体内基本自给自足，对外贸易无足轻重，且有比较完整的经济体系。这种状况只适用于特定时期的特定大国，如苏联、计划经济体制下的中国。在一般情况下，人类社会始终处于全球化过程中，经济活动本质上是开放的，对外贸易与人类社会相伴，如影随形。在这样的背景下，国际分工越来越细化，每一个国家或地区在世界经济体系中处于不同地位、扮演不同角色、承担不同任务。因此，忽视国际分工的客观存在和影响，片面地照搬和运用生产资料优先增长理论，必将自囿于国际经济环境，不利于经济的发展。

（三）马克思主义产业结构理论的启示

马克思主义产业结构理论虽有其局限性，但科学性仍然是主要的，对我国新时代中国特色社会主义市场经济具有强有力的指导作用。马克思主义产业结构理论的启示如下：

第一，深刻领会理论的科学内涵，认真分析理论产生的时代背景，牢牢把握理论的适用条件，绝不能不顾客观环境和条件，照抄照搬马克思主义理论。

第二，具体到武陵山片区，由于多方面的原因，存在着较为严重的重复建设或产能过剩，区域经济各个产业之间、行业之间不协调，给社会经济发展带来了多方面的不良影响，应该采用各种方式，有序退出过剩产能产业。

## 二、西方产业结构理论的适应性

（一）西方产业结构理论的指导意义

**1. 我国当前经济发展体制与西方产业结构理论的产生背景、运用环境等方面具有某些相似性**

尽管我国当前的政治体制与西方发达国家有显著的区别；西方经济学家多站在资产阶级的立场，为资本主义服务；西方经济学理论多有明显的资产阶级意识形态印记。但是，在经济体制上，我国正在发展和完善社会主义市场经济体制，这与西方国家的市场经济体制具有相似性。其共同点在于：市场在资源配置中起着决定性作用，都应遵从市场经济规律；政府起着宏观调控、弥补市场失灵的作用，其职责在于提高服务。其不同点在于：我国的市场经济是在马克思主义指导下，走社会主义道路，服务于广大民众的市场经济，而西方国家的市场经济是在西方经济学及其主流意识形态的指导下，按照利益最大化的原则，为资产阶级服务的市场经济。因此，无论是从产生背景，还是从运用环境来看，西方产业结构理论对我国市场经济体制下的产业结构调整都具有一定的指导意义。

**2. 西方产业结构理论本身具有一定的科学性**

从产业结构演变趋势理论（从配第定理到里昂惕夫之谜）来看，无论是一个国家或地区的纵向比较，还是经济发展水平不同的世界各国的横向比较，都能大致证实或应验产业结构演变趋势理论。因此，根据这些结论来安排产业发展规划、制定产业发展政策、预测产业发展方向，应该具有一定的科学性。

从比较优势理论（从亚当·斯密的绝对优势理论到筱原三代平的动态比较成本说）来看，经过近两百年的发展，比较优势理论不断成熟。其不仅在国际贸易中被广泛运用，成为指导各国发展对外贸易的基本理论，而且被广泛运用在区域经济发展中，成为指导各地产业发展的基本理论。改革开放以来，在我国市场经济体制建设和发展过程中，各个地区均运用比较优势理论，按照生产地域分工原则，根据生产要素禀赋情况，发展有区域特色的特色优势产业。特色优势产业的发展，推动了我国区域经济的发展。当然，在学术界，不时也有另外的声音——

"比较优势陷阱"。对此,我们应该辩证地看,一方面,比较优势理论对我国产业结构的调整、区域经济的发展确有指导意义;另一方面,影响经济发展的因素是多方面的,劳动力素质、科学技术、管理水平等都起着重要作用。总而言之,运用比较优势理论来进行经济布局,有利于经济发展,并不必然带来高速度发展,更不必然导致高水平发展,更难以带来高质量发展。

从结构调整理论来看,西方产业结构理论实际上是发展经济学理论。从理论角度来讲,产业结构与经济发展之间具有密切的关系,一方面,合理的产业结构有利于经济发展,产业结构不合理将不利于经济发展;另一方面,经济发展水平的提高,也有利于产业结构的高度化。一句话,产业结构与经济发展互为因果。在广大的发展中国家,经济发展水平低,产业结构演进程度低。通过产业结构的调整来推动经济发展,几乎是所有发展中国家必须采取的措施之一。我国在国民经济发展计划中,就明确提出过"发展是主体,结构调整是主线"的思路。从这个意义上来说,二元经济结构理论、不平衡增长理论、主导部门理论和两基准理论均具有一定的科学性。

(二)西方产业结构理论的局限性

任何一个理论都不是普遍真理,也不是治疗百病的"灵丹妙药",都有其局限性。

从理论的创立者来看,任何一个理论创立者都有其阶级立场,代表其阶级的利益,为其阶级服务;都有其特殊的家庭背景、学习经历、社会阅历;都有其特殊的知识结构、研究环境。因此,任何一个理论都深深烙上了创立者的印记,都不是普适的真理。

从理论的运用环境来看,不同的国家或地区,在经济发展历程、经济发展水平、经济资源禀赋、政治体制、民族文化等方面均有巨大差别,可谓"世界之大,无奇不有"。因此,没有任何一个理论能够普适于不同的国家或地区。

从理论的运用者来看,正如每一个理论创立者都有其特殊性一样,每一个理论运用者也都有其特殊性。每一个理论运用者对理论的理解可能不一样,对运用环境的把握可能不一样,其结果也可能不一样。这就要求,理论运用者需要在准确理解理论的基础上,结合运用环境,将理论本土化。

# 第三章　武陵山片区产业发展概况

区域产业发展状况是产业结构调整的基础，也是劣势产业选择与退出的基础。本章着重介绍武陵山片区产业发展的基本情况、存在的问题及劣势产业状况，为劣势产业退出提供现实基础。

## 第一节　武陵山片区产业发展现状

### 一、武陵山片区产业发展基本情况

武陵山片区地理位置偏远、自然环境恶劣、对外交流不便、民族分布复杂、经济开发滞后，自古以来就是我国经济发展落后地区。与此相应，产业发展也十分落后。

(一) 农业是重要的基础产业

武陵山片区属于南方山地农业区。片区内大部分地区的海拔在 500～1500 米，大部分地区水、热资源丰富，有利于各种植物的生长，稻、麦能够两熟，是我国重要的一块生物资源"宝地"。千百年来，各个民族先民就在这里从事着农业生产，种植的农作物有水稻、玉米、小麦、红薯、土豆、油菜等，养殖的动物有猪、牛、羊、鸡等。田间耕作是主要的生产活动，日出而作，日落而息，按照传统经验，春耕秋收，秋收冬藏，过着自给自足的生活。

由于自然环境恶劣，技术落后，农产品产量偏低；交通不便，市场发育不良，农民市场意识淡薄，农产品市场化程度低。农民从事农业生产的收入微薄。改革开放以来，大量农村劳动力放弃农业生产，外出务工，导致农村劳动力短缺，大批耕地抛荒。

尽管如此，农业仍然是武陵山片区重要的基础产业。据统计，1952 年，恩施州农业产值为 0.57 亿元，占地区生产总值的 66.3%（按当年价格计算）。根据《恩施州统计年鉴2016》，2016 年恩施州第一产业增加值为 152.52 亿元，占地区生产总值 735.7 亿元的 20.7%；根据《湘西州统计年鉴2016》，湘西州地区生产总值为530.9亿元，第一产业增加值为80.8亿元，占地区生产总值的15.2%；根据《铜仁统计年鉴2016》，2016年铜仁市生产总值为856.97亿元，农业实现增加值202.7亿元，占地区生产总值的23.7%。总体上讲，武陵山片区各地第一产业产值比例远高于全国的平均水平（9%）。这说明，农业在武陵山片区各地经济发展中具有极其重要的地位。

此外，武陵山片区农业的基础作用还表现在以下几个方面。

第一，提供粮食。2016年，恩施州全年粮食播种面积647.46万亩[①]，粮食产量149.77万吨；油料播种面积97.38万亩，产量10.70万吨；全年生猪出栏467.6万头，全年畜禽肉产量44.98万吨。[②]

第二，提供原材料。武陵山片区的经济作物有油茶、烤烟、烟叶、桑蚕、茶叶、魔芋、百合、中药材、油菜、苎麻等，为轻工业发展提供了大量原材料。据统计，2016年，恩施州烟叶种植面积48.17万亩，产量5.82万吨；茶园面积147.31万亩，产量9.53万吨；[③] 铜仁市油料作物播种面积86 579公顷，产量15.18万吨；实有茶园面积106 409公顷，产量3.55万吨；果园面积31 363公顷，产量28.05万吨。[④]

第三，提供剩余劳动力。农业相对其他产业来讲，劳动生产率较低，农民收入较低。武陵山片区大量农村剩余劳动力外出务工，据统计，2016年末恩施州总人口404.01万人，常住人口334.6万人，近70万人外出务工。这些农民工承担了城市里劳动强度最大、工作环境最差、职业风险最大的工作，为我国东部地区及中西部城市经济发展做出了巨大贡献。

（二）工业发展基础薄弱

武陵山片区工业发展的自然资源非常丰富。片区内除了蕴藏大量的石灰岩、大理岩等建材外，还有丰富的其他矿产资源，如湘西州境内已发现的矿种达48种，已经探明的38种矿种中，主要有烟煤、石煤、磷、锰、铝土、铅、锌、镍、铝、汞等。在武陵山片区内，西阳与秀山汞矿、花垣锰矿、石柱煤矿、鹤峰磷矿、黔江煤矿、大庸磷矿、凤凰汞矿、龙山铅锌矿、龙山紫砂陶土矿、松桃锰矿、铜仁石英矿、万山汞矿等具有品位高、储量大的特点（李万，1987）。水能资源中，除了长江、乌江干流外，还有清江、沅江等河流，理论蕴藏量在1400万千瓦以上，目前，开发利用的水能资源只占可开发量的5%左右。

---

① 1亩≈666.7平方米。
② 数据来源于http：//www.enshi.gov.cn/sj/qztjgb/201705/t20170505_392321.shtml。
③ 同上。
④ 数据来源于http：//www.trs.gov.cn/zfsj/tjnj/202010/t20201029_64632207.html。

武陵山片区的工业资源一直未能得到有效开发，主要原因总结如下：

第一，开发条件所限。地理位置偏远，交通不便，远离经济中心和消费市场，大规模开发的成本较高。

第二，武陵山片区各地内经济发展水平一直较低，是我国典型的集中连片特困地区，自主开发的资金不足。

第三，武陵山片区内自然资源开发还存在技术、生态、政策等方面的障碍。

武陵山片区工业发展的历史基础薄弱。1949年以前，武陵山片区除了一些传统手工业外，几乎没有工业。"一五"计划时期是我国工业发展的一个重要阶段，进行了大规模的资源开发，建设了大批资源开发型工业企业，但武陵山片区不是开发的重点区域，开工的147个项目中，武陵山片区没有一项。"三线建设"时期是我国国防工业（重工业）飞跃发展时期，也是我国中西部地区工业继"一五"后又一个大发展时期。武陵山片区整体属于"大三线"地带内，但由于建成后国际国内政治、经济、外交形势均发生巨大变化，和平与发展已成为时代的主流，许多"三线建设"企业被迫迁移、转产或者闲置，甚至废弃。如今，武陵山片区内"三线建设"企业所剩无几。

"四五"计划时期是武陵山片区工业发展的初步阶段。当时，在各省份完整的国民经济体系和工业体系的指导下，各地发展"小煤矿厂""小钢铁厂""小化肥厂""小水泥厂"和"小机械厂"，即"五小工业"，中央财政拨出专项资金80亿元用于发展地方"五小工业"。其间，几乎每个县市都建起了相应的工业企业。"五小工业"提高了当地资源利用率，增强了地方经济实力。同时，县域经济结构发生了改变，工业产值比例进一步提高，在我国农村工业化过程中起着重要作用。改革开放初期，东部沿海地区乡镇企业的快速发展，给武陵山片区"五小工业"的发展造成了巨大的冲击。面对残酷的市场竞争，武陵山片区"五小工业"或倒闭、或出让、或转产，绝大部分不复存在。

21世纪以来，东部经济发展水平较高地区面临着国际经济环境的恶化、国内劳动力成本的上升和生态环境管控的严厉等问题，加速了产业结构转型升级的步伐，逐渐把一些劳动密集型产业、资源浪费型产业、生态破坏型产业向外转移，呈现出了一股产业转移的浪潮。此时，我国中西部地区正处于从传统农业社会向现代工业社会的转型过程中，承接了大量来自东部地区的产业。地处我国中西部结合部的武陵山片区进入了工业飞跃发展时期。

如今，武陵山片区工业还没有得到应有的发展。根据相关地方政府2016年统计年鉴，2016年恩施州实现工业产值264.73亿元，占GDP比例仅为36.0%；怀化市第二产业实现增加值545.94亿元，占GDP比例仅为39.1%；湘西州第二产业实现增加值165.6亿元，占GDP比例仅为31.19%。

武陵山片区未来工业发展过程中，原有问题如自然条件、区位、交通、资金、技术等依然存在。在新的时代背景下，新的问题又如期而至。

第一，武陵山片区总体上属于限制开发区，也就是限制大规模的工业化、城市化开发的地区。在未来的工业发展过程中，可能激化工业发展与环境保护的矛盾，也可能引发资源开发与当地居民的矛盾，还可能导致环境污染与当地居民的矛盾。为此，政府会加大环境管控的力度，限制或禁止某些产业的发展。这必然影响武陵山片区工业的发展。

第二，随着市场经济体制的完善，市场在资源配置中将真正起到决定性作用。武陵山片区作为我国集中连片特困地区之一，经济发展落后，财政入不敷出，长期以来依靠民族政策、西部开发政策、扶贫政策、区域开发政策等优惠政策来推动经济发展。在激烈的市场竞争过程中，市场资源配置与政府宏观调控均有失灵的情况。届时，产品竞争能力弱的企业如何在激烈的竞争中获得一席之地，是值得武陵山片区内政府及企业思考的问题。

第三，当前，武陵山片区的工业企业多为资源开发型企业。随着经济的发展，科技发展日新月异，自然资源对经济发展的贡献率呈下降趋势，换句话说，自然资源价值在社会财富中的占比越来越小。依靠自然资源开发的武陵山片区企业劳动生产率增长必然下降，前景堪忧。

### （三）第三产业发展行业差异较大

第三产业本质上是服务业，服务于第一产业和第二产业的发展。服务业提供的是服务，具有非实物性、不可储存性和生产与消费同时性等特征。按照生产目的的不同，服务业又可以分为服务产业和服务事业两类，前者称为产业服务业，后者称为使用服务业。考虑到研究目的，这里所涉及的服务业主要指产业服务业（服务产业）。

服务产业大致包括：软件和信息技术服务业、租赁业、技术服务业、金融业、外贸、公共设施管理业、交通运输业、住宿和餐饮业，以及旅游业和其他服务业等。

在武陵山片区，旅游业呈现"井喷"式发展。21世纪以来，随着区域经济发展政策和民族政策的落实、基础设施的改善、各个地区对旅游业的重视程度的提高，武陵山片区旅游业出现了"井喷"式发展。例如，长阳县，2014年被表彰为"全省旅游发展先进单位"，清江湿地公园成功被批准为国家级湿地公园，清江画廊荣膺"湖北省十佳旅游景区"和"宜昌市旅游产业领军企业"称号。2017年，长阳县接待游客805万人次，同比增长14.7%；实现旅游综合收入75亿元，同比增长28.69%。恩施州2016年接待游客4366.34万人次，比上年增长

18.0%；实现旅游综合收入300.48亿元，增长20.3%。全州A级景区增加到31个，其中4A级以上景区达到16个。湘西州2016年共接待国内外游客3820万人次，实现旅游收入265亿元，分别增长13.6%和22.2%。旅游创汇收入6380万美元，增长10.6%。全州共有旅游等级景区（点）21个，其中4A级以上景区（点）10个，较2014年的景区（点）分别增加8个和2个。怀化市2016年共接待旅游人数4247.18万人次，增长27.8%。其中，接待国内旅游人数4237.96万人次，增长27.8%；接待境外入境旅游人数9.22万人次，增长14.5%。全年实现旅游总收入297.44亿元，增长31.2%。铜仁市2016年共接待旅游人数4455.13万人次，比上年增长43.7%；实现旅游总收入347.30亿元，比上年增长44.6%。黔江区2016年全区旅游收入33.73亿元，与上年增长27.6%，接待旅游人数829.47万人次，比上年增长24.1%。

相反，武陵山片区服务业中的其他产业发展则不尽人意，甚至面临诸多困难。例如，金融业普遍面临着一些发展难题：一是经济基础薄弱。实体经济是金融发展和服务的基础，经济发展状况对区域金融有着重要影响。武陵山片区的经济基础普遍较差，经济总量偏小，企业"散、小、差"问题比较突出，"两高一资"[①]企业较多。例如，湘西州人均GDP不到全国、全省平均水平的一半，导致符合国家产业政策和信贷政策的优质龙头企业少，有效信贷需求不足。二是金融环境欠佳。首先，武陵山片区农业保险覆盖面窄，广度和深度有待提高；其次，农村金融服务相对缺失，个别乡镇还存在金融服务盲点，个别地区甚至一度出现暴力逼贷现象；最后，地方法人金融机构实力较弱，表现出"两高两低"，即信用联社不良贷款率高、单一客户信贷集中度高，流动性比率低、资本充足率低。三是管理机制不全。武陵山片区部分地方还没有建立专门的金融管理机构，有的地方即便成立了专门机构，但人员不足，工作经费也不够。绝大部分地区没有把金融发展列入政府综合目标管理，进行硬性考核。四是中介服务功能不强。首先，武陵山片区的中介服务水平普遍不高。例如，湘西州正常营业的投资担保公司仅3家，会计师事务所4家，房地产评估公司2家，土地评估机构1家，机动车鉴定评估公司1家，远不能满足客户需求。其次，中介收费不规范。湘西州评估费用占贷款总额的0.2%，产权过户登记费用占贷款总额的0.5%，登记机关收费是评估收费的2.67倍。再次，信用担保功能不强，在湘西州正常开展业务的担保公司仅3家，且担保机构与银行合作渠道不畅，没有真正撬动银行资金，中小企业融资难的局面仍然没有改观。最后，金融生态建设与金融支持两者之间

---

① "两高一资"指高耗能、高污染和资源性产品，最早出现在《中华人民共和国国民经济和社会发展第十一个五年规划纲要》。

缺乏有效对接机制和措施，存在"两张皮"现象，信贷资源配置效率依然较低（谢成强，2011）。

总体上来看，武陵山片区第三产业中，旅游业发展"一花独秀"，其他行业发展形势较为严峻。

## 二、武陵山片区产业结构状况

### （一）片区总体情况

2014 年武陵山片区 GDP 总值为 73 243 450 万元，其中第一产业产值为 14 824 555 万元，占比约为 20.24%，第二产业产值为 27 604 373 万元，占比约为 37.69%；第三产业产值为 30 814 522 万元，占比约为 42.07%，产业结构分布为"三二一"格局（何伟军等，2016）。第三产业的发展速度最快，其次是第二产业，第一产业发展较慢。其原因在于：第一，我国处于快速工业化过程中，宏观经济在较长时间内保持了高速增长。经济发展落后的武陵山片区获得了经济高速增长的"红利"，第二、第三产业得到了相应发展。第二，国家"西部大开发"政策的落实，推动了武陵山片区第一产业、第二产业的发展。第三，21 世纪以来，伴随着东部沿海地区的产业转移浪潮，武陵山片区工业有了突飞猛进的发展。第四，武陵山片区基础设施的改进为第二、第三产业尤其是旅游业的发展奠定了基础。第五，武陵山片区属于限制开发区域，是国家生态环境保护的重点地区，对于农业的发展有限制性的政策，且该片区多为山区，人均耕地面积少，土地贫瘠，生态环境脆弱等导致这一片区以农业为主的第一产业发展缓慢且落后。

根据《中华人民共和国 2016 年国民经济和社会发展统计公报》，2016 年我国国内生产总值为 744 127 亿元，比上年增长 6.7%。其中，第一产业增加值为 63 671 亿元，增长 3.3%；第二产业增加值为 296 236 亿元，增长 6.1%；第三产业增加值为 384 221 亿元，增长 7.8%。第一产业增加值占比为 8.6%，第二产业增加值占比为 39.8%，第三产业增加值占比为 51.6%，再次突破 50%。武陵山片区和全国相比，第一产业产值占比（20.24%）远高于全国平均水平（9.0%）。产业结构演变理论告诉我们，随着经济的发展，第一产业产值占比不断降低，第二、第三产业产值占比不断提高，产业结构演进状况是经济发展状况的表征。这说明，从产业结构状况来看，武陵山片区经济发展水平相对较低，是我国典型的落后地区。

## （二）不同区域具体情况

根据《2016年恩施州国民经济和社会发展统计公报》，2016年恩施州地区生产总值为735.7亿元，第一产业增加值为152.52亿元，比上年增长4.2%；第二产业增加值为264.73亿元，比上年增长8.2%；第三产业增加值为318.45亿元，比上年增长9.5%。三次产业结构比为20.7∶36.0∶43.3，第一产业增加值占比继续下降，第二产业和第三产业增加值占比继续提高。

根据《湘西州2016年国民经济和社会发展统计公报》，2016年，湘西州地区生产总值为530.8亿元，增长6.9%。其中，第一产业增加值80.8亿元，增长3.4%；第二产业增加值165.6亿元，增长5.3%；第三产业增加值284.4亿元，增长9%。全州三次产业结构比为15.2∶31.2∶53.6。工业增加值在生产总值中的占比为31.2%。第一、第二、第三产业对经济增长的贡献率分别为7%、27.6%、65.3%。[①]

根据《怀化市2016年国民经济与社会发展的统计公报》，2016年怀化市实现地区生产总值1396.16亿元，增长8.1%。其中，第一产业实现增加值200.49亿元，增长3.4%；第二产业实现增加值545.94亿元，增长6.3%；第三产业实现增加值649.73亿元，增长11.3%。三次产业对经济增长的贡献率分别为6.1%、32.5%和61.4%。三次产业结构比为14.4∶39.1∶46.5。

根据《铜仁市2016年国民经济和社会发展统计公报》，2016年铜仁市实现地区生产总值856.94亿元，首次突破800亿元大关，按可比价格计算，比上年增长11.9%。其中，第一产业实现增加值202.70亿元，增长5.8%；第二产业实现增加值243.41亿元，增长13.1%；第三产业实现增加值410.83亿元，增长14.2%。全市第一产业增加值占地区生产总值的比例为23.7%，第二产业增加值占地区生产总值的比例为28.4%，第三产业增加值占地区生产总值的比例为47.9%。与"十一五"期末相比，第一产业占比下降7.7个百分点，第二产业占比提高2.4个百分点，第三产业占比提高5.3个百分点。

根据《2016年黔江区国民经济和社会发展统计公报》，2016年黔江区地区生产总值为218.84亿元，比上年增长10%。其中，第一产业增加值22.03亿元，增长5.3%；第二产业增加值115.38亿元，增长10.2%；第三产业增加值81.43亿元，增长10.9%。三次产业结构比为10.1∶52.7∶37.2。

武陵山片区内部各地产业结构差异较大。从第一产业来看，铜仁市（23.7%）、恩施州（20.7%）、湘西州（15.2%）、怀化市（14.4%）远高于全

---

① 数据来源于http://tjj.xxz.gov.cn/tjsj_187/tjnj/202007/P020200721399446584926.pdf。

国平均水平（8.6%），仅黔江区（10.1%）接近全国平均水平；从第二产业来看，黔江区（52.7%）高出全国平均水平（39.8%）12.9个百分点，怀化市（39.1%）接近全国平均水平，其他如恩施州（36.0%）、湘西州（31.2%）分别比全国平均水平低3.8个百分点、8.6个百分点，尤其是铜仁市（28.4%）比全国平均水平低11.4个百分点；从第三产业来看，除湘西州（53.6%）略高于全国平均水平（51.6%）外，其他各地区均比全国平均水平低，尤其是黔江区，比全国平均水平低14.4个百分点。

## 三、武陵山片区特色优势产业发展状况

在长期的历史发展过程中，武陵山片区逐渐形成了一些特色优势产业，这些产业主要包括特色农业、旅游业和加工制造业。

（一）特色农业

**1. 特色农业发展条件**

（1）资源优势

第一，土地资源多样。武陵山片区地处我国第二级阶梯向第三级阶梯过渡地带，地势西北高、东南低；地形复杂，内部高差大，垂直差异明显，以山地为主，兼有河谷、丘陵，其中山地面积占土地总面积的94%。沟、丘、山、壑交错纵横的地貌对于粮食作物的种植是不利的，但对具有山区特点的特色农业发展却是极其有利的。

第二，气候适宜。武陵山片区属于亚热带向暖温带过渡气候区。年平均气温为15~16.9℃，最高气温为40.5℃，最低气温为-5.5℃。与同纬度地区相比，冬季偏暖且时间偏短，夏季偏凉，少严寒短酷暑，昼夜温差大。该区域雨量充沛，年降水量为1100~1500毫米，多集中在春、夏两季。无霜期在250天左右，光照条件较好。

第三，植物种类繁多。在特殊的地形和气候的影响下，该区域山溪、河流众多，森林覆盖率较高，动植物资源丰富。在森林覆盖率上，恩施州最高，达73%；湘西州为63.3%，怀化市为65.3%，张家界市为64%，铜仁市为35%。植物资源包括药用植物、工业用植物、食用植物、观赏植物等。其中，药用植物种类最多，分布最广，约有2000种。名贵药材如湘西的黄芪、秦芙、大黄、羌活，恩施的板党、贝母、鸡爪黄连、天麻、丹皮、竹节参等不仅在国内占有很大市场，在国外也久负盛名。各种树种有1000多种，除了大量的用材林外，猕猴桃、椪柑、碰柑、油桐、油茶等经济林木也较多，还有大量国家级保护树种，如

水杉、银杏、贵州紫薇、珙桐等。

(2) 生态优势

武陵山片区的工业化水平低，工业生产所造成的工业污染，如空气污染、水污染、土地污染等污染比较少，加之远离东部的工业发达地区，流经河流也是中上游河段，东部的污染无法影响到武陵山片区。清新的空气、天然纯净的水和肥沃的土壤为特色农业的生产提供了绿色无公害的良好生产条件。在我国污染问题突出、农业生产环境不断恶化的情况下，武陵山片区特色农业的生产无疑具有较大的生态优势。另外，随着收入水平的提高，人们对安全与健康的要求不断提高，绿色环保意识不断增强。因此，良好的生态环境就可以转化为农业经济发展的条件。

(3) 政策优势

武陵山片区属于老少边穷地区，跨省交界面大、少数民族聚集多、贫困人口分布广。武陵山片区的发展一直以来都受到国务院、各部委以及地方政府的关注扶持。

在中央层面，2009年国务院发布了《国务院关于推进重庆市统筹城乡改革和发展的若干意见》，该文件指出：协调渝鄂湘黔四省市毗邻地区成立"武陵山经济协作区"。2011年10月，国务院批复了《武陵山片区区域发展与扶贫攻坚规划（2011—2020年）》，该规划的出台为武陵山片区特色农业的发展指明了方向，该规划挑选了11种特色农产品，并对其进行了布局，提出了完善农业技术支撑体系和加强市场体系建设两个方面的发展对策。

在部委层面，国家民族事务委员会先后向武陵山片区派驻了来自高校等部门的三批联络员开展帮扶工作，其中不乏特色农业研究的专家、学者。农业部（现为农业农村部）对恩施州"十二五"时期定点扶贫和行业扶贫工作进行了部署和支持。2012年12月，国家烟草专卖局采取了系列措施，扶持铜仁烟草业的发展。同时，财政部、国家发展和改革委员会、交通部等多个部门先后到武陵山片区对特色农业的发展以及道路交通设施等方面展开了研究部署和对口帮扶。

在地方政府层面，2011年2月，湖北省委、省政府出台了《推进湖北武陵山少数民族经济社会发展试验区建设的意见》，该意见中提出：加快特色农业板块基地建设，重点扶持优质粮食、畜禽、水产、蔬菜、森林食品、茶叶、烟叶、油料、药材、林果等特色农（林）产品原材料及生产加工基地建设。还给各政府部门规定了具体的年度扶持任务，如省农业厅在农机购机补贴、畜牧业发展等资金项目安排上予以支持，从2011年起5年内，每年给各县安排2~3个农业示范项目；省交通厅每年安排试验区不少于5亿元农村公路建设资金，到2015年实现所有建制村通沥青（水泥）路；省财政厅每年给恩施市、利川市、宣恩县、鹤峰县、长阳县各安排1000万元省级农业综合开发项目资金等。2012年，湖南省出台了《湖南省武陵山片区区域发展与扶贫攻坚实施规划》。贵州、重庆也召开了各种形式的推动会议，出台了一些特色农业发展的相关政策，采取了一些推进措施。

**2. 特色农业发展现状**

武陵山片区特色农业的发展已取得了一定的成绩。

首先，各县市区的特色农产品品种均已确立。概括来说，主要是油茶、茶叶、蚕茧、烤烟、高山蔬菜、魔芋、柑橘、干果、中药材、肉类。

其次，特色农产品的种植面积不断扩大，产量逐年提高。例如，中药材种植基地遍布全区50个县市区；干果布局在湖北、贵州、重庆的38个县市区；油茶、高山蔬菜、茶叶、烤烟种植范围也比较广，分别在39个县、38个县、36个县、37个县中有大片产业基地；在全部10种中，以上6种的种养范围在全区均覆盖了50%以上的县市区，虽然其他特色农产品种植范围相对较小，但也都有10个以上的种植县。此外，肉类是生产范围最大的一种，全区71个县市区中65个县市区有大规模的养殖基地。在产量上，部分特色农产品种植历史悠久，发展较为成熟，种植范围也比较广，产量较高。

从区域的产量上看，湖南武陵山片区在整个片区中面积最大，特色农产品种类多且较为齐全，总产量也较大。以特色农业发展较好的怀化市为例，怀化市依靠其丰富的土地、劳动力资源，方便的交通以及良好的区位优势，大力发展特色农业。根据《怀化市2016年国民经济和社会发展统计公报》，2016年怀化市油料播种面积11.69万公顷，比上年下降2.3%，油料产量14.45万吨，比上年下降0.1%；蔬菜播种面积8.41万公顷，比上年增长3.4%，蔬菜产量164.7万吨，比上年增长5.9%；年末存栏生猪238.51万头，全年出栏生猪329.54万头，猪肉产量24.79万吨，比上年下降2.5%；全年出栏牛14.75万头，比上年增长3.4%；全年出栏羊44.46万头，比上年增长4.2%；禽蛋产量1.7万吨，比上年增长5.8%；水果产量151.41万吨，比上年增长9.8%；棉花产量9720吨；烤烟产量3332.9吨。

最后，特色农产品品牌逐步形成，品牌的知名度不断提高。湖北武陵山片区依靠丰富的硒资源，大力发展富硒茶产业，培育出"恩施玉露"品牌，2007年被国家质量监督检验检疫总局批准为"中国国家地理标志产品"，2008年被湖北省农业厅授予"湖北省第一历史名茶"称号；恩施市芭蕉侗族乡获得"湖北省十大茶叶名乡名镇"的称号。湖南湘西的"古丈毛尖"更是久负盛名，作为中国"十大名茶"出口世界30多个国家和地区。除此之外，其他农产品也有许多有影响力的品牌。

## （二）旅游业

**1. 旅游业发展条件**

武陵山片区有着"中国生态绿心"的美称，被国家列为"中国旅游第一走廊区"。这里，自然风光优美如画，历史文化源远流长，少数民族风情独具特色，为旅游业的发展提供了得天独厚的条件。

第一，资源优势。武陵山片区的旅游资源十分丰富，这里不仅有奇秀的山水自然风光，同时还有厚重的历史文化底蕴。据统计，武陵山片区总共拥有13个自然保护区、3个世界文化自然遗产、15个国家森林公园、4个国家地质公园、7个国家级风景名胜区和一大批历史文化名村名镇。其中，以张家界武陵源风景区为代表的山水自然风光和以凤凰古城为代表的人文景观更是在国内外享有盛名。

从自然风光来看，武陵山片区的自然景观以山为主，以水为辅。片区内森林覆盖率达到50%以上，有着"中国生态绿心"的美称，原生态的自然环境孕育出了武陵山片区的奇山秀水。在湘西，有被列为国家重点风景名胜区的武陵源风景区；有被誉为"天下第一漂"的湘西猛洞河漂流；有被评为国家级自然保护区的亚热带低海拔常绿阔叶原始次生林——小溪原始次森林。在鄂西，有全国罕见、一线串珠的国家级自然保护区星斗山、七姊妹山和国家级森林公园坪坝营；有中国目前最大的溶洞之一——腾龙洞；有可与美国科罗拉多大峡谷媲美的恩施大峡谷。在黔东北，有贵州最大的集科学和美学于一体的喀斯特石林——长坝石林。在渝东南，有景色秀丽的国家级重点风景名胜区——芙蓉江；在渝东南和黔东北，有被誉为"千里乌江，百里画廊"的沿河乌江山峡风景名胜区。

从人文景观来看，武陵山片区为少数民族聚居地，以苗族、土家族、侗族为主的30多个少数民族，人口约占总人口的55%。在长期的历史变迁过程中，武陵山片区的人文景观呈现出民族性、独特性和原生态性的特点。这些特点都为当地的旅游产业提供了丰富多彩、独一无二的文化旅游资源。在湘西，有凤凰古城和吉首德夯苗族风情园。在鄂西，有现存的规模最大的土司城。在黔东北，有蕴含风水八卦原理、充分体现人与自然和谐相处的郝家湾清代民居。在渝东南，有龙河流域数以千计的"崖棺"群；有西沱镇的古建筑"云梯街"等。此外，还有土家族的"摆手舞""酉阳民歌""茅古斯"和"八宝铜铃舞"，苗族的"鼓舞""芦笙舞"等一大批丰富的非物质文化遗产。

第二，区位优势。从武陵山片区内部联系来看，以高速公路和铁路为依托，中心城市、各大景点之间联系较为密切，初步形成了"六中心、四轴线"的空间格局。"六中心"即黔江、恩施、张家界、吉首、怀化、铜仁六个中心城市；"四轴线"即重庆—黔江—恩施—武汉、贵阳—铜仁—怀化—长沙、万州—黔江—铜仁—凯里、宜昌—张家界—怀化—柳州。以中心城市为依托，构建五大特色旅游组团，即渝东南山水生态旅游组团、渝东鄂西山水风情旅游组团、张家界湘西风情旅游组团、湘西南山水文化旅游组团、梵净山生态文化休闲旅游组团，并进一步形成十多条精品旅游线路。

从武陵山片区外部环境来看，武陵山片区地处湖北、湖南、重庆、贵州四省（直辖市）交界地带。虽然武陵山片区内各中小城市远离各自的经济中心——省会城市，但由于近些年来高速公路和动车的开通，各中小城市与省会城市的时间距离大大缩短，均在四小时以内，为省会城市居民到武陵山片区旅游打开了方便之门，形成了诸多外部客源旅游线路，如武汉—宜昌、武汉—恩施、长沙—吉首、长沙—张家界、长沙—凤凰、长沙—怀化、贵阳—铜仁、重庆—黔江、成都—黔江、重庆—恩施等。

第三，政策优势。首先，我国十分重视旅游业的发展。在"十三五"规划中，明确指出大力发展旅游业，深入实施旅游业提质增效工程，支持发展生态旅游、文化旅游、休闲旅游、山地旅游等。这为武陵山片区发展旅游产业提供了宏观的政治环境。其次，旅游业在武陵山片区区域发展与扶贫攻坚中具有重要地位。由国务院扶贫开发领导小组办公室、国家发展和改革委员会共同制定的《武陵山片区区域发展与扶贫攻坚规划（2011-2020年）》把旅游业作为武陵山片区重点发展的特色产业，对武陵山片区旅游业发展产生了直接影响。该规划对武陵山片区有五大战略定位，其中之一是"国际知名生态文化旅游区"，即利用丰富独特的山水生态和民族文化旅游资源优势，促进旅游产业转型升级和发展方式转变，推进省际生态文化旅游协作，建成国内外具有重大有影响力的生态文化旅游区。这无疑为武陵山片区旅游业的发展提供了强有力的政策保障。再次，国家区域发展政策的影响。由于武陵山片区地处四省市交界地区的特殊地理位置，部分地区（恩施州、湘西州、重庆市武陵山片区、贵州省武陵山片区）享受"西部大开发"的优惠政策，湖北省武陵山片区和湖南省武陵山片区享受"中部崛起"的优惠政策。无论是"西部大开发"的优惠政策，还是"中部崛起"的优惠政策，都把旅游业作为重要的产业予以高度重视。这无疑为武陵山片区旅游业的发展提供了政策支持。最后，地方民族政策的影响。各种少数民族优惠政策的落实，也极大地推动了武陵山片区旅游业的发展。例如，《中共湖南省委 湖南省人民政府关于继续支持湘西土家族苗族自治州加快经济社会发展的意见》明确提出积极推行旅游开发扶贫，建立少数民族地区旅游业发展专项资金，支持发展民族旅游业。湖北省委、省政府于2010年正式出台了《中共湖北省委、湖北省人民政府关于支持恩施州建设全国先进自治州的决定》。这是继"616"对口支援工程之后，湖北省委、省政府出台的落实党的民族政策、支持民族地区加快发展的又一项重大决定。该决定指出：支持恩施州加快发展生态文化旅游业，支持恩施州建设鄂西生态文化旅游的核心板块和全国知名的生态文化旅游目的地，支持恩施大峡谷、腾龙洞、坪坝营、神农溪、恩施清江画廊等景区景点建设并完善配套服务设备。

**2. 旅游业发展现状**

武陵山片区旅游业发展取得了较好的业绩。第一，以片区内中心城市为依托，五大特色旅游组团基本成型。第二，以"六中心、四轴线"为纽带，以世界自然遗产、国家历史文化名城、国家级风景名胜区、国家级森林公园等景区为依托，12条精品旅游线路基本开通。第三，加强了与区外客源中心的联系，武陵山片区逐渐成为武汉城市圈、长株潭城市群、贵阳、重庆、成都居民旅游的目的地。第四，深化了武陵山片区内中小城市、旅游景区之间的合作，区域旅游展开联合营销，区域旅游合作机制逐步形成。第五，旅游景区道路、通信、供水供电、环保等基础设施取得进展。第六，中心地区，如张家界、黔江、恩施、吉首、怀化、铜仁等旅游接待和服务功能得到提升，并形成一批全国旅游强县，如长阳、凤凰等。第七，旅游产品开发逐渐多元化，除了传统旅游景区外，还开发了少数民族特殊康体健身旅游、科普旅游、红色旅游、休闲度假养生旅游、农业生态旅游及会展等旅游项目。

经过多年的开发，武陵山片区逐步形成了四大旅游圈，即大湘西旅游圈、鄂西旅游圈、渝东南旅游圈和黔东北旅游圈。

第一，大湘西旅游圈发展现状。大湘西旅游圈是武陵山片区发展最早、影响力最大、业绩最显著的旅游圈。大湘西旅游圈以张家界和凤凰古城为核心景区，打造出了张家界—凤凰—梵净山的黄金旅游线路。

旅游产业是大湘西旅游圈的战略性支柱产业，近几年来，其旅游产业的规模和增速都远远超过区内其他三大旅游圈。2016年，大湘西旅游圈功能（湘西州、张家界市、怀化市）共接待国内外游客约1.42亿人次，旅游总收入达到1005.54亿元[1]。其中，张家界市全年各景点接待游客6143万人次，比上年增长21%；实现旅游总收入443.1亿元，比上年增长30%；外汇收入77 580万美元，比上年增长35.6%[2]。湘西州全年共接待国内外游客3820万人次，实现旅游总收入265亿元，分别比上年增长13.6%和22.2%。其中，接待入境游客43.9万人次，

---

[1] 大湘西旅游圈包括湘西州、怀化市、张家界市、邵阳市、常德市五个州市及永州市江华、江永两县。考虑到邵阳市、常德市部分县市及江华、江永两县不在武陵山片区内，而湘西州、张家界市、怀化市在武陵山片区核心区，具有湖南武陵山片区代表性，故根据三地2016年国民经济和社会发展统计公报计算了数据。

[2] 数据来源于http://www.zjj.gov.cn/c89/20170323/i111601.html。

旅游创汇收入6380万美元①。怀化市全年共接待游客4247.18万人次，比上年增长27.8%，实现旅游总收入297.44亿元，比上年增长31.2%，其中，国内旅游总收入达295.71亿元，比上年增长31.2%②。

旅游品牌建设方面，在大湘西旅游业的不断发展和壮大之下，已经初步形成了以武陵源和凤凰古城为核心的张家界湘西风情旅游以及湘西南山水文化旅游的旅游品牌体系。

基础设施建设方面，建成了张家界黄花国际机场、桃花源机场、芷江机场、铜仁凤凰机场四个航空港；"一纵五横"的6条铁路网、6条跨省旅游大通道和"两纵四横"的6条圈内旅游景区公路也在建设之中。由此初步形成了从空中到陆地全方位立体化的旅游交通运输网络。

第二，鄂西旅游圈发展现状。近几年来，随着恩施州政府"生态立州、产业兴州、开放活州"发展战略的提出，恩施州的旅游产业也取得了不俗的发展成绩。近年来，恩施州全州旅游景区建设提速，品质提升加快，品牌影响力扩大，2016年，生态文化旅游业进入全省第一方阵。全年接待游客4366.34万人次，比上年增长18%；旅游总收入达300.48亿元，比上年增长20.3%。2015年7月，恩施大峡谷景区正式获批国家5A级景区。"十二五"时期，全州4A级及以上景区由4家增加到16家，其中5A级景区由0家增加到2家；三星级以上饭店由18家增加到46家，其中四星级饭店由4家增加到9家；旅行社由37家增加到74家。游客接待人数由1062万人次增加到3700万人次，是"十一五"期末的3.5倍，年均增长28.3%；旅游总收入由51亿元增加到250亿元，是"十一五"期末的4.9倍，年均增长37.6%。在旅游品牌建设方面，恩施市打造出"恩施大峡谷""恩施女儿会"和"恩施玉露茶"三张"恩施"名片。在基础设施建设方面，近年来，恩施州投入了大量的人力、物力来建设交通运输网络，全州以"两路""两港"为枢纽，以高等级接线和"三横四纵"为骨架，以县乡等级黑色路面为基础，以达到基本养护级别的乡村公路为延伸，推进公路"三化"，实施咸丰"131"扶贫工程，形成州内配套、出口衔接的交通运输网络。但是由于其恶劣的地理环境和本身的基础较差，交通不便已经成为恩施州发展旅游产业的瓶颈。另外，恩施州旅游的配套设施，如宾馆、饭店的建设，虽然也已慢慢地发展起来，并逐渐形成规模，但总体上还是滞后于旅游业的发展速度③。

第三，渝东南旅游圈发展现状。近年来，渝东南地区的旅游产业在国家"十二五"规划的大力推动下，取得了巨大的发展，旅游项目的建设突飞猛进，产业

---

① 数据来源于http：//tjj.xxz.gov.cn/tjgb/201703/t20170314_248991.html。
② 数据来源于http：//www.hntj.gov.cn/tjfx/tjgb/szgb/hhs/201704/t20170420_4326957.html。
③ 数据来源于http：//www.enshi.gov.cn/2017/0505/554936.shtml。

规模有了质的飞跃，旅游产业已经逐渐成为当地的支柱性产业。2016年，黔江区全年接待游客829.47万人次，比上年增长24.1%。旅游总收入达33.73亿元，比上年增长27.6%。旅游资源开发方面，近年来，区域内拥有众多国家重点风景名胜区、国家重点文物保护单位、国家森林公园、国家地质公园、国家4A级旅游景区等国家级景区。虽然近年来渝东南地区在旅游业的发展上取得了不小的成就，但是，同整个重庆市的旅游业发展相比明显滞后，产业规模也较小。基础设施建设方面，渝东南地区除了石柱不通铁路以外，基本上实现了全区高速公路和铁路的畅通，但是由于受地理环境的影响和资金的制约，渝东南地区基础设施仍然比较落后，制约了当地旅游产业的发展。同时其他基础配套设施，如宾馆、饭店的数量和质量也比较落后[1]。

第四，黔东北旅游圈发展现状。自从"十二五"规划颁布实施以来，依靠强有力的政策保障和丰富的旅游资源，黔东北地区的旅游产业有了长足的发展。以铜仁市为例，2016年，全年共接待游客4455.13万人次，比上年增长43.7%；实现旅游总收入347.30亿元，比上年增长44.6%[2]。旅游资源开发方面，全区拥有多处国家级风景名胜区、国家级自然保护区、国家级非物质文化遗产、国家级重点文物保护单位和多处省级文物保护单位、省级文化艺术之乡、省级民俗文化村。品牌建设方面，以铜仁市为例，该市确立了以梵净山为核心，带动碧江区、江口县、印江县、松桃县、石阡县、思南县旅游相对富集的"金三角"的旅游品牌发展规划。同时，铜仁市政府大力加强文化旅游资源宣传推介力度，先后成功举办了"首届中国铜仁'游钓锦江·魅力铜仁'大型活动"、"全民健身与奥运同行"、中国·贵州铜仁国际龙舟邀请赛、贵州梵净山文化旅游节等大型旅游文化活动，成功地提升了该地区作为旅游目的地的知名度和影响力。基础设施建设方面，铜仁市对城市及旅游景区景点基础设施进行了全方位的改造，完善了服务功能。另外，随着国内旅游消费从单纯的观光游向度假休闲游转型，黔东北旅游圈的旅游服务配套设施面临着巨大的压力，饭店和宾馆的数量和质量严重不足，在旅游黄金周期间甚至出现了"一铺难求"的尴尬局面。

（三）加工制造业

**1. 加工制造业发展条件**

第一，丰富的资源。武陵山片区有着非常丰富的农林资源、生物医药资源

---

[1] https://www.qianjiang.gov.cn/html/126/19866.html。
[2] http://www.trs.gov.cn/xxgk/xxgkml/zpfl/tjxx/201707/t20170719_2726176.html。

及矿产资源，这为武陵山片区的加工制造业发展提供了大量原材料，强有力地保证了武陵山片区加工制造业的持续稳定发展。武陵山片区加工制造业资源概况如表3.1所示。

表3.1 武陵山片区加工制造业资源概况

| 类别 | 资源 |
| --- | --- |
| 农林资源 | 玉米、稻、小麦、红薯、蚕豆、大豆、马铃薯、油菜籽、花生、芝麻、水果、蔬菜、家禽、猪、牛、羊、烟叶、茶叶、柑橘、板栗、乔木、灌木、楠竹、松、油桐、水杉、珙桐、秃杉、巴东木莲、连香树、香果树、钟萼木、银杏、苏铁、红豆杉、鹅掌楸、漆树 |
| 生物医药资源 | 党参、坝漆、鸡爪黄连、杜仲、天麻、贝母、厚朴、黄芪、丹皮、半夏、银花、百合、舌草、何首乌、青蒿素、松桃、金银花、五倍子、香连、白术、独活、玄参、木瓜、竹节参、头顶一颗珠、江边一碗水、樟脑、黄姜、灵芝、茯苓 |
| 矿产资源 | 铁、煤、石煤、天然气、黄铁、硒、铜、磷、硅石、重晶石、锰、汞、铅、锌、铝、金、银、钨、锡、铂、镁、镍、铌钽、碲、铟、镓、锗、钴、紫砂陶土、含钾页岩、石灰岩、白云岩、大理岩、萤石、硅石、硫、石膏、高岭土、冰晶石、明矾、石灰石、砂岩、方解石、锑矿、石煤、长石、硫铁、碧玉石、黑滑石、砷、地下水、矿泉水 |

从表3.1可知，武陵山片区加工制造业的资源种类繁多。普通农作物种类齐全，经济作物主要是烟叶、茶叶、油菜、蔬菜、水果及中药材。

林业资源多种多样，以恩施土家族苗族自治州为例，州域内共有树种171科，645属，1264种。其中乔木60科，114属，249种；灌木32科，89属，228种，约占全国树种的1/7。经济价值较高的有300余种，属国家保护的珍稀树种就有40余种，约占湖北省列入国家重点保护树种的90%。

生物医药资源丰富多彩，许多名贵的中药材在国内外都享有盛名，如党参、鸡爪黄连、天麻、何首乌、竹节参、厚朴等。在恩施州药用植物就多达2080余种，而且不少属于国家保护的名贵药材。在怀化市，茯苓和天麻等产量居全国第一。

从武陵山片区的矿产资源来看，金属矿、非金属矿、能源矿产和水气矿产都具备。在武陵山片区内，不同的区域所盛产的矿产种类也有所不同，如恩施州的硒资源极为丰富，它分布广，含量高，居世界首位；湘西州锰储量居全国第二位；怀化市的重晶石矿储量在国内位居前列；铜仁市的锰矿探明量居全国第三位。

第二，国家政策的扶持。2011年10月，国务院批复了《武陵山片区区域发展与扶贫攻坚规划（2011—2020年）》，将武陵山片区作为贫困连片地区扶贫攻坚的一个试点，无论是在人力、政策上还是在财力上都给予重点支持。国家民族事务委员会作为武陵山片区扶贫攻坚联系单位，2012~2016年连续5年为武陵山片区派出优秀干部作为联络员，以挂职锻炼的方式进驻各片区县开展联系工作，从而进一步充实基层力量，加强片区联系，加大协调配合，促进武陵山片区科学发展。

因此，武陵山片区丰富的农林资源、生物医药资源及矿产资源和国家出台的一系列相关政策，都为武陵山片区加工制造业的发展提供了良好的条件。

**2. 加工制造业发展现状**

第一，武陵山湖南片区加工制造业发展状况。近年来，武陵山湖南片区加工制造业得到了较快发展，现将张家界市、湘西州、怀化市主要加工制造业发展现状概括如下。

根据《张家界市2016年国民经济和社会发展统计公报》，2016年张家界市全部工业增加值为87.8亿元，比上年增长6.3%。规模以上工业增加值比上年增长6.7%。园区规模以上工业实现增加值17.2亿元，增长8.9%。按行业分，农副食品加工业增长22.1%，化学原料和化学制品制造业下降28.4%，医药制造业增长137%，非金属矿物制品业增长17.5%，有色金属冶炼和压延加工业增长115.2%，汽车制造业下降55.8%，计算机、通信和其他电子设备制造业增长183%，电力、热力生产和供应业增长12.2%。按地域分，永定区增长6.6%，武陵源风景名胜区增长6.5%，慈利县增长6.7%，桑植县增长6.9%。2016年张家界市规模以上工业企业主要产品产量及其变化情况见表3.2。

表3.2　2016年张家界市规模以上工业企业主要产品产量及其变化情况

| 规模以上工业企业主要产品 | 单位 | 产量 | 与上年相比的变化（%） |
| --- | --- | --- | --- |
| 铁矿石原矿 | 万吨 | 6.1 | -12.5 |
| 大米 | 万吨 | 0.69 | -44.9 |
| 精制食用植物油 | 万吨 | 1.2 | -12.9 |
| 饮料酒 | 万升 | 96.56 | -1.9 |
| 精制茶 | 吨 | 3 839 | -36.2 |
| 服装 | 万件 | 147.2 | -6.5 |
| 人造板 | 万立方米 | 3.8 | 15.3 |
| 水泥 | 万吨 | 197.2 | 3.4 |
| 化学药品原药 | 吨 | 49.1 | 25 |
| 砖 | 万块 | 49.1 | 2.2 |
| 中空玻璃 | 万平方米 | 118.9 | 33.3 |
| 钢化玻璃 | 万平方米 | 159.5 | 39.6 |
| 发电量 | 万千瓦时 | 185 779 | 0.4 |
| 火力发电量 | 万千瓦时 | 63 705 | 3.5 |
| 水力发电量 | 万千瓦时 | 122 073 | -1.2 |

2016年,湘西州全部工业增加值为132.1亿元,比上年增长5.4%;规模以上工业增加值比上年增长5.5%。规模以上工业新产品产值下降15.6%,占工业总产值的比例为2.1%。六大高耗能行业增加值下降8.1%,占规模以上工业增加值的比例为61.4%,比上年下降5个百分点。根据《湘西州2016年国民经济和社会发展统计公报》,规模以上工业企业实现利润总额9.3亿元,增长27.1%。规模以上工业主要行业中,黑色金属矿采选业、有色金属矿采选业、黑色金属冶炼和压延加工业增加值分别下降15.1%、10.2%、40.2%,农副食品加工业、食品制造业、医药制造业增加值分别增长10%、7.3%、6.3%,通用设备制造业与计算机、通信和其他电子设备制造业分别增长27.4%、61%。2016年湘西州规模以上工业企业主要产品产量及其变化情况见表3.3。

表3.3 2016年湘西州规模以上工业企业主要产品产量及其变化情况

| 规模以上工业企业主要产品 | 单位 | 产量 | 与上年相比的变化(%) |
| --- | --- | --- | --- |
| 发电量 | 亿千瓦时 | 16.6 | 16.4 |
| 锰矿石成品矿 | 万吨 | 68.2 | -21.3 |
| 电解锰 | 万吨 | 26.5 | -40.1 |
| 锌 | 万吨 | 22.9 | 0.4 |
| 大米 | 吨 | 23 907 | -16 |
| 白酒 | 万升 | 615.07 | -18.7 |
| 水泥 | 万吨 | 302.5 | 1.9 |
| 硫酸(折100%) | 万吨 | 38.1 | -12.8 |
| 精制茶 | 吨 | 3 096.6 | 2.6 |
| 纱 | 吨 | 16 188 | 16.5 |
| 钢化玻璃 | 万立方米 | 304.1 | 41.1 |
| 焰火制品 | 万元 | 41 612.7 | 4.3 |

根据《怀化市2016年国民经济与社会发展的统计公报》,2016年怀化市全部工业增加值比上年增长6.1%,规模以上工业增加值比上年增长6.5%,其中,重工业增加值比上年增长6.6%,轻工业增加值比上年增长6.4%。全市园区(省级以上产业园区)规模以上工业增加值增长8.7%,占全市规模以上工业增加值的43.3%,比上年增长8.9个百分点。全市规模以上工业企业实现主营业务收入910.59亿元,比上年增长7.4%;实现利润16.25亿元,比上年增长19.2%;实现利税40.81亿元,比上年增长2.2%。规模以上工业亏损企业亏损总额7.87亿元,比上年下降7.5%,企业亏损面为8.3%。规模以上工业新产品产值为910.59亿元,比上年增长7.4%。规模以上工业产销率为98.7%。

根据张家界市、湘西州、怀化市的统计数据，规模以上工业增加值是增长的，增长速度与全国 GDP 增长速度（6.7%）大致相当。但是，绝大部分行业产品产量是下降的，有的下降非常严重。例如，张家界市的大米产量下降44.9%，精制茶产量下降36.2%；再如，湘西州的电解锰产量下降40.1%，锰矿石成品矿产量下降21.3%，白酒产量下降18.7%，硫酸产量下降12.8%。

第二，武陵山湖北片区加工制造业发展状况。武陵山湖北片区包括恩施州和宜昌市的长阳县、五峰县和秭归县。根据《2016年恩施州国民经济和社会发展统计公报》，2016年恩施州规模以上工业企业556家，全年规模以上工业增加值为125.42亿元（不含烟厂和供电企业数据），扣除价格因素同比增长8.5%。在规模以上工业中，轻工业实现增加值58.81亿元，增长3.7%；重工业实现增加值66.61亿元，增长13.1%。2016年恩施州规模以上工业企业主要工业产品产量及其变化情况见表3.4。

表3.4　2016年恩施州规模以上工业企业主要工业产品产量及其变化情况

| 规模以上工业企业主要产品 | 单位 | 产量 | 与上年相比的变化 绝对额 | 比例（%） |
| --- | --- | --- | --- | --- |
| 精制茶 | 万吨 | 8.71 | 0.52 | 6.4 |
| 卷烟 | 万箱 | 28.53 | 4.74 | 20.0 |
| 白酒 | 万升 | 3 778.7 | −65.9 | −0.2 |
| 鲜、冷藏肉 | 万吨 | 7.46 | −0.87 | −10.5 |
| 化学药品原药 | 吨 | 1 368 | −215 | −13.6 |
| 水泥 | 万吨 | 489.88 | −17.01 | −3.4 |
| 发电量 | 亿千瓦时 | 105 | 27.31 | 35.2 |

根据《2016年长阳县国民经济和社会发展统计公报》，2016年长阳县规模以上工业企业达到60家，其中内资企业60家；全年实现规模以上工业总产值1 131 624万元，同比增长15.16%，其中重工业增加值447 866万元，占比为39%；轻工业完成683 758万元，占比为61%。规模以上工业增加值增长12%。规模以上工业企业实现工业产品销售收入874 597万元，累计增长18.1%；实现利税总额57 977万元，增长30.9%。工业产销衔接良好，工业产品产销率为95.04%。

规模以上工业主要产品产量：原煤26.02万吨，增长10.5%；发电量10 966万千瓦时，增长19.7%；精制茶2.89万吨，增长28.4%；人造板3.45万立方米，增长35.16%；铁合金5.01万吨，增长3.0%；水泥107.8万吨，增长

10.3%；钢结构 5.04 万吨，增长 41.2%。

根据《2016 年五峰县国民经济和社会发展统计公报》，2016 年五峰县完成工业总产值 58.87 亿元，比上年增长 12.9%。实现工业增加值 19.42 亿元，比上年增长 9%。其中规模以上工业企业完成工业产值 52.95 亿元，增长 14.4%；规模以上工业增加值增速 9.7%，下降 2.3 个百分点。完成销售产值 50.12 亿元，产销率达到 94.7%；完成主营业务收入 48.39 亿元，实现利润总额 3.73 亿元，资产贡献率达到 15.5%。

从以上三地的加工制造业发展情况可以看出，武陵山湖北片区的农林产品加工制造业，如食品加工、精制茶、卷烟发展要好于矿产资源加工业及生物医药制品。由于该地区农林资源丰富，盛产优质茶叶，烤烟种植面积广，所以在这些方面的加工制造业具有优势。虽然武陵山湖北片区的中药材资源非常丰富且名贵，但由于经济实力不强，生物医药制品的研发受到限制。

第三，武陵山重庆片区加工制造业发展状况。武陵山重庆片区近年来加工制造业得到了飞速发展，从黔江区、酉阳县及秀山县加工制造业主要产品产量产值如下。

2016 年，黔江区全年全部工业增加值为 94.74 亿元，比上年增长 9%，占地区生产总值的 43.3%。其中，规模以上工业增加值为 91.74 亿元，增长 9%。全年规模以上工业总产值为 251.71 亿元，增长 9.6%。按经济类型分，股份制企业总产值为 212.16 亿元，增长 15.7%；国有企业总产值为 39.56 亿元，下降 13.2%。2016 年黔江区规模以上工业企业主要产品产量及其变化情况见表 3.5。

表 3.5　2016 年黔江区规模以上工业企业主要产品产量及其变化情况

| 规模以上工业企业主要产品 | 单位 | 产量 | 与上年相比的变化（%） |
| --- | --- | --- | --- |
| 卷烟 | 万箱 | 28.00 | −16.2 |
| 水泥 | 万吨 | 203.07 | 17.8 |
| 电解铝 | 万吨 | 5.90 | −27.6 |
| 发电量 | 万千瓦时 | 13 572 | 19.5 |

根据《2016 年黔江区国民经济和社会发展统计公报》，2016 年黔江区各大产业板块有升有降。卷烟及配套产业总产值 52.63 亿元，比上年下降 8.6%；农副产品加工产业总产值 64.6 亿元，增长 14.7%；生物医药产业总产值 5.91 亿元，增长 9.9%；轻纺服装产业总产值 13.16 亿元，增长 15.7%；节能环保产业总产值 41.49 亿元，增长 3.4%；新材料产业总产值 73.92 亿元，增长 25.4%。

根据《酉阳土家族苗族自治县 2016 年国民经济和社会发展统计公报》，2016 年酉阳县实现全部工业总产值 146.09 亿元，比上年增长 11.2%。规模以上工业企业36家,其中大型企业5家、中型企业3家、小型企业28家。全年实现规模以上工业总产值105.99亿元,同比增长16.1%。规模以上工业销售产值105.78亿元,比上年增长16.9%;工业产品销售率为99.8%,比上年提高0.7个百分点;主营业务收入106.91亿元,比上年增长16.8%;实现利税总额15.66亿元,比上年增长14.0%;实现利润总额8.25亿元,比上年增长23.1%。全年规模以上工业企业主要产品产量:服装639.51万件,比上年增长19.8%;饲料0.59万吨,棉纱为0.17万吨;水泥73.16万吨,同比增长19.3%;磷肥3.41万吨,比上年增长10.8%;商品混凝土8.67万立方米。

根据《秀山土家族苗族自治县2015年国民经济和社会发展统计公报》,2015年秀山县全年实现工业增加值52.33亿元,同比增长10.6%。其中:规模以上工业增加值增长10.4%,规模以下工业增加值增长11.0%。工业园区加快发展,累计建成标准厂房27.88万平方米、安置房4.1万平方米、周转房1.9万平方米、廉租住房2.4万平方米、道路7.5公里。

第四,武陵山贵州片区加工制造业发展状况。贵州武陵山片区主要包括铜仁市及遵义市部分县市。贵州是我国经济发展最落后的地区之一,经济基础十分薄弱,但近年来加工制造业仍然得到了较快的发展。例如,2016年铜仁市新增2000万元以上规模企业74家,实现工业增加值197.10亿元,按可比价计算,比上年增长11.7%。从主要工业产品产量来看,全年铁合金产量89.5万吨,比上年增长2.8%;发电量128.68亿千瓦时,增长10.6%;卷烟66.5亿支,下降3.6%;饮料酒20.3万升,增长9.1%;水泥758.3万吨,增长13.7%。再如,2015年正安县2000万元以上规模企业完成总产值286 000万元,同比增长35.9%;2015年500万~2000万元规模工业企业完成总产值51 700万元,同比增长215.2%。2015年2000万元以上规模企业完成工业增加值83 022万元,同比增长35.5%。2016年,全县500万元以上工业企业完成总产值378 100万元,同比增长29.7%;规模以上工业企业完成工业增加值114 891万元,同比增长38.4%。2016年规模以上工业企业65家,完成销售产值371 294万元,产销率98.1%。65家规模以上工业企业主要工业产品产量见表3.6。

表3.6 65家规模以上工业企业主要工业产品产量

| 规模以上工业企业主要产品 | 单位 | 2016年 | 2015年 | 2016年与2015年相比的变化(%) |
| --- | --- | --- | --- | --- |
| 精制茶 | 吨 | 2 383 | 2 413 | −1.2 |
| 砖 | 万块 | 17 826 | 16 628 | 7.2 |
| 果汁和蔬菜汁饮料类 | 吨 | 4 489 | 4 621 | −2.9 |
| 水泥 | 吨 | 713 324 | 634 668 | 12.4 |

# 第二节 武陵山片区产业发展存在的问题

## 一、特色农业发展存在的问题

**1. 经济发展程度低，交通设施薄弱**

武陵山片区历史上工农业生产发展速度较为缓慢，经济发展水平低。国家投资建设的铁路，高速公路、国道等公路，机场，港口等设施少。同时，本地区财政收入有限，加上高山沟壑地形地貌更增加了建设难度，地方建设的相关设施也较为落后。

在公路建设上，一方面，高等级公路通车里程少，农村地区低等级的村村通路网建设也不完善。以湘西州为例，2012年末，全州通车里程12 258公里，乡级道路以上公路里程8182公里，只占总里程的66%，而高速公路、国道、省道仅占23%，远低于湖南省的平均水平。据2010年数据，湘西州有约10%的行政村不通公路，地质灾害、维修不到位等问题导致已通的公路仅有30%可以常年通行。另一方面，由于行政分割，一些跨区域道路建设规格不统一，一方区域道路宽厚，另一方区域道路窄薄，导致承载能力不同，影响部分车辆通行。

在铁路方面，铁路网密度稀疏，部分路线技术水平低，承载能力也较弱。横向铁路只有宜万铁路和贵阳—怀化—娄底线路，纵向铁路只有焦柳线的部分段路、怀化—吉首—张家界—宜昌线路和黔江—铜仁—怀化线路，线路涉及区域少，由于地形地貌对技术要求高，部分线路的速度和承载量有限，本区还没有高速铁路。

在水路方面，本区域为长江中游地区，江面狭窄弯曲，通达能力较弱。其他河流的运输作用在公路的抵消下逐渐减弱，港口码头建设不受重视，而且由于高山多，河流落差大，水流急，较为平缓且宽阔的河面少。

在航空方面，区域内重要城市基本都有机场，但航线较少，配套设施不完善，飞机起驾能力弱，且部分机场是军民两用，以客运为主，货运较少。

**2. 自然灾害频发，产业损失较重**

武陵山片区处于第二阶梯、第三阶梯的过渡地带，境内一般高度差为700~1000米，山体陡峻，江河对地表的侵蚀切割剧烈，地貌多为喀斯特地貌，地下暗河多，雨季又较为集中，自然灾害的种类多且频繁，如暴雨、洪水、干旱、冰雹、冰冻、滑坡、泥石流等交替甚至同时发生，同时隧道等重大土木工程建设以及人为的生态环境破坏，更加加剧了这些灾害的程度。据统计，2011年，武陵山片区大部分县市在年度统计公报中都提及受灾减产,其中以张家界市和邵阳市较为严重。2016 年,张家界市在持续干旱和旱涝急转的天气影响下,全市农作物受灾面积 15.12 万公顷。其中,成灾面积 10.31 万公顷,绝收面积 1.94 万公顷,受灾严重;同一时期,邵阳市农作物遭受自然灾害面积 86 540 公顷,其中成灾面积 22 790 公顷,绝收面积 1160 公顷。

**3. 生产经营分散,产业化经营不足**

武陵山片区山壑纵横,地块割裂,集中连片土地少,而且在家庭联产承包责任制的影响下,土地流转困难,生产较为分散。同时,产业基地建设的投入高,而武陵山片区的贫困人口较多,贫困发生率高达 43%,农户无力投入,政府资金有限,只能扶持个别的示范基地,导致产业基地较少,无法规模化生产。

农业合作社虽然逐渐增多,但大多规模小,参加农户少,组织机制不健全。部分合作社仅是简单的农户联合、土地集中,并没有现代化的管理方式,功能也不健全,大多经营不完善,稳定性较差。

武陵山片区特色农业龙头企业少,规模小,技术水平低,市场开拓能力不足,与农户和基地的联系不紧密,带动作用不明显,产业化经营能力弱。

**4. 信息服务水平低,科技支撑力量薄弱**

特色农业发展的资金投入以产业基地建设为主,农业信息方面的投入不足,导致现代化的通信设施,如移动通信基站、互联网宽带线路的设施建设不完善,很多地区收不到移动信号更谈不上接入互联网。基层信息服务站极其缺乏,覆盖率极低,信息服务人员少。同时,信息内容少,信息量小,如特色农产品生产布局(具体到不同品种种植面积和预期产量)、生产者和收购者的信用信息、以往的交易情况、本地价格的监控、农业技术的文字视频讲解、特色农产品销往地区的市场信息监控、消费者消费要求的监控、农业相关专业人员的研究情况追踪等信息内容不完善。另外,各县区独自收集农业信息,建立各自的农业信息网站,不能够整合资源信息共享共建。农业信息并没有实现真正的畅通。

在技术上,主要依靠传统的种养经验知识,现代农业技术的使用率不高。一方面,武陵山片区的农业科研单位少,科研实力弱,同时资金投入不足,现代技术的引进较少,农业从业人员的文化水平低,不能熟练地应用引进的技术。另一方面,政府部门进行的农业技术推广少,缺乏农业技术推广人才,技术推广资料不全、不够通俗易懂、不易于接受,技术推广服务站少,导致后续服务滞后。特色农产品科技含量低,影响了产品的产量和质量,进而影响了特色农产品的销售。

**5. 发展观念落后,流通体系不完善**

传统农业的丰收观念使农户只关注农业产量,而不注重销售。特色农业是商品农业，讲究产值，而且商品要实现其价值就必须通过流通，无流通也就无产值。要提高产值就必须建立起高效的市场体系、物流体系。目前，武陵山片区特色农业生产的观念还停留在传统农业时期。

首先，对流通中的消费市场和消费者研究关注少，导致产品不适销。武陵山片区产出的大部分特色农产品，都是依据武陵山片区得天独厚的自然地理环境而生产的。农户在种植养殖时对生产的关注和投入较大，对消费市场的研究关注少，与此同时，消费者的消费理念、消费习惯和消费行为又都在不断变化着，不符合消费者要求的产品即使有特色也没有市场。

其次，轻视农产品物流，农产品损耗大，物流成本高。特色农业物流是提升特色农产品品质、增加其附加值的重要环节，是农产品第三利润的源泉；是农产品降低生产、销售成本，提升其核心竞争力的重要手段。武陵山片区特色农产品产量大，而本区域人口少、收入低，消费能力有限，区域内的特色农产品供需不平衡，供给远大于需求，大量农产品需要外销。目前对农产品物流的重视程度不高，物流建设滞后，物流通道不畅，物流效率低下，使大量没有分类包装的散货用简单的运输方式，在过多的环节中重复装卸，造成农产品大量腐烂损耗，严重影响了特色农产品的品质与安全，增加了物流成本，降低了市场竞争优势。

最后，市场交易方式单一，以"一手交钱一手交货"方式为主，特色农业电子商务交易还比较缺乏。

## 二、旅游业发展存在的问题

**1. 受行政分割的束缚，旅游协作难度大**

武陵山片区旅游业从行政区域上划分涵盖了四个次级的圈层，即大湘西旅游圈、鄂西旅游圈、渝东南旅游圈和黔东北旅游圈，而这四个旅游圈又分别包含了多个行政区域。我国的区域旅游规划一般都是由所在地区的各级政府来完成的。这种规划模式使原本整体的自然资源和人文景观资源被人为地分割，缺乏了其完整性和连贯性。同时，所在区域的各级政府往往只看重本辖区的经济利益，各自为政、闭门造车，缺乏整体的规划与协作。更有甚者，各个区域之间还出现恶意竞争、重复建设的现象，对当地的旅游资源、社会资源、经济资源都造成了极大的浪费。这种行政分割的束缚，使得武陵山片区旅游资源难以发挥整体优势。

**2. 发展方式粗放，市场结构单一**

从武陵山片区旅游业的发展水平上来看，其旅游市场仍处于粗放式增长阶段。目前武陵山片区旅游仍是以观光游为主，虽然旅游的人数多，但是人均消费低，景区的盈利模式仍是以门票收入为主。这种粗放式的发展模式，往往使大部分旅游收入都集中在景区开发者的手中,很少能惠及当地居民,对当地经济发展水平的推动作用也较小。另外,粗放式的发展,使发展过程中服务行业的排污、废气、废水、固体废弃物数量不断增加,给当地的生态环境造成了不小的压力。

武陵山片区旅游业从市场结构上来看仍比较单一,旅游产品的开发也相对欠缺。景区在购物、食宿、娱乐方面由于其基础设施的限制,没有形成规模,游客在各个旅游景点还是以"看"为主,可参与性和互动性较低。

武陵山片区旅游产业从发展方式上来看仍是粗放式的发展模式,从旅游市场上来看仍是以观光旅游为主,休闲度假旅游市场还停留在初级阶段。可以看出其旅游产业仍然停留在较低的发展层次上,缺乏深度和广度,难以形成市场竞争力。

**3. 思想观念落后,缺乏旅游人才**

武陵山片区作为我国集中连片特困地区,城镇化水平较低,以农业人口为主,文化教育水平普遍偏低,小农思想根深蒂固,对外界先进的思想接受较慢。一方面,在对一些景点进行开发时,当地的居民总是持怀疑态度,甚至抵制态度,给当地旅游产业的发展带来了不小的阻力。另一方面,旅游行业的从业人员大多数为当地居民,因为受教育程度普遍较低,未受过专业的培训,服务质量普遍低下。再加上当地的社会经济发展水平不高,对于一些高端的旅游行业人才也难以培养、挽留和引进。

## 三、加工制造业发展存在的问题

**1. 资金投入不足**

由于加工制造业投入不足,生产设备不完善,阻碍了区域内加工制造业生产效率的提高。以武陵山片区中心城市之一的怀化市为例,2015年怀化制造业贷款余额40.68亿元,仅占怀化市贷款总额的11.5%。2015年底怀化省级以上工业园区只有怀化工业园1个,县(市、区)的工业园区面积较小、配套设施不全,均达不到省级园区标准。企业生产设备陈旧,更新较慢,信息化水平较低,2015年底仅20%的企业拥有企业资源计划(enterprise resource planning,ERP)信息化管理系统。

**2. 科技创新能力不足**

加工制造业的科技创新能力弱。例如,恩施州2015年有研发活动的规模企业仅有23家,研发经费内部支出占GDP的比例仅为0.11%,企业科技创新能力欠佳,研发投入极为不足;2015年全州的高新技术企业中,仅1家是省级认定的高新科技企业,其余13家均是高新产品统计企业,全州高新在统企业占湖北省高新企业总数的比例不到1%，高新技术增加值仅占全省总额的0.15%。

**3. 规模较小、实力弱**

武陵山片区高新技术企业甚少，而且企业规模小，缺少大型骨干企业支撑加工制造业经济。例如，2015年怀化规模制造企业数量只有480家，仅占湖南省总量的4.1%，规模制造业增加值仅占湖南省规模制造业增加值总额的3.4%，比规模工业增加值的占比低0.9个百分点。武陵山片区内与农业产业化高度相关的制造业占比优势不明显，生物医药制药业占比偏低，机械工业发展缓慢，矿产资源加工业占比比较高。

## 第三节 武陵山片区劣势产业状况

综合考虑武陵山片区自然环境状况、产业发展水平、生态环境状况、区域经济发展与扶贫政策、少数民族经济发展政策、国家主体功能区规划等因素，笔者认为，武陵山片区存在以下几种劣势产业。

## 一、传统农业

我国是一个传统的农业国，农业在国民经济中有着举足轻重的作用。随着经济的发展、产业结构演进程度的提高，农业对国民经济发展的贡献率在不断降低。同时，国民经济其他产业或部门随着技术的进步，劳动生产率普遍提高，对国民经济的贡献率普遍增加。武陵山片区由于多方面因素影响，农业仍处于传统农业发展阶段，劳动生产率提高难度更大，成为典型的衰退产业。

传统农业是相对于原始农业、现代农业来讲的，是指在自然经济条件下，以人力、畜力为主要动力，以手工工具、铁器等为主要手段，采用世代积累下来的传统经验，以自给自足的自然经济为主体的农业。传统农业的基本特点是精耕细作，部门结构单一，生产规模较小，生产技术和经营管理水平较落后，防御自然灾害能力较差，基本上没有形成生产地域分工，商品化程度低，劳动生产率较低。

传统农业经历了长期的发展过程。在欧洲，从古希腊、古罗马的奴隶制社会到20世纪初叶，基本上处于传统农业阶段。在我国，大约从战国、秦汉之际开始，逐渐形成了一套以精耕细作为特点的传统农业体系。其间，虽然生产工具和生产技术有很大的改进和提高，但就其主要特征而言，没有根本性质的变化。

如今，伴随着经济的发展和科技的进步，在社会主义市场经济体制下，我国农业生产发生了巨大的变化。第一，从生产技术来看，现代的地膜覆盖技术、现代的化学肥料、现代的农业机械已广泛使用。第二，从商品化程度来看，一部分农产品是为市场而生产的，已完全商品化。第三，从生产主体来看，农民的知识、技术、观念正在更新，新型农民正在形成。第四，从生产组织形式来看，农民专业合作社、农业龙头企业、家庭农场等新型农业经营主体方兴未艾。总之，我国农业正处于向现代农业转变过程之中。

然而，在武陵山片区，现代农业的因素仍然十分微弱。第一，只有极少数农民发展成为新型农民，掌握了现代农业生产技术，会经营，懂管理。第二，只有极少数农民使用了现代生产技术，传统技术在生产过程中仍是主流的生产技术。第三，只有极少量农产品商品化，绝大部分农产品自给自足，浪费性消费十分普遍。第四，只有极少数农户加入了新型农业经营主体，有些农业经营主体，如农民专业合作社有其名无其实。总之，武陵山片区农业基本上处于传统农业阶段。

## 二、产能过剩产业

在计划经济时代，我国只有经济短缺的困扰，并没有出现产能过剩问题。20世纪90年代以来，随着我国进入从计划经济向市场经济过渡的转型期，以及受国际经济的影响，产能过剩问题也就应运而生，并日益突出和严重。例如，《国务院关于加快推进产能过剩行业结构调整的通知》指出钢铁、电解铝、电石、铁合金、焦炭、汽车等行业产能已经出现明显过剩；水泥、煤炭、电力、纺织等行业目前虽然产需基本平衡，但在建规模很大，也潜在着产能过剩问题。自2008年以来，受美国次贷危机、欧洲债务危机等因素影响而引发的全球经济衰退，使得我国产能过剩现象更加突出。2008年第二次全国经济普查的结果显示，钢铁、水泥、煤化工、平板玻璃、风电、多晶硅以及电解铝、光伏制造、有色金属、造船、航运、冶炼、造纸、酒精、制革、印染、化纤、铅蓄电池等许多工业行业的产能都出现明显过剩的现象（张阳，2013）。为应对国际金融危机的冲击和影响，国务院于2009年9月29日发布了《关于抑制部分行业产能过剩和重复建设引导产业健康发展若干意见的通知》，指出钢铁、水泥、平板玻璃、煤化工、多晶硅和风电设备等行业出现重复建设倾向，电解铝、造船、大豆压榨等行业产能过剩矛盾也十分突出。2010年国务院专门就落后产能淘汰工作进行了部署，发布了《国务院关于进一步加强淘汰落后产能工作的通知》，以电力、煤炭、钢铁、水泥、有色金属、焦炭、造纸、制革、印染等行业为重点，对具体产能淘汰任务进行了详细的界定。以质量提升为主，产能过剩治理措施有了重大变化。2013年5月10日，国家发展和改革委员会、工业和信息化部联合发布《国家发展改革委工业和信息化部关于坚决遏制产能严重过剩行业盲目扩张的通知》，涉及钢铁、水泥、电解铝、平板玻璃、船舶等行业；同年10月就五大行业的产能过剩化解工作，颁布了《国务院关于化解产能严重过剩矛盾的指导意见》。2016年国务院印发的《政府核准的投资项目目录（2016年本）》中对于钢铁、电解铝、水泥、平板玻璃、船舶等产能严重过剩行业的项目再次敲响警钟，要求严格执行《国务院关于化解产能严重过剩矛盾的指导意见》。

2006~2016年，国家出台了一系列宏观调控措施来应对产能过剩问题。从"调整"到"抑制"再到"遏制"，最新到"化解"的措词变化可以看出，产能过剩产业的发展确实经历了一个非常大的变化。过去认为是还可能加以控制的，现在则到了非控制不可的程度。结合2006~2016年出台的关于产能过剩文件可以发现，产能过剩主要集中在钢铁、水泥、电解铝、煤化工、平板玻璃、船舶、多晶硅和风电设备这八大行业中。

武陵山片区属于我国集中连片特困地区之一，经济发展相对落后，缺乏支柱产业，且发展不成体系，产业关联度低，新兴产业发展严重滞后，以农产品和矿产资源加工为主的工业同样存在产能过剩现象。结合国家政策，联系武陵山片区实际情况，总体来说，武陵山片区产能过剩产业主要包括钢铁、水泥、煤化工。

（一）钢铁行业

钢材是国民经济的重要原材料，钢铁产业是国民经济的基础产业，为我国经济社会发展做出了重要贡献。同时，钢铁行业快速发展过程中积累的矛盾和问题逐渐暴露，其中产能过剩问题尤为突出。武陵山片区钢铁行业产能过剩，其原因在于：

第一，交通不便。武陵山片区地处湖北、湖南、重庆、贵州四省市交界地区，是全国14个集中连片特困地区之一，片区内铁路交通十分滞后，近一半县（市、区）还未通铁路和高速公路。而我国钢铁消费市场主要集中在经济发达的沿海地区，武陵山片区的交通不便直接增加了钢铁产品到达终端用户的物流成本。

第二，劳动力不足。武陵山片区的经济发展相对落后，空心村现象普遍存在，留下来的劳动力基本上为"613899"部队（即儿童、妇女、老年人）。我国钢铁行业属于劳动密集型产业，生产主要依靠大量劳动力。而且，钢铁工人均应该是经过严格训练的专业技术工人，武陵山片区现有农村劳动力完全不具备这个条件。因此，劳动力不足，是武陵山片区钢铁产业在我国长期处于劣势的主要原因。

第三，环境保护压力。武陵山片区拥有原生态的自然环境，山清水秀，享有"中国生态绿心"的美称。根据《全国主体功能区规划》，武陵山片区属于重点生态功能区，面临的环境保护任务非常繁重。钢铁行业具有高耗能、高污染的特征，生产过程中产生大量的废水、废气、废渣等排放物。这些排放物对空气、水质和土壤有着严重的负面影响，破坏了生态平衡，影响了经济发展，威胁着人民的生活。武陵山片区发展钢铁产业，既不符合《全国主体功能区规划》、长江经济带建设等国家宏观战略，也不利于武陵山片区经济、社会、环境等全面发展。

（二）水泥行业

水泥工业是国民经济重要的基础原材料工业，是当前建筑施工的必备材料，广泛应用于土木建筑、水利、国防等工程，对改善人民生活、促进国家经济建设和保证国防安全起到了重要作用。在一定时期内，水泥产品耗用量反映一个国家经济建设的速度和水平。随着国家经济快速发展，2014年，中国水泥产量达到历史最高峰的24.7亿吨，占世界水泥总产量的60%以上。2015年，水泥需求量下降到23.5亿吨，产能发挥率下降到73%（杨立国，2017）。武陵山片区内矿产资源众多，尤其石灰石资源丰富，为建设水泥厂提供丰富的原材料资源。然而，水泥企业是自然环境污染的主要来源之一，水泥生产中，粉尘和烟尘的排放量占工业粉尘、烟尘排放量的20%，氮氧化物排放量占工业排放总量的10%~15%（高智，2014）。水泥的生产过程就是对碳酸钙的分解，因此，二氧化碳的排放量很大，是社会环境污染的主要来源。同时，水泥具有显著的区域性特点，水泥销售半径基本在200公里以内，如果运输距离超过合理距离，水泥企业则要通过提价弥补运输成本来获取利润，因此生产商很难通过跨区域经营水泥产品。理论上，武陵山片区并不具备发展水泥产业的地理优势。

2016年，恩施州水泥产量为489.88万吨，比上年下降3.4%；长阳县水泥产量为107.8万吨，比上年增长10.3%；湘西州规模以上工业主要产品水泥产量为302.5万吨，比上年增长1.9%；张家界市水泥产量为197.2万吨，比上年增长3.4%；怀化市水泥产量为909.3万吨，比上年增长6.8%；遵义市正安县水泥产量为71.3万吨，比上年增长12.4%；铜仁市水泥产量为758.3万吨，比上年增长13.7%；重庆市黔江区水泥产量为203.07万吨，比上年增长17.8%。2016年国务院印发文件指出要求在3年内淘汰5亿吨水泥落后产能。而我国2016年全国水泥产量为24亿吨，同比增长2.5%。武陵山片区除去湖北省恩施州，其他地区的水泥增长率明显远大于全国平均水平。

从湖北省武陵山片区水泥行业来看，2014年，工业和信息化部公布第一批工业行业淘汰落后和过剩产能企业名单中，湖北省有29家企业在名单之内。

其中，水泥行业包括9家企业，过剩产能总计301万吨，其中属于武陵山片区的有4家，分别为湖北巴东金字山水泥有限责任公司、湖北建始县景阳水泥有限责任公司、湖北咸丰县协力水泥有限责任公司和湖北咸丰县楚霸建材有限责任公司。到2016年，湖北省淘汰落后和过剩产能公示名单中，水泥产业生产线仅有1家，即位于恩施州来凤县的来凤县金凤建材工业有限责任公司。

从湖南省武陵山片区水泥行业来看，水泥行业是湖南省重点传统产业之一，对湖南省工业经济做出了较大贡献。2014年湖南省水泥总产量1.2亿吨，销售收入445亿元，居国内第八位。但是，随着产能规模的扩张，产能过剩现象日益严重，2015年全省水泥产量下降3%，全行业利润下降55.1%，企业亏损面达80%以上。2014年，湖南省湘西州共有5家落后产能企业纳入国家公告中。其中水泥行业涉及1家，即龙山县民安水泥厂。截至2014年底，湘西州基本完成2014年淘汰落后产能工作目标任务。

从贵州省武陵山片区水泥行业来看，贵州省武陵山片区是我国水泥产能严重过剩的地区之一，其中表现最突出的又是铜仁市。2015年，贵州省经济和信息化委员会发布的《贵州省经济和信息化委员会关于贵州省水泥行业在建项目产能置换方案的公告》中，停止建设水泥项目名单共5家公司，包括武陵山片区铜仁市的玉屏西南水泥有限公司和铜仁市思南县的贵州思南西南水泥有限公司。然而，在全国性水泥产能严重过剩的背景下，铜仁市却出现水泥"市场繁荣"的景象。贵州省的后发优势已经显现出来，精准扶贫工程集中发力，加上一批高速公路建设的启动，引爆了该地区水泥需求上涨行情。铜仁市海螺水泥成为当地扶贫攻坚的"好帮手"，以铜仁市为中心、100公里为半径的范围内就密布着20多条水泥生产线，有些水泥厂只相距十几公里。这是由武陵山片区的特殊性和水泥行业的特殊性决定的。

从重庆市武陵山片区水泥行业来看，根据重庆市五大功能区的定位，重庆市黔江区、武隆区、酉阳县、秀山县、彭水县和石柱县均为渝东南生态保护区，是国家重点生态功能区与重要生物多样性保护区，其定位是发展生态民俗文化旅游。根据中国水泥网信息统计，重庆水泥产业布局集中在城市发展新区的12个区县[①]。

（三）煤化工行业

2016年2月，国务院印发了《国务院关于煤炭行业化解过剩产能实现脱困发展的意见》，该意见从严格控制新增产能、加快淘汰落后产能和其他不符合产

---

① 数据来源于 http://www.ccement.com/news/content/9090105135109.html。

业政策的产能、有序退出过剩产能等多个方面明确了去产能的"路线图",鼓励大型煤炭企业兼并重组中小型企业。去产能成为煤炭产业供给侧结构性改革的重中之重。

2016年12月,国家发展和改革委员会、国家能源局发布的《煤炭工业发展"十三五"规划》中,指出全国煤炭开发总体布局是压缩东部、限制中部和东北、优化西部。武陵山片区的湖北、湖南地区属于我国中部地区,贵州和重庆属于我国西部地区。湖北、湖南、重庆煤炭资源零星分布,开采条件差,矿井规模小,瓦斯灾害严重,水文地质条件复杂,需要加快煤矿关闭退出进程。云贵基地开采条件差,水文地质条件复杂,需要大力调整生产结构,淘汰落后和非正规采煤工艺方法,加快关闭灾害严重煤矿,适度建设大中型煤矿,提高安全生产水平。

从湖北省武陵山片区煤化工行业来看,2016年,湖北省发展和改革委员会发布全省煤炭行业化解过剩产能关闭退出煤矿的124家煤矿企业中,宜昌有61家,其中武陵山片区有20家,具体地域分布为:长阳县12家、秭归县6家和五峰县2家[1]。

2016年,恩施州下发了《恩施州煤炭行业化解过剩产能工作实施方案》。该方案确定了恩施州2016~2018年煤炭行业化解过剩产能目标任务(表3.7)。

表3.7 恩施州2016~2018年煤炭行业化解过剩产能目标任务

| 县市 | 2016年 | 2017年 | 2018年 | 合计 |
| --- | --- | --- | --- | --- |
| 恩施市 | 24 | — | 6 | 30 |
| 利川市 | 24 | 6 | 6 | 36 |
| 建始县 | 74 | 12 | 12 | 98 |
| 巴东县 | 17 | 6 | — | 23 |
| 宣恩县 | 10 | — | — | 10 |
| 咸丰县 | 5 | — | 21 | 26 |
| 来凤县 | 21 | — | — | 21 |
| 鹤峰县 | 12 | 6 | — | 18 |
| 总计 | 187 | 30 | 45 | 262 |

根据《2016年恩施州国民经济和社会发展统计公报》,2016年恩施州单位GDP能耗为0.5540吨标准煤/万元,较上年下降3.36%;主要污染物总量减排完成湖北省下达任务目标,煤炭行业产值大幅下降,全年下降45%。根据《2016

---

[1] 数据来源于http://sxwb.cnhubei.com/html/sxwb/20160902/sxwb2964279.html。

年五峰县国民经济和社会发展统计公报》，2016年五峰县规模以上工业企业综合能源消费量为8.26万吨标准煤，比上年增长66.0%，原煤消费量为6.05万吨，比上年增长313.5%。根据《2016年长阳县国民经济和社会发展统计公报》，2016年长阳县规模以上工业企业原煤消费量为26.02万吨，比上年增长10.5%。恩施州2017上半年经济运行情况新闻发布会实录指出：煤炭行业受去产能影响，产量同比下降26.2%，增加值同比下降18.7%。可见，供给侧结构性改革初见成效，煤炭行业产能大幅下降。

从湖南省武陵山片区煤化工行业来看，《湖南省2016年煤炭行业化解过剩产能公告》中共有315处煤矿，其中武陵山片区占据大部分，共有175处，包括常德市石门县5处，怀化市12处，冷水江市50处，涟源市54处，邵阳县8处，武冈市4处，新邵县5处，娄底市新化县25处，张家界市9处，邵阳洞口县3处[①]。

2017年湖南省煤炭行业化解过剩产能关闭煤矿名单（第一批）中共有41家，包括邵阳市4家，郴州市7家，怀化市7家，娄底市19家，常德市2家，益阳市2家[②]。

根据《怀化市2016年国民经济与社会发展的统计公报》，2016年怀化市单位GDP（2010年不变价）能耗为0.587吨标准煤/万元。单位GDP水耗（2010年不变价）为152.7立方米/万元。规模以上工业企业综合能源消费量为191.30万吨标准煤，比上年下降4.0%，其中六大高耗能行业综合能源消费量为137.85吨，比上年下降7.2%。万元规模以上工业企业增加值能耗为1.421吨标准煤，比上年下降9.9%。根据《湘西州2016年国民经济和社会发展统计公报》，2016年湘西州规模以上工业企业综合能源消费量为63.88万吨标准煤，比上年下降1.7%。其中，六大高耗能行业综合能源消费量为57.04万吨标准煤，比上年下降1.4%。根据《张家界市2016年国民经济和社会发展统计公报》，张家界市2016年万元规模工业增加值能源消费量为0.93吨标准煤。规模以上工业企业综合能源消费量为41.45万吨标准煤，比上年增长2.2%；其中六大高耗能行业能源消费量为35.1万吨标准煤，比上年增长3.6%。

从重庆市武陵山片区煤化工行业来看，根据去产能要求，重庆市武隆区2010年底煤矿数量为16座（不含市属煤矿和央企），2015年累计关闭7座，平均淘汰落后产能为18.33万吨/年，全区煤炭规模以上产能由2010年的93.23万吨/年

---

① 数据来源于http://hexun.com/news/2016-12-27/187510370.html。
② 数据来源于https://www.mining120.com/news/show-htm-itemid-317836.html。

减少至 2015 年的 74.90 万吨/年，比 2010 年下降 19.66%[①]。2016 年，重庆市对银海煤业有限公司宏远煤矿、银海煤业有限公司连铭煤矿、银海煤业有限公司槽田煤矿、泰达煤业有限公司石山煤矿、丰达凯来矿业有限公司炉岗井煤矿、磊鑫矿业集团有限公司罗家院子煤矿、黔江区龙桥煤业有限责任公司龙桥煤矿实施永久性关闭[②]。

从贵州省武陵山片区煤化工行业来看，贵州目前正处于工业化、城镇化快速推进阶段，能源需求仍将较快增长，煤炭消费总量也将持续增加，而贵州"富煤、少气、无油"的资源禀赋特征，则突出了加快发展煤化工产业的重要性和紧迫性。同时，贵州省正面临着以高碳能源为主的能源结构与绿色发展、低碳经济的迫切需求之间的矛盾。

2017 年，贵州省化解过剩产能关闭退出煤矿名单中涉及 120 家煤化工企业，武陵山片区合计有 7 家，包括铜仁市 6 家和道真仡佬族苗族自治县 1 家[③]。

## 三、污染产业

污染产业在生产过程中若不加治理则会直接或间接产生大量污染物，对人类、动植物生命健康及生态环境质量造成明显影响甚至威胁。对污染产业的界定，学术界有许多种方法，如治污成本法、污染排放强度法、污染排放规模法、二维综合法等。综合学术界的研究，可以从两个维度对污染产业加以界定，即不仅考虑行业污染排放的"量"，还要考虑污染排放的"质"。其中，"量"可以理解为行业污染排放在所有行业总排放中所占的份额，即污染规模；"质"则是对某一行业来说，释放单位污染能带来的收益，其倒数即每单位产出所释放的污染，即污染强度。"高量低质"的行业可界定为污染产业。本研究将参考二维综合法，在这两个维度上构建的污染密集指数能较全面地反映行业的污染程度，指数越大代表污染程度越高，最后界定的污染产业范畴包括：造纸及纸制品业，农副食品加工业，化学原料和化学制品制造业，饮料制造业，纺织业，电力、热力的生产和供应业，非金属矿物制品业，黑色金属冶炼和压延加工业，石油加工、炼焦及核燃料加工业，煤炭开采和洗选业，有色金属矿采选业，黑色金属矿采选业，共计 12 个污染行业。联系武陵山片区实际情况，主要的污染产业包括造纸及纸制品业、饮料制造业、化学原料和化学制品制造业、黑色金属矿采选业、非金属矿物制品业、煤炭开采和洗选业、有色金属矿采选业。

---

① 数据来源于 http://wfg.cqwl.gov.cn/fgwwj/news/2017-4/736_75962.shtml。
② 数据来源于 http://www.cq.gov.cn/publicinfo/web/views/Show!detail.action?sid=4098179。
③ 数据来源于 http://www.gzgov.gov.cn/xwdt/tzgg/201711/t20171117_1081742.html。

(一) 造纸及纸制品业

随着我国环保政策趋严，造纸及纸制品业在不断调整升级，将使部分企业退出该行业，特别是对于一些中小型企业来说，这是一场不小的挑战。根据全国排污许可证管理信息平台 2017 年 9 月 26 日的信息，造纸和纸质印刷品公司共发放排污许可证 2659 张，有效期 3 年，已经申领的家数只占我国造纸及纸制品业的 40% 左右。从该行业的主要产品产量来看，有数据显示，2017 年，全国纸及纸板生产量为 10 855 万吨，较上年增长 1.35%。2007~2016 年，全国纸及纸板生产量年均增长率为 4.43%，可见，2017 年全国纸及纸板生产量的增长速度有所放缓。

在武陵山片区，各地区规模以上工业企业主要产品产量中，涉及造纸及纸制品业的主要有怀化市、新宁县、武隆区三地。2017 年，怀化市机制纸及纸板产量为 9.8 万吨，比上年增长 1.2%；2017 年，新宁县机制纸及纸板产量为 3.4 万吨，比上年增长 16.9%；2016 年武隆区机制纸及纸板产量为 73 551 吨，比上年增长 15.2%。根据以上数据，我们可以看出：这三个地区的造纸及纸制品业的产量仍呈增长状态，其中，新宁县和武隆区的增长速度远远大于全国造纸及纸制品产量的平均增长速度，仅有怀化市的增长速度低于全国平均水平。

在产量高速增长的背后，是造纸及纸制品业对当地自然环境造成的较大污染。在新闻报道中，常常可以看见一些企业生产导致当地环境污染的案例。例如，在洞口县就出现了造纸厂严重违法排污，导致环境污染严重的现象。在湖南省娄底市新化县田坪镇土桥村有一家造纸厂，其废水废渣没有经过任何处理，直接排入该村的主要河流——油溪河，严重污染了农业用水，并且对附近植被和农作物造成了毁灭性的破坏，对下游的人畜饮水和当地居民的健康产生了严重的危害。

对此各地区也实施了一定的整改措施。例如，怀化市会同县，2012 年 9 月 19 日，发布《会同县人民政府关于关闭林辉造纸厂等 24 家小造纸小水泥企业的通知》，对未在规定时间内完成污染整治任务并达到国家产能要求的 24 家小造纸、小水泥企业实施关闭，这 24 家企业中，小造纸企业有 23 家。恩施州也在《恩施州关闭沿江污染企业》中从建设"生态恩施"的战略高度，关闭了清江上游的造纸厂、水泥厂和小火电企业。湖南邵阳市新邵县颁发文件，就小化工、小水泥、小造纸、小冶炼企业等重点污染源，按照上级的要求，认真安排部署，采取有效措施，加快淘汰落后生产工艺，加大造纸行业的污染整治力度，2007 年底前，依法关闭环保不达标、年生产能力小于 1 万吨的废纸造纸企业。隆回县督促 12 家污染严重的造纸企业制定污染防治方案并加以实施。2008 年，长阳县针对造纸业的污染问题,采取了行动,关闭了污染型造纸企业。

（二）饮料制造业

我国饮料制造业主要分布在中部、西南部,而东部沿海、北部沿海和南部沿海的饮料制造业则下降趋势明显。在武陵山片区,各地区规模以上工业企业主要产品产量生产中,涉及饮料制造业生产的有恩施州、张家界市、石柱县、新宁县、武冈市、彭水县、铜仁市、正安县和湄潭县。在搜集到的9个地区的数据显示：恩施州、张家界市和石柱县3个地区的饮料制造业的产量有所下降。其余6个地区的饮料制造业的产量均是上升的。具体情况如下：2016年,恩施州白酒产量为3778.7万升,比上年减少0.2%；2017年,张家界市饮料酒产量为77万升,比上年减少20%；新宁县2017年果汁产量为3.88万吨,比上年增长14.4%；武冈市2017年啤酒产量为9799.3万升,比上年增长16%；2016年彭水县包装饮用水产量为1.26万吨,比上年增长22.7%；2017年,石柱县啤酒产量为2194.9万升,比上年减少4.3%；2016年铜仁市饮料酒产量为20.3万升,比上年增长9.1%,包装饮用水产量为69.69万吨,比上年增长84.9%；正安县2015年果汁和蔬菜汁饮料类产量为7124吨,比上年增长8.9%；2016年,湄潭县白酒产量为1167.3万升,比上年增长10.4%。从这些数据可以看出,饮料制造业的产量大体都是上升的,这与各地政府采取积极的措施平衡环境与经济发展的关系有关。例如,湖南新宁县近年来,采取针对性措施,全面加强污染治理工作,加大了污染治理资金投入,据统计,仅2016年全市共投入环保治理资金超过1亿元,其中对华宝食品厂投入230万元修建污水处理设施。新邵县督促境内15家重点企业投资1800万元完善环保设施,其中投入达200万元的项目就有5个。洞口县督促辣妹子食品股份有限公司、三可食品公司分别投资200万元和180万元建设水污染防治设施。

（三）化学原料和化学制品制造业

武陵山片区各地区规模以上工业企业主要产品产量生产中涉及化学原料和化学制品制造业生产的地区共有5个。相关产品产量情况如下：2016年,恩施州化学药品原药产量为1368吨,比上年减少215吨,比上年下降13.6%；2017年,湘西州硫酸（折100%）产量为24.2万吨,比上年下降19.7%,焰火制品产量为10 861.1万元,比上年减少72.6%；2016年,张家界市化学原料和化学制品制造业下降5.4%,其中化学药品原药产量为58吨,比上年增长18%；2017年,新宁县塑料制品产量为2998吨,比上年增长20.2%；2017年,冷水江市纯碱产量为15.6万吨,比上年增长0.6%。由于化学原料和化学制品制造业产生环境污染，武陵山片区该产业增长较为缓慢。近年来，各地对因化学原料和化学制品制造业生产导致的污染情况，采取不少治理措施，各地区的污染治理已经取得了一定的进展，但还存在很多的不足。如何协调平衡产业发展和环境治理仍是每个地方政府和企业都亟待解决的问题。治理污染问题，一方面需要当地居民增强环保意识并开展严格的监督，另一方面需要政府的大力监管与支持，同时也离不开企业自身的积极配合。

(四) 黑色金属矿采选业

黑色金属矿采选业包括金属铁、铬、锰等的矿物采选业。在武陵山片区，各地区规模以上工业企业主要产品产量生产中涉及黑色金属矿采选业的地区共有10个。在搜集到的10个地区的数据中显示，有6个地区与黑色金属矿采选业相关的产品产量都是下降的，它们分别是湘西州、张家界市、新宁县、新化县、彭水县和武隆县。怀化市、冷水江市、铜仁市和凤冈县4个地区的钢铁产量是增加的。具体数据如下：2017年，湘西州黑色金属矿采选业、黑色金属冶炼和压延加工业产值分别下降26.2%、19.6%，其中锰矿石成品矿产量为66.7万吨，比上年增长0.2%，电解锰产量为22.4万吨，比上年减少14.6%；2016年，怀化市铁合金产量为50.20万吨，比上年增长11.1%；2017年，张家界市铁矿石原矿产量为4.54万吨，比上年减少26%；2017年，新宁县铁矿石原矿产量为54.17万吨，比上年下降4.9%；2017年，新化县铁合金产量为98 719吨，比上年下降30.3%，铸铁件产量为1474吨，比上年增长4.9%；2017年，冷水江市生铁产量为290.9万吨，比上年增长1.1%；2016年，彭水县原煤产量为90.30万吨，比上年下降26.5%；2016年，铜仁市铁合金产量为89.5万吨，比上年增长2.8%。[①]

关于该产业在当地的污染情况，以及各地政府对此采取的治理措施，我们通过网上查找、实地调研搜集到了一些信息。随着全国环保意识的加强，当地政府部门也出台了一系列措施进行整改，积极配合国家政策，按照国家产业政策的要求，在2012年底前，淘汰容量6300千伏安的铁合金（含工业硅）矿热炉；对属于国家级贫困县，且当地经济特别困难的部分少数民族县，适当延缓到2013年或2014年。在2014年底前，淘汰容量6000千伏安及以下的电解金属锰整流变压器设备。从各地的实际行动我们可以看出政府对于治理环境污染的决心。

---

① 数据均来源于各地区当年国民经济和社会发展统计公报。

## （五）非金属矿物制品业

非金属矿物制品业的代表性产品就是水泥。在已收集到的 17 个地区的数据显示，有 11 个地区的水泥产量是增长的，这 11 个地区分别是湘西州、怀化市、石门县、新化县、冷水江市、彭水县、石柱县、铜仁市、正安县、凤冈县和湄潭县。水泥产量减少的 6 个地区是恩施州、张家界市、城步县、武冈市、涟源市和武隆区。其中增速最快的是湄潭县（34.7%），减速最快的是涟源市（-12.6%）。具体情况如下：2016 年，恩施州水泥产量为 489.88 万吨，比上年减少 17.01 万吨；2017 年，湘西州水泥产量为 318 万吨，比上年增长 7.6%；2016 年，怀化市水泥产量为 909.3 万吨，比上年增长 6.8%；2017 年，张家界市水泥产量为 195.8 万吨，比上年减少 0.7%；2017 年，城步县水泥产量为 6.3 万吨，比上年减少 0.4 万吨；2017 年，武冈市水泥产量为 1 148 583 吨，比上年减少 5%；2017 年，石门县水泥及水泥熟料产量等有所增长；2017 年，新化县水泥产量为 474.1 万吨，比上年增长 5.1%；2017 年，涟源市水泥产量为 241.4 万吨，比上年下降 12.6%；2017 年，冷水江市水泥产量为 257.8 万吨，比上年增长 0.8%；2016 年，彭水县水泥产量为 226.00 万吨，比上年增长 13.9%，水泥熟料产量为 105.90 万吨，比上年下降 36.4%；2016 年，武隆区水泥产量为 420 802 吨，比上年下降 10%；2017 年，石柱县水泥产量为 128.64 万吨，比上年增长 8.9%；2016 年，铜仁市水泥产量为 758.3 万吨，比上年增长 13.7%；2015 年，正安县水泥产量为 700 500 吨，比上年增长 15.7%；2016 年，凤冈县水泥产量为 120.95 万吨，比上年增长 2.04%；2016 年，湄潭县水泥产量为 81.5 万吨，比上年增长 34.7%。① 从这些数据我们可以看出，水泥产业在武陵山片区的产业结构中占比较大，许多地区的主要工业制品都有水泥产品。在带动当地经济发展的同时，与之伴随的就是该产业发展给当地带来了严重的环境污染。例如，在湖北省恩施州，就曾有水泥厂建在居民区，给附近居民的生活带来了很大的不便。针对群众反映的这些污染问题，当地政府也采取了积极的整改措施，如在 2014 年，恩施州对于 14 家机立窑水泥生产企业，下令限期治理。在政府的监督下，这些企业共投入资金 2550 余万元，新上污染治理设施 70 余台（套），以减少在生产中导致污染。

## （六）煤炭开采和洗选业

以煤炭产量为参考标准，在搜集到的 6 个地区的数据中显示，涟源市、冷水

---

① 数据均来源于各地区当年国民经济和社会发展统计公报。

江市、彭水县、武隆区和正安县 5 个地区的煤炭产量都是下降的，仅有新化县的原煤产量是增长的。具体情况如下：新化县 2017 年原煤产量为 232.5 万吨，比上年增长 7.32%；涟源市 2017 年全市规模以上工业企业原煤产量为 118.4 万吨，比上年下降 44.9%，焦炭产量为 62.5 万吨，比上年下降 23.5%；冷水江市 2017 年原煤产量为 240 万吨，比上年下降 8.1%；2016 年彭水县全年规模以上工业企业主要产品产量中，原煤产量为 90.30 万吨，比上年下降 26.5%；2016 年武隆区煤炭开采和洗选业完成总产值 19 530 万元，比上年增长 2.6%，原煤产量为 277 408 吨，比上年下降 10.9%；正安县 2015 年原煤产量为 43 903 吨，比上年下降 73.5%。煤炭开采一直是一个高污染的产业，在实行可持续发展战略的背景下，全面环保意识的加强，意味着对于该行业的整改势在必行。在彭水县，煤炭经济发展不尽人意。大部分煤矿规模小、工艺落后，对环境造成不同程度的污染，同时还时有安全事故发生，给社会稳定带来潜在的威胁。所以，当地政府响应国家淘汰落后产能号召，彭水县将煤炭矿井由 30 对缩减至 13 对。综上所述可以看出，在武陵山片区各地，煤炭产业生产带来的环境污染非常严重，特别是给附近居民健康留下了极大的隐患。因此，加强行业监管，实施转型，引进更清洁的生产方式，研发新的生产技术等，都是很必要的。

（七）有色金属矿采选业

**1. 有色金属矿采选业发展现状**

从产量上来看，当前受我国经济增速放缓，以及供给侧结构性改革和环保政策的影响，我国主要有色金属产量也出现逐步减少的趋势。2017 年 10 月，我国十种有色金属月产量为 445.90 万吨，同比减幅为 3.30%，而上一年同期的产量为 454.80 万吨，同比增幅为 3.20%。

**2. 武陵山片区有色金属矿采选业发展情况**

在武陵山片区，各地区规模工业主要产品产量生产中涉及有色金属矿采选业的并不多。怀化市 2016 年十种有色金属产量为 5.7 万吨，比上年增长 1.8%；其中，锌产量为 3.62 万吨，比上年增长 9.1%，锑品产量为 2.08 万吨，比上年减少 8.1%，黄金产量为 17 526.8 千克，比上年增长 6.4%。冷水江市 2017 年锑品产量为 5.3 万吨，比上年增长 0.2%。湘西州 2017 年有色金属矿采选业总产量比上年增长 26.6%，其中锌产量为 23.9 万吨，比上年增长 2.4%。新化县 2017 年锑品产量为 12 220 吨，比上年增长 36.8%，黄金产量为 383 千克，比上年增长 7.0%。新宁县 2017 年锑金属产量为 3 万吨，比上年下降 13.8%。有色金属矿采选业生产污染可能会导致非常恶劣的影响，不仅仅恶化生态环境，更有可能直接危害人体健康。

# 第四章 武陵山片区劣势产业的退出机制、次序、壁垒和援助政策

如前所述，武陵山片区存在多种劣势产业。在新时代中国特色社会主义建设和全面建成小康社会背景下，作为全国集中连片特困地区之一的武陵山片区，面临着极为艰巨的发展任务。本研究认为，在武陵山片区的经济发展过程中，必须强力退出劣势产业。那么，劣势产业的退出机制、次序、壁垒和援助政策就是急需研究的内容。

## 第一节 武陵山片区劣势产业的退出机制

机制，是指事物或现象各组成要素之间的结构关系及运行方式。在人文社科领域，机制一词被借用，是指在承认事物或现象存在各个组成部分的前提下，如何协调各个部分之间的关系，以便更好地发挥作用的具体运行方式。在经济学、管理学等学科当中，广泛使用了机制一词，出现了"计划机制""市场机制""经济机制""管理机制""运行机制""激励机制""经营机制"等概念。

本研究认为，武陵山片区劣势产业的退出机制包括政府主导机制和市场倒逼机制两种。

### 一、政府主导机制

（一）政府主导机制的概念

政府主导机制是指政府通过规划、政策、指导目录等手段促使劣势产业退出的一种机制。在我国社会主义市场经济体制下，这是劣势产业退出的主导机制。政府包括中央政府和各级地方政府，其中，中央政府又起着主要作用，各级地方政府在中央政府的指导下，配合中央政府采取行动，也起着重要作用；政府主导机制手段多样，形式灵活。

（二）政府主导机制的原因

政府主导机制的原因是多方面的，既有历史的，也有现实的，既有理论的，

也有实践的，综合来看，主要有以下几个方面。

**1. 长期计划经济体制的影响**

中华人民共和国成立以来，受苏联"战时共产主义"统制经济及在此基础上建立的高度集权的计划经济体制的影响，为了应对抗美援朝造成的经济压力和解决国内经济困难，我国也建立起了高度集中的计划经济体制。经过十多年的改革，直到1992年邓小平南方谈话以后，才确立了向社会主义市场经济体制转轨的改革方向。经过二十多年市场化的改革，我国基本确立了中国特色社会主义市场经济体制。但是，毋庸讳言，我国的市场经济体制还是初步的，还有许多需要完善的地方。在资源配置方面，市场虽然起着决定性作用，但政府仍然起着重要作用。从某种程度上讲，计划经济体制的影响依然存于我国经济生活的方方面面。

**2. 市场失灵的客观存在**

传统经济学理论认为，由于垄断、外部性、信息不完全等，或者在公共物品供给等领域，通过价格机制来配置资源，很难实现配置效率的优化，此时，即出现了市场失灵。当市场出现失灵时，就必须借助于政府的宏观调控。劣势产业退出的政府主导机制，就是政府纠正市场失灵的一种宏观干预机制。

**3. 解决我国现存劣势产业问题的需要**

改革开放40余年来，我国经济获得了高速发展，经济发展水平快速提高，总体经济实力明显增强。在这个过程中，也出现了一些问题，如重复建设导致的产能过剩，技术进步或消费升级带来的衰退产业，发展方式粗放产生的环境污染，等等。这些产业的退出，均需要政府主导机制发挥作用。

**4. 突破退出壁垒的需要**

劣势产业退出必然会遇到沉没资本、技术引进、人员安置、市场进入等障碍，我们称这些障碍为退出壁垒。为了突破这些障碍，需要政府提供相应的降低劣势企业退出风险。这样，政府主导机制就是劣势产业退出的必然选择。

（三）政府主导机制的实施方式

政府主导劣势产业退出的方式有多种，大致包括规划、产业政策两种。

**1. 规划**

政府主导劣势产业退出的规划包括三种。

一是五年规划或者计划。其全称是"中华人民共和国国民经济和社会发展××五规划（计划）"，从"一五"到"十五"均称计划，从"十一五"至今均称规划。既有国家五年规划，也有地方各级政府五年规划。五年规划中，均明确了未来需要重点发展的产业，相应的，那些非重点发展的产业即可采取其他措施，或者任其自生自灭，或者逐步、有序退出。在武陵山片区，既有湖南、湖北、重庆、贵州五年规划，也有各州（市）、县（市）五年规划，各个规划中均对产业发展作出相应安排。

二是行业（产业）发展规划。为了推动某个行业发展，政府机构也会制定行业发展规划，如2009年国务院制定了《石化产业调整和振兴规划》《物流业调整和振兴规划》《装备制造业调整和振兴规划》《有色金属产业调整和振兴规划》等。这些规划，分析了行业面临的形势，指出了行业调整与振兴的指导思想、基本原则和目标，明确了行业调整与振兴的主要任务，提出了政策措施和保障措施。在政策措施里，就明确指出：需要淘汰落后产能。例如，《有色金属产业调整和振兴规划》指出进一步研究完善落后产能退出机制，妥善解决好职工安置、企业转产、债务化解等问题，促进社会和谐稳定。严格执行节能减排淘汰落后产能问责制，对未完成节能减排、淘汰落后产能任务的地区，暂停投资项目的核准和审批。地方各级政府要对限期淘汰的落后装备严格监管，禁止擅自扩容改造和异地转移。对擅自扩容改造或异地转移落后装备的，金融机构不提供任何形式的信贷支持，国土资源部门不予办理用地手续。

三是区域发展规划。为了推动某个区域的科学快速发展，国务院及其机构制定了相应的区域发展规划，如国家发展和改革委员会、国务院扶贫开发领导小组办公室共同制定了《武陵山片区区域发展与扶贫攻坚规划（2011—2020年）》，该规划明确指出，武陵山片区在规划期内，重点发展的产业包括旅游业、特色农业、加工制造业、现代服务业、民族文化产业，同时，鉴于武陵山片区在《全国主体功能区规划》中为重点生态功能区，在论述环境保护问题时指出："加大重点污染行业治理整顿力度，关闭限期排污不达标企业"。

**2. 产业政策**

产业政策是中央政府及其机构制定的，旨在引导产业发展方向、推动产业结构升级、促使国民经济又好又快发展的政策总和。产业政策主要通过各种指令性计划和指导性计划、产业结构调整计划、产业扶持计划以及财政政策、货币政策、项目审批来实现。其功能在于：弥补市场失灵，促使资源的优化配置；保护弱小产业和新兴产业，促进经济发展；退出劣势产业，增强经济发展适应能力。产业政策包括产业结构政策、产业组织政策、产业区域布局政策三种。

产业政策的实施方式包括：一是对厂商生产活动的管制，包括法律上的限制、税收政策、限产或价格管制政策等；二是反垄断政策；三是国有化政策。产业政策实施最直接的方式是制定产业发展指导目录。例如，2011年国家发展和改革委员会出台了《产业结构调整指导目录（2011年本）》，该目录成为我国"十二五"期间产业结构调整的一个纲领性文件。在这之前，国家制定的类似目录还有《当前国家重点鼓励发展的产业、产品和技术目录（2000年修订）》《淘汰落后生产能力、工艺和产品的目录》（第一批、第二批、第三批）和《工商投资领域制止重复建设目录（第一批）》等。

根据《产业结构调整指导目录（2011年本）》，当前各主要生产领域产业发展次序如下：

一是重点支持生产的产业（产品），即农业、农用工业、轻工、纺织业，基础设施和基础工业，机械、电子工业，高技术产业，经济效益好的出口创汇产品。

二是严格限制生产的产业（产品），主要包括：①国家定点外的汽车、摩托车；性能低下的普通机电产品，主要是普通机床和锻压设备。②超前消费的高电耗产品，主要是空调器、冷热风机、电炊具、吸尘器。③用国内紧缺原料生产的高消费产品，主要是铝门窗、铝铜建筑装修品、易拉罐、化纤地毯。④生产方式落后、严重浪费资源和污染环境的产品，主要是土法炼焦、汽油和柴油发电、土法炼有色金属、土法硫黄。⑤低质白酒、普通人造革、普通人造毛皮等。

三是停止生产的产业（产品），即无证开采的有色金属矿、化学矿、煤矿等。

根据《国务院关于当前产业政策要点的决定》，在基础设施建设领域，除了规定制定发展的产业以外，也列举了停止或严格限制基本建设的产业、产品，主要包括：①凡限制和停止生产的产品的建设项目，一律停止建设。②原材料供应不足，加工能力又有富余的产品，主要涉及轻工业、纺织业中的毛纺、棉纺、涤纶长丝、丙纶、化纤地毯、缫丝、丝绸、一般塑料加工、电风扇、机械表、电冰箱、洗衣机；化学工业中的斜交轮胎、通用化学试剂；有色金属工业中的铜、铝加工（列入国家计划的除外）和钨、锡、锑冶炼；建材工业中的大理石、花岗岩板材、塑料门窗、铝合金门窗；机械电子工业中国家定点以外的汽车、摩托车、彩色电视机。③不符合经济规模要求，经济效益差，污染严重的小钢铁、小有色金属、小铁合金、小化工、小炼油（边远地区原油运不出的除外）、小建材、小造纸厂等。

## 二、市场倒逼机制

（一）市场倒逼机制的概念

市场倒逼机制即充分发挥市场在资源配置中的决定性作用，由原材料、产品市场倒逼企业退出某一个行业的劣势产业退出机制。在新时代社会主义市场经济体制下，市场倒逼机制逐渐成为劣势产业退出的重要方式。

## 第四章 武陵山片区劣势产业的退出机制、次序、壁垒和援助政策

### （二）市场倒逼机制发挥作用的机理

理论上讲，市场主体可以自由进出某一行业，通过供需双方的博弈，形成均衡价格，均衡价格又会使供需双方进行下一轮博弈，从而形成新的供求均衡和均衡价格，由此形成了供求—价格—竞争—供求的循环往复过程。在这个博弈过程中，市场倒逼机制就是通过这种自由决策、公平竞争和价格引导来促进企业增强竞争力，促进供求关系的动态平衡，以优胜劣汰的方式实现劣势产业退出。

市场倒逼机制发挥作用的关键在于，供求者能在均衡价格与自身生产成本或愿意支付的购买价格之间寻找到获利空间，这种获利空间是市场引导行为主体进行市场活动和创新活动的最原始、最主要的激励（约瑟夫·熊彼特，2009）。因此，利用市场倒逼机制倒逼劣势产业退出，就是要保证企业在自由公正的市场中寻找获利机会和获得最大利润，在自由竞争中实现优胜劣汰。

### （三）市场倒逼机制发挥作用的原因

第一，市场在资源配置中的决定性作用发挥的结果。目前，我国已初步建成社会主义市场经济体制，在发挥政府在资源配置中的重要作用的同时，必须充分发挥市场在资源配置中的决定性作用。总而言之，在资源配置过程中，市场是第一位的，政府是第二位的。市场配置资源的结果是劣势产业不得不退出。

武陵山片区位处四省（直辖市）交界地带，区内各地地理位置偏远，远离所在省（直辖市）经济中心。片区各地均为经济欠发达地区，市场发育先天不足，后天营养不良；交通体系不完善，信息不灵通。武陵山片区的自然、经济状况不利于市场经济的发展。但是，武陵山片区有3000多万人口，有吉首、张家界、怀化、恩施、黔江、铜仁等次区域经济中心，有旅游业、特色农业、新型服务业、民族文化产业等特殊产业，是一个前景无限广阔的市场。同时，更为重要的是，武陵山片区内各地并未形成自然分工，经济结构具有高度的相似性，内部竞争非常激烈。因此，一方面，武陵山片区内可以互为市场，另一方面，市场在资源配置中仍然起着决定性作用。此外，由于武陵山片区经济发展水平较低，企业规模不大，多为中小企业，市场竞争力弱，承受风险的能力不强，在与区外企业的竞争中多处于劣势。

第二，弥补"政府失灵"的缺陷。经典经济学理论告诉我们："市场失灵"的长期存在，使得政府有必要进行宏观经济干预。但是，可以肯定的是，政府也不是万能的。政府在力图弥补市场失灵而采取各种措施的过程中，往往导致另一种失灵——政府失灵，即政府采取立法、司法、行政管理及产业政策等各种经济手段后，由于自身不可克服的缺陷，有可能出现事与愿违的问题和结果，如干预

不足或干预过度等，并最终不可避免地导致经济效率和社会福利的损失。在劣势产业退出过程中，政府主导机制势必存在某些"盲区"，即存在规划与产业政策不能有效干预或主导的行业，这时，就需要发挥市场倒逼机制的作用。

武陵山片区是民族地区、重点生态功能区、库区、革命老区、军事禁区、省际边界地区等多种特殊类型区叠加地区，享受我国民族政策、库区移民政策、革命老区政策、西部大开发政策、中部崛起政策、武陵山片区区域发展政策等。上述政策在推动武陵山片区经济社会发展、人民生活改善的同时，也可能成为劣势产业的"庇护所"。在这种情况下，在劣势产业的退出过程中，市场倒逼机制就起着无可替代的作用。

（四）市场倒逼机制发挥作用的方式

市场倒逼机制的作用方式包括转型升级、转移、转产、关停等。

**1. 转型升级**

由于人类生活方式的变化，或者现代科学技术的发展，或者由于消费的升级，或者由于新的业态形式的出现，一些传统的衰退产业可以通过转型升级来达到退出的目的，传统农业向现代农业的转型就是典型的例子。

我国传统农业是以家庭联产承包责任制下的家庭作为生产主体，利用传统农业技术，小规模、自给自足的农业。目前，武陵山片区的农业仍属典型的传统农业。传统农业的特点在于：一是经营分散，生产规模小，市场竞争力弱；二是在较为恶劣的自然条件下，抵御自然灾害的能力弱；三是家庭种植品种多样，专业化程度低，进入市场的能力弱；四是技术落后，生产效率低。总而言之，武陵山片区的农业绝大部分仍然是人类社会发展早期——传统农业社会的农业。在现代工业社会或者服务经济占主导地位的时代，传统农业显然不符合时代要求，需要转型升级。

传统农业转型升级的必由之路是发展现代农业。现代农业是运用现代的科学技术和生产管理方法，对农业进行规模化、集约化、市场化和农场化的生产活动。现代农业是以市场经济为导向，以利益机制为联结，以企业发展为龙头的农业，也是实行企业化管理，产销一体化经营的农业。现代农业的特点包括：第一，具备较高的综合生产率，包括较高的土地产出率和劳动生产率；第二，农业成为可持续发展产业；第三，农业成为高度商业化的产业；第四，实现农业生产物质条件的现代化；第五，实现农业科学技术的现代化；第六，实现管理方式的现代化；第七，实现农民素质的现代化；第八，实现生产的规模化、专业化、区域化；第九，建立与现代农业相适应的政府宏观调控机制。

由于自然条件和社会经济条件的限制，武陵山片区发展现代农业并非坦途，而是任重道远。

**2. 转移**

近几十年来，回头望去，产业转移的例子不胜枚举。我国改革开放之初，承接了发达国家的产业转移，成就了东南沿海乃至我国经济发展奇迹；近年来，我国东南沿海某些产业大量向经济发展相对落后的中西部地区转移，成就了中西部地区尤其是西部地区经济的快速发展。在转移的过程中，原转出地国家、地区有效地淘汰了劣势产业，实现了产业结构的升级换代。

长期以来，由于武陵山片区经济社会发展落后，经济发展主要靠招商引资承接产业转移，从某种意义上讲，武陵山片区在过去一段时间里，成为某些劣势产业的"最后避难所"。因此，武陵山片区劣势产业转移的合理去向应该是"走出去"，但是，由于多方面的原因，"走出去"亦非坦途。在武陵山片区，转移不是劣势产业退出的首选方式。

**3. 转产**

转产是劣势产业退出成本较小的一种方式。根据市场行情，利用原有厂区、人员，对设备进行适当改造、调整，即可进行新产品的生产。许多劣势产业的退出采用了这一方式。

在武陵山片区，由于企业一般规模较小，市场竞争力不强，经济效益不好，退出壁垒影响不大，正如"船小好调头"。某些过剩产能产业多选择这一方式退出。

**4. 关停**

关停是比较常见的一种劣势产业退出方式，尤其是污染产业，如果经过整顿、治理还不能达标，一般对其实施关停。部分过剩产能企业也采用这种方式。

在《全国主体功能区规划》中，武陵山片区属于生态功能型限制开发区，限制大规模的工业化和城市化开发，其主体功能是涵养水源，保护长江流域生态环境。在新时代，环境保护与治理是我们必须打赢的三大攻坚战之一。在这样的背景下，武陵山片区的污染产业尤其是限期整改仍不达标的污染企业，只能采取这种方式退出。

# 第二节 武陵山片区劣势产业的退出次序

## 一、决定劣势产业退出次序的原则

理论上讲，劣势产业均应立即退出，因为只有劣势产业的退出，才能集中资源发展优势产业，但联系实际，考虑经济发展、社会稳定等多方面的因素，劣势产业只能顺次退出。那么，劣势产业退出次序的原则的确定，是不可回避的问题。本研究认为，劣势产业的退出次序必须坚持以下几个原则。

（一）政策优先原则

所谓政策优先原则，就是在决定劣势产业退出次序时，必须首先坚决执行国家相关政策，包括产业政策、环保政策、化解过剩产能政策，不符合这些政策的产业应该优先退出。

（二）科学发展原则

所谓科学发展原则，就是在决定劣势产业退出次序时，从长远来看，必须有利于武陵山片区经济社会快速发展、人民生活稳步改善、自然环境不断美化，有利于武陵山片区科学发展，不能只顾眼前的短期利益而忽略了未来的长期利益。

（三）规模大小原则

所谓规模大小原则，就是在决定劣势产业内不同企业退出次序时，选择规模较小、退出壁垒较小、污染类企业治理后仍不达标、过剩产能类僵尸企业首先退出。

（四）联系实际原则

所谓联系实际原则，就是在决定劣势产业退出次序时，应紧紧联系武陵山片区自然、经济、社会、人文、政策实际，不能"一刀切"。

## 二、劣势产业退出次序

本研究认为，劣势产业应该有序退出。所谓有序可从两方面来理解：一是退出的时间顺序，应先急后缓；二是缩小退出成本，退出与援助应相结合。这里着重介绍退出的时间顺序。根据上述原则，联系武陵山片区的实际情况，其劣势产业的退出顺序可以分为优先退出产业、延后退出产业和逐步退出产业三种。

（一）优先退出产业

根据武陵山片区实际情况，我们认为，武陵山片区应该首先退出污染产业。事实上，根据国家相关政策，武陵山片区各地已逐渐退出部分污染产业。例如，怀化市会同县，早在2012年9月19日，就发布了《会同县人民政府关于关闭林辉造纸厂等 24 家小造纸小水泥企业的通知》，对未在规定时间内完成污染整治任务并未达到国家的产能要求的林辉造纸厂等 24 家小造纸、小水泥企业实施关闭，这 24 家企业中，小造纸企业有 23 家。再如，恩施州，从建设"生态恩施"的战略高度，关闭了清江上游的造纸厂、水泥厂和小火电企业。2016 年，湖北省发展和改革委员会发布全省煤炭行业化解过剩产能关闭退出煤矿的 124 家煤矿企业中，宜昌有 61 家，其中武陵山片区有 20 家，具体地域分布为：长阳县 12 家、秭归县 6 家和五峰县 2 家①。同年，恩施州煤炭行业化解产能过剩关闭退出煤矿名单（第一批和第二批）中，淘汰企业 27 家，淘汰落后产能合计 177 万吨②。

（二）延后退出产业

本研究认为，在武陵山片区，过剩产能产业可以作为延后退出产业。这是因为：武陵山片区地处四省市交界地带，其中心城市均远离所在省市省会城市，是一个相对偏远的地区，也是一个相对偏远的市场；武陵山片区位处群山之中，又是一个相对封闭的市场；武陵山片区有 3600 多万人口，是一个潜力巨大的市场；武陵山片区各地分属四省（直辖市），彼此之间又可以互为市场。因此，从全国来看，钢铁、水泥、电解铝、煤化工、平板玻璃、船舶、多晶硅、风电设备八大行业已是过剩产能产业，出现了大量产品积压，企业效益普遍不好，整个行业日渐萧条。但是，在武陵山片区，情况完全不一样，有的仍然是支柱产业，对区域经济发展贡献率较大，如贵州省铜仁市就出现了水泥行业一片市场繁荣的景象。党中央启动全面建成小康社会后，贵州省的后发优势已经显现出来，精准扶贫工程集中发力，加上一批高速公路建设的启动，引爆了该地区水泥需求上涨行情。铜仁海螺水泥成为当地扶贫攻坚的"好帮手"，以铜仁市为中心、100 公里为半径的范围内就密布着 20 多条水泥生产线，有些水泥厂只相距十几公里。

总体来看，武陵山片区尤其是铜仁市水泥行业的繁荣只是短期的。这是因为钢铁、水泥、电解铝、煤化工、平板玻璃、多晶硅等行业既是产能过剩行业，也是污染行业，面临着"化解过剩产能"和"污染治理"两方面的政策压力。同时，武陵山片区又是生态功能型限制开发区，环境保护力度必将加大。

（三）逐步退出产业

本研究认为，武陵山片区许多劣势产业只能逐步退出。这是因为武陵山片区

---

① 数据来源于 http://sxwb.cnhubei.com/html/sxwb/20160902/sxwb2964279.html。
② 数据来源于 http://jxw.enshi.gov.cn/2016/0929/272849.shtml http://www.enshi.gov.cn/2017/1113/600285.shtml。

总体上属于欠发达地区，经济发展仍然属于"第一要务"，没有经济的发展，其他目标包括社会稳定、民生改善、生态保护、民族团结均失去了基础，全面小康社会建设和精准扶贫也失去了根基。劣势产业的退出必然在一定程度上影响经济发展。劣势产业退出本身也是一项极其复杂的工作，涉及社会的方方面面，尤其是政府主导的劣势产业退出，有很多的后续工作要做，为了社会的稳定，劣势产业也只能逐步退出。

大致说来，传统农业属于逐步退出产业。传统农业只能通过向现代农业过渡，实现农业的转型升级来达到退出的目的。在武陵山片区，广大农村仍然以传统农业为主，涉及约 2000 万人口，向现代农业的转型是一个长期过程。此外，某些完全不具备任何优势并难以发现前景的产业，也需要逐步退出。例如，恩施州的造纸和纸制品业、专用设备制造业、印刷和记录媒介复制业等，均应该逐步退出。

## 第三节 武陵山片区劣势产业的退出壁垒

众所周知，新建一个企业，必然遭遇进入壁垒。所谓进入壁垒，是指产业内既存企业相对于即将进入的新企业所具有的某种优势。这种优势是新企业必须克服的障碍，也是影响市场结构的重要因素。同理，劣势产业的退出也面临着退出壁垒。

所谓退出壁垒，又称退出障碍，是指劣势产业在退出时所遇到的各种困难和承担的代价。这些困难或代价阻碍了劣势产业的退出，构成了劣势产业退出障碍。

产业是具有某些共同特征的经济活动的集合，也就是说，产业是由若干个企业组成的，劣势产业也一定包含若干个大小不同的企业。因此，劣势产业的退出，实质上是其企业的退出。劣势产业内的企业可能因为宏观政策或前景不好、业绩不佳，意欲退出该产业。但是，这些企业在退出时，一定会遭遇各种因素的阻挠，以至于资源不能顺利转移出去。

纵览武陵山片区，劣势产业的退出将受到资本、技术、渠道、社会、制度、文化等因素的影响，我们分别称为资本壁垒、技术壁垒、渠道壁垒、社会壁垒、制度壁垒、文化壁垒。

### 一、资本壁垒

所谓资本壁垒，是指劣势产业退出时，必然遭受相应的资本损失，这种损失致使企业不情愿主动退出某一产业,从而影响退出决策。具体来讲,资本壁垒主要包括以下几个方面:一是沉没成本。所谓沉没成本,是指企业在经营过程中已经支付、逐渐摊入成本的资金,包括固定资产、无形资产、递延资产等。在现代经济体系下,社会分工越来越细,前期投资形成的固定资产的专用性越来越强,从一个行业退出,必然意味着固定资产的损失。二是违约成本。劣势产业退出,可能造成各种契约、合同不能履行,势必产生违约费用或补偿金。三是处置成本。劣势产业退出,可能涉及后期资产处置费用,如结业清算、破产清算或对部分资产的处置成本等。四是亏损和债务。劣势产业一般处于极其不利的宏观环境,微观行情也十分不利,一些企业经营不善、亏损较严重,往往与银行有密切的债权、债务关系,一旦退出,必然会遭到银行的强烈反对。五是其他资本障碍。包括一些相对劣势的产业转移到其他行业、其他地区的转移成本;劣势产业的退出行为使企业信用等级降低,导致融资成本提高等;未用资产库存物品处理的费用;拥有自有用地的企业由于地价上涨而资产增值,其土地增值税减免面临困难;劣势产业退出后的土地再利用问题;原有行政批件的失效和新审批结果的不确定性;企业策略性影响,退出企业形象受损而导致企业营销、财务等受到影响等(郑惠强,2010)。

## 二、技术壁垒

所谓技术壁垒,是指劣势产业退出,进入新的产业时遇到的技术困境。一方面,劳动力需要专业技术培训,由于社会分工越来越精细,劳动者专业化程度越来越高,劳动力在产业之间转移相当困难。普通技工转岗、再就业困难,企业家、高级管理等高级人才也面临着困难。如果没有经过人力资源的再开发,往往难以实现转移。另一方面,劣势产业退出某个行业时,原有技术、标准体系和专用设备等,往往无法直接移植或再利用,需要重新研究、建立和购买,既需要时间,也需要资金,因而形成了技术障碍。

## 三、渠道壁垒

所谓渠道壁垒,是指劣势产业退出,进入新的产业时遇到原材料购买、新产品销售的渠道困境。劣势产业某个行业退出时,原有的原材料购买渠道已被破坏,无法直接利用,新产品的销售渠道需要重新建立。此外,任何一个产业都有其上下游关联产业,关联产业之间互为市场,形成一张生产的网络,并构成了产业发展链。劣势产业退出时,产业发展链即刻被割断。

## 四、社会壁垒

所谓社会壁垒，是指劣势产业退出时可能遇到的一系列社会问题。首先，失业问题。劣势产业退出时可能产生大量失业人员，他们面临着巨大的生存压力，为和谐社会建设带来了一定的挑战。其次，社会保障问题。劣势产业的退出，给养老、失业、医疗保险等带来了巨大的挑战。再次，培训和再就业问题。劣势产业的退出，给整个社会增添了培训和再就业压力。最后，社会公平问题。在劣势产业退出时，在其资产处理过程中，极易产生内外串通、压价抛售等不良现象，有可能导致共有资产流失等问题，加剧社会的不公平，引起公众不满甚至群体事件。

## 五、制度壁垒

所谓制度壁垒，是指劣势产业退出时可能遇到的政治、经济、社会等一系列制度的困扰。首先，政策、法规不健全。关于劣势产业的退出，至今无法律依据，即无法可依，如劣势产业的标准是什么，劣势产业退出的程序是什么，如何处理劣势产业退出的善后事宜，谁来担当劣势产业退出行政主体，谁来解决争议等问题，均缺乏法律规范。其次，政府行为的规范问题。在政府主导的劣势产业退出中，政府的主体作用是什么，政府的后续援助政策是什么等问题均无明确界定。最后，市场经济体制及现代企业制度的完善问题。既包括金融市场、资本市场、劳动力市场、土地市场、产权市场、技术市场和信息市场等市场体系的完善问题，也包括市场对资源配置的决定性作用的发挥问题，还包括现代企业制度的完善问题。

## 六、文化壁垒

所谓文化壁垒，是指劣势产业退出时因受到传统文化的冲击，从而给企业带来较大的退出困扰，如"惜退"心理、员工情感障碍等。

## 第四节　武陵山片区劣势产业退出的援助政策

在建设具有中国特色社会主义的新时代，武陵山片区各地抓住国家各种优惠政策落实的机遇，联系经济社会发展实际，充分发挥优势，扬长避短，有效退出劣势产业，"危"中求"机"，把政府主导机制与市场倒逼机制结合起来，建立劣势产业退出援助机制，具有重要的现实指导意义。

## 一、总体思路

深入贯彻落实习近平新时代中国特色社会主义思想，坚持以科学发展为要务，着眼于武陵山片区全面、整体、均衡、充分发展，着手于产业优化升级，节约、集约利用资源，实施严格的技术、能耗、安全、环保、效益等标准，运用多种手段，调动多方积极性，把劣势产业的退出和建立新型产业体系相结合，促进区域经济发展，实现武陵山片区各地与全国同步小康目标。

## 二、政策建议

武陵山片区是我国经济发展较为落后地区，面临着较大的经济发展和产业升级压力。劣势产业的退出，必须加强研究，总结经验，充分发挥市场在资源配置中的决定性作用与政府的宏观调控作用，完善社会保障制度，把劣势产业退出与优势产业发展相结合，制定符合实际的对策。

（一）正确处理政府与市场的关系

充分发挥市场在资源配置中的决定性作用，也要重视政府在资源配置中的重要作用。在武陵山片区劣势产业退出过程中，一方面，要以市场为基础，充分发挥市场机制的作用，严格遵循市场经济规律；另一方面，要以规划、政策、产业发展目录为导向，充分发挥政府对宏观经济的调控作用，把产业结构转型升级与经济发展、科技进步、环境保护结合起来，推动产业结构升级，促进城市产业结构的高度化。进一步完善企业退出机制，通过财政补贴、税收优惠、金融支持等手段促进劣势产业生产要素的合理流动，通过政府采购、价格补贴等手段对劣势产业进行援助。

（二）明确退出方式和次序

加强经济发展基础数据的收集、整理和分析工作，有效、科学识别劣势产业，确定劣势产业退出方式，明确劣势产业退出次序。及时总结经验教训，对武陵山片区发展过程中的基础设施、产业选择、资源开发、体制机制、发展重点等问题进行定期研究，并在此基础上提供劣势产业退出的政策建议。

从退出方式来看，主要包括：①转型升级。根据现代社会产业发展趋势，将部分衰退产业转型升级。②淘汰。根据国家相关政策，将国家规定淘汰的高能耗、高污染、低效益产业予以坚决淘汰，将部分过剩产能产业坚决化解。③清理。对于国家未明文规定需要淘汰，但全行业资产负债率过大，处于产业生命周期衰退阶段，或处于产业发展过剩状态的产业，进行全面清理，根据不同情况，分别做出停产、减产、限产等处理。④转移。根据武陵山片区实际情况，联系全国产业发展状况，对受制于原材料供给、生态环境、市场前景等因素，不适合在武陵山片区发展，但仍具有一定的市场需求，具备一定的发展空间的产业，可以考虑转移。

从退出次序来看，武陵山片区宜按照优先退出、延后退出、逐步退出的次序处理劣势产业。

（三）设立劣势产业退出援助基金

劣势产业退出援助基金是专门用于处理劣势产业退出相关事宜的专项资金，其来源有以下几个方面：一是向上级财政主要是中央财政和省级财政申请一部分，二是由本级财政出资划拨一部分，三是从劣势产业相关企业提取一部分，四是从银行、保险等金融部门筹集一部分，五是从社会公众融资一部分。其支出主要用于克服退出障碍，为企业退出劣势产业、导入新产业提供资金支撑，具体包括以下几个方面：一是职工再就业培训，二是职工失业补偿，三是技术引进，四是设备购买。劣势产业退出援助基金原则上由上级发改部门或工信部门代为管理，接受监察委、行业协会、新闻媒体、社会公众的监督。

（四）加强心理疏导

武陵山片区各级地方政府要高度重视劣势产业退出问题，加强宣传工作，实施心理疏导，排出隐患。针对劣势产业从业人员的"惜退"心理、员工情感障碍等文化壁垒问题，进行适时疏导，提供心理咨询服务，引导下岗职工从大局出发，调整心态，转变观念，积极参与各种职业培训。各级政府部门及领导干部要深入企业、家庭，及时了解和掌握他们的生活状况、心理情绪，主动为他们排忧解难。要形成全社会都来关心下岗、转岗职工基本生活保障和再就业工作的良好的社会氛围。企业经营者一方面要积极帮助下岗职工解决生活中的困难和问题，坚持与职工群众同甘苦；另一方面要及时缴纳失业保险金，协助政府完成下岗职工的安置、转岗等工作。

（五）完善社会保障制度

随着劣势产业的退出，原来的经济结构将被打破，尤其是就业结构将失去平衡，就业岗位将减少，失业人员将增加，经济运行和社会稳定将可能受到影响，因此，除了上述政策措施外，还应该完善社会保障制度，将劣势产业的退出成本降到最低。这就要求：第一，武陵山片区各地进一步增加劣势产业退出专项资金额度，除了保障劣势产业退出援助基金原有来源之外，还可以吸引天使基金、私募基金、社会捐赠及其他各种资金参与；运用市场化方式，力求专项资金的保值增值。第二，采取多种措施，完善社会保险制度，切实保障下岗员工的基本生活；加快建立城乡一体化的基本社会保险和生活保障制度，消除下岗职工行业流动、跨区域流动的社会保障制度障碍；加速劳动力市场建设，发展职业介绍所和再就业服务中心；加强就业信息采集、交流，定期向社会公布，引导待业职工再就业；建立多领域、多专业、多层次的职业培训体系。

（六）培植优势产业

劣势产业退出的目的是节约资源，更好地发展优势产业，促进区域经济的发展。因此，劣势产业的退出应该与优势产业的发展相结合，降低劣势产业退出对经济发展的影响。

# 第五章　武陵山片区传统农业的退出

## 第一节　传统农业的概述

### 一、传统农业的含义

农业是人类社会最基本的产业，越是在人类社会发展早期，农业的重要性越明显，时至今日，农业仍然是世界各国的基础产业。学术界也从多个角度展开了对农业的研究。人们通常将农业分为原始农业、传统农业、现代农业三类。美国经济学、诺贝尔经济学奖获得者西奥多·W. 舒尔茨（2003）认为，完全以农民时代使用的各种生产要素为基础的农业可称为传统农业。结合我国农业发展的基本情况，本研究认为：所谓传统农业就是在自然经济条件下，以农户为基本单位，以满足农户自己需要为生产目的，以人工加上畜力的手工劳动方式进行生产，生产工具较简单，生产技术和耕作方法靠世代间直接经验传承的农业。总体上来看，我国仍然处于传统农业阶段，现代农业是未来发展方向。尤其是在山区或者民族地区，由于自然环境恶劣、自然资源短缺等，传统农业仍然占主导地位。

### 二、传统农业的特征

**1. 传统农业是一种自给自足的自然经济**

传统农业受地域的严格限制，是基于一定自然经济条件而形成的，其生产目的是满足家庭成员生产生活的需要，或者用剩余产品来加工或交换所需的物质生产生活资料。传统农业不是以交换为目的来展开生产活动的，而是一种典型的自给自足的自然经济。

**2. 传统农业以世代积累的传统农业经验为基础**

传统农民是传统农业的主要从业人员，一般受教育程度低，缺乏对现代农业科技知识的系统认识与了解。他们依靠世代相传的农业实操经验，能够展开较低水平的农业生产经营，并能维持最基本的生活。

**3. 传统农业主要依靠手工工具及简单器械从事生产活动**

传统农业一般以家庭为单位，零星、分散地劳动，在长期的历史发展过程中，"铁器牛耕"是其"标配"，绝大部分家庭使用铁器等一些简单工具劳作，畜力代替人力已经是生产力的进步。在较为遥远的时代和部分落后地区，耕牛是最重要的生产工具，甚至出现多家共用一条耕牛的情形。

**4. 传统农业注重土地精耕细作**

传统农业一般是在一定面积的土地上，投入一定的资本、劳动和技术等生产资料来进行土地的精耕细作，在气候条件允许的前提下均采用轮作制，以便实现自然资源最大化利用。

在工业经济时代和现代市场经济条件下，现代农业的因素，如经营主体、经营规模、科学技术、市场导向等正在加速嵌入传统农业之中，农业即将发生巨大变化，总而言之，现代农业正在孕育、成长。

## 三、传统农业的衰退

我国自古以来就是一个传统农业国，农业在国家与民族发展历程中具有无可比拟的重要性。时至今日，人类社会处于工业经济占主导地位的时代，并逐渐向服务经济时代转变。但是，传统农业仍然广泛存在，处于向现代农业转变的过程中。传统农业衰退的原因很多，概括起来，包括以下几个方面。

**1. 农业资源配置不当**

从土地资源来看，截至2016年底，我国耕地总面积达20.24亿亩[1]，但人均耕地面积仅1.46亩。由于过度利用、污染、荒漠化、城市化、基础设施建设等方面的问题，我国耕地面积呈下降趋势。

土地资源配置不当主要表现在以下几个方面：一是家庭平均拥有耕地面积小，劳动力人均播种面积少，耕地过于分散。家庭是最主要的农业经营主体，独立从事生产活动，没有形成农业规模经济效应。1978年的家庭联产承包责任制将土地的产权分为所有权和经营权，所有权归集体，而经营权则由集体经济组织按户均分承包给农户，由其实施自主经营，这一改革虽然极大地提高了农民从事农业生产的积极性（石传刚，2007），但不利于农业规模化经营的形成。为了改变这一状况，党中央、国务院相继采取培植新型农业经营主体（家庭农场、农民专业合作社、农业产业化龙头企业、专业大户）、土地使用权流转等措施，推动

---

[1] 数据来源于http://news.cctv.com/2017/07/21/ARTIVZo4LAFkGxRFbCs2DPU7170721.shtml。

土地资源的优化配置。2016年10月,党中央、国务院通过了《关于完善农村土地所有权承包权经营权分置办法的意见》,提出将农村土地的所有权、承包权和经营权"三权分置",即集体拥有土地的所有权、农民拥有土地的承包权、土地实际经营者拥有土地的经营权,这一土地改革制度的提出,将极大地促进农业规模化的形成和现代农业的发展,但目前仍然处于试验、探索阶段。二是耕地资源在地域上分布不均。我国耕地主要分布在东部季风区的平原和盆地地区,西部耕地面积小、分布零星,这也是我国西部农业发展落后于东部的原因之一。三是包括土地资源在内的农业自然资源配置不当。农业自然资源包括光、热、水、土四个方面。在我国绝大部分国土上,光、热、水、土四要素不全,如西北部缺水、青藏高原缺热、西南部缺土,并且许多地方光、热要素与农作物生长季节不协调。

在武陵山片区各地,家庭是最重要的农业经营主体。新型农业经营主体,如家庭农场、农民专业合作社、农业产业化龙头企业、专业大户发展极不成熟;耕地星星点点散布于群山之中,家庭联产承包责任制又将耕地分割成无数小块,本来人均耕地面积就少,碎片化的使用状况又降低了耕地的劳动生产率。

从劳动力资源来看,我国是一个人口大国,农村人口近7亿,农村劳动力近5亿。农业吸引了大量劳动力就业但仍约有2亿农村剩余劳动力,进城务工是一个非常普遍的现象。因此,在我国广大的中西部农村,青壮年劳动力外出务工,有知识、有技能的劳动者外流现象十分严重,农村留下老年、妇女和儿童,农村"空心化"现象十分普遍。这样,一方面,由于外地、城市吸纳农村剩余劳动力的能力有限,大量劳动力闲置,无业可就,成为城市不稳定、不安全的因素;另一方面,农村大量土地闲置,无青壮年劳动力耕作,形成了独具中国特色的农村"双闲置"现象。武陵山片区"双闲置"现象尤其严重。此外,在"大众创业、万众创新"背景下,一部分先富裕起来的农民工回乡创业,有利于劳动力资源、土地资源的优化配置。但是,在武陵山片区,由于自然、经济、社会、文化、历史等因素,农民创业举步维艰。存在"双闲置"现象的武陵山片区,传统农业发展及向现代农业转型也同样举步维艰。这样,武陵山片区的传统农业陷入慢性发展的恶性循环之中。

从资本资源来看,农业投资极为短缺。首先,资本市场融资困难,相较于工业与服务业,农业在资本市场上融资困难,银行对农业的贷款支持力度不大,即使根据国家政策,必须贷款,这些款项也往往流入家庭农场、农民专业合作社等新型农业经营主体,传统农业家庭难以获得贷款。这是因为:一方面,传统农业抵御自然灾害的能力弱,极具风险性;另一方面,政府对农业的投入具有导向性作用,这种投入的力度在一定程度上会影响外部市场对农业是否投资的决策。其次，政府对农业的财政投入也相对不足，且其一般用在农村公共设施建设方面。最后，从农民自身来看，作为投资主体的农民不愿意投入更多资本，而且传统农业的小规模经营决定了农民的风险承受力一般较低，在这种情况下，要想提高农业的生产效率就必须加大劳动力的投入，然而农村劳动力的逐渐外流也使得传统农业的生产无法走出困境。在武陵山片区，政府财政入不敷出，投资能力普遍低下，金融发展严重滞后，农民投资意愿不浓，总而言之，传统农业难以获得资本资源的支持。

**2. 农业技术进步困难**

科学技术是第一生产力，农业也是如此，农业科技是农业发展的第一推动力。传统农业技术进步困难主要表现在如下方面：

一是对农业技术研发投入不够。从农业科技进步贡献率上看，虽然我国的农业科技进步贡献率在稳步上升，已由2012年的53.5%提高到2017年的57.5%[1]，但与发达国家的80%左右相比仍有较大差距。无论是作为农业技术进步直接受益者的农民，还是外部市场的投资者，对研发新型农业技术的热忱度都不高，也就直接导致了对农业技术研发的资本投入不够。

二是农业技术研究成果推广困难。随着科技的进步及其在经济社会发展中发挥的作用，很多农民意识到农业科技的重要性，具有学习农业科技的强烈愿望。农业科研部门有责任和使命宣讲农业科学技术，普及农业专业知识，提高农民科学技术素养。政府部门也应大量投入、研发和推广农业科学技术。但是，科学技术应用主体是千家万户的农家，农家居处分散，农村山路崎岖，农产品多样，乡村两级培训机构不足，专业技术人员专业能力有限，培训设施滞后。因此，县级培训机构培养乡级技术人员，乡级培训机构培养村干部，村干部培训农民，从县级农业科技专家到农家，层层传递，难免失真。同时，由于山区县市地域广阔，每个农家所处区域自然条件不同、种植品种有异，县级农业科技专家的专业技能在对农家的适应性、有效性可能存在不足。基于这些原因，我国农业科学技术在传播和推广过程中，出现了"乡梗阻""村梗阻"现象。此外，在现有体制下，所有村级都没有专业的农业技术人员，县级农业技术推广单位也没有试验示范基地，虽然县级农业技术推广单位全力抓点示范，但仍然不能满足广大农民"跟着学、学了干"的需要，因此，农业科技成果转化缓慢（方黎等，2008）。

三是农业科学技术研发与应用的供需渠道不畅。山区科研条件不好、科研设施落后、科研人员不足，不利于直接进行农业技术的研发；山区农村环境相对闭塞，基础设施不健全，信息传递不便，导致农业科技研发人员很难实时了解农民

---

[1] 数据来源于http://www.ce.cn/xwzx/gnsz/gdxw/201803/29/t20180329_28661386.shtml。

最迫切的技术革新需求，也无法实时掌握某项新技术在农村实施的效果，农业技术进步困难。

武陵山片区位处四省（直辖市）交界山区，经济发展水平较低，传统农业仍然是绝大部分农民家庭的主要产业，生产效率低，农业科技进步难度大。

**3. 农业脆弱性更加明显**

"靠天吃饭"，是指农业受自然、气候条件的影响很大，这是对农业生产特征的直观表述。自然条件对农业来说是一个很大的风险因素，如果风调雨顺，庄稼就会有好收成；如果发生旱涝灾害，庄稼就会减产甚至绝产。现代科技的进步对农业生产起到了一定的护航作用，如培育基因优良的种子、加强农用基础设施建设等，在某种程度上增强了作物对恶劣自然环境、极端气候的适应与抵御效应。近年来，全球气候变暖，极端气候现象频发，决定了我们必须攻克农业"靠天吃饭"这一历史难题，但是传统农业的特征决定了它无法完成向"靠智丰收"的转变。

经济一体化带来农业的国际化，我国农产品的供给面对的是国内外两个市场的需求。在国内市场，随着我国城乡居民生活由温饱向小康迈进，消费结构发生了变化，对农产品的需求也在悄然改变，居民对优质农产品的需求明显上升，并且表现出对农产品需求多样化的特点；在国外市场，我国农产品与发达国家相比，无论是质量上还是价格上均不占优势，我国传统的农产品供给已无法满足国内外市场的需求。这样，我国传统农产品的供给相对过剩而新型农产品的供给相对不足，农业供给与市场需求之间的结构失衡就会越来越严重。

武陵山片区自然环境恶劣，自然灾害频发，作为主要农业经营主体的家庭，经营规模不大，固定资产和流动资产有限，生产设施不全，在自然面前无能为力；家庭作为经营单位，生产什么、怎样生产、为谁生产等问题的决策均依靠传统经验和亲身经历，在社会面前无能为力。农业本来就具有特殊的脆弱性，武陵山片区的传统农业更为脆弱。

**4. 产业效益低下**

传统农业产业效益不好，这是因为：第一，农产品种养周期长，成本高，且市场价格较低。农作物生长的周期较长，短则数十天，多则几个月，有的甚至若干年，而且农民一旦播种，就被束缚在土地上，几乎不可能从事别的工作，即使在农闲时节，外出打工的成本也会增加。此外，我国的传统农业仍然多是小规模的个体经营模式，机械化水平不高，所需投入的人力成本极大，而且效率不高。因此，农业生产的成本很高，但是，农产品的市场价格却很低。如今，国家多次上调农产品的收购价格，但上调幅度远不及劳动力成本和生产生活水平上升的幅度。在这种情况下，国家实行农业补贴政策，以便保障农民的种养积极性，但农产品价格仍然不高,农业经济效益依然不好。第二,农业生产极具风险性。农业经济效益的高低很大程度上取决于当年的自然天气条件及有无自然灾害的发生,而且农作物的生长同样严重依赖土壤土质。一般而言,在土壤种植年份不长、土质肥沃的土地种植农产品所需的成本稍低,效益稍好;反之,在土壤种植年份长、土质肥力低的土地种植农产品所需的成本稍高,效益不好。第三,科技对农业发展贡献不足,农产品的附加值不高。

**5. 背离了人类社会产业发展方向**

随着农村社会主义市场经济体制和家庭联产承包责任制的建立和完善,我国农业发展呈现出几个明显的特点。第一,以家庭为单位的每个独立的农户已经拥有了自主经营决策的权利,主要表现在,农户可以根据市场的变化,自主地选择市场需求大、经济效益高的项目来经营。第二,农业的生产经营产业化、市场化、规模化趋势愈渐显著。随着世界工业革命的兴起,工业化浪潮席卷全球,为传统的农业生产带来了农用机械器具以及化学肥料。农用机械器具的创造极大地提高了农民的生产效率,降低了劳动力成本;化学肥料的出现,则极大地提高了农作物的产量,也为农业的产业化、规模化生产奠定了基础。农业市场化强调了农业资源配置方式由以政府分配为主向以市场配置为主的转变,在农业的产销供等环节让价值规律发挥基础性作用(戴晓春,2004),它促进了市场上农产品的差异化竞争,提高了农民的生产积极性,也刺激了农业生产技术的革新。这些特点在一定程度上可以归属于现代农业,它代表了农业的先进发展方向,也代表了人类社会的发展方向,而传统农业与这种发展方向背道而驰。

**6. 不符合我国农村发展政策的要求**

改革开放后,我国优先发展东部沿海地带,使其率先发展起来,然后带动其他内陆地区,最终实现全国范围的富裕。而现在,我国东部沿海城市已经发展起来,"三农"问题却成为全面建成小康社会的重点难点,制约着我国"两个百年"目标的顺利实现。过去,我国大力发展经济,必须要依赖工业化,我国的工业化进程从"一五"计划开始,一直到"十三五"规划,这期间,我国经济的发展取得了举世瞩目的成绩,另外,我国国民经济的主导产业已由农业转变为非农产业,经济增长的动力主要来自非农产业,在此情况下,我国必须进入工业反哺农业的阶段,以工业的发展来带动农业的腾飞。对此,我国提出了一些新的目标与战略。例如,十六届五中全会"建设社会主义新农村"目标的提出,实际上是统筹城乡发展、实行"工业反哺农业、城市支持农村"方针的具体化,而"美丽乡村"又是建设社会主义新农村"生产发展、生活宽裕、乡风文明、村容整洁、管理民主"的升级版;十九大报告提出了"乡村振兴"的战略,其最终目的是要不断提高村民在产业发展中的参与度和受益面,彻底解决农村产业和农民就业问题，确保当地群众长期稳定增收、安居乐业。这些举措将会全面推进我国的现代化建设，农业也会由传统向现代逐步过渡。

# 第二节 武陵山片区现代农业发展状况

武陵山片区属于我国的南方山地农业区，种植的农作物有水稻、玉米、土豆、油菜等，养殖的动物有猪、牛、羊、鸡等。经济的发展、科技的进步为我国农业的发展带来了巨大的变化，我国的传统农业正在逐步向现代农业过渡，但是由于种种原因，武陵山片区的现代农业发展受阻，整体上仍然处于传统农业阶段。

## 一、武陵山片区现代农业发展形式

**1. 特色农业**

对于特色农业含义较为正式的解释出现于 2002 年农业部印发的《关于加快西部地区特色农业发展的意见》，其指出，特色农业是指具有独特的资源条件、明显的区域特征、特殊的产品品质和特定的消费市场的农业产业。武陵山片区地势复杂，不利于种植粮食作物，但其气候条件适宜，动植物资源丰富，适合发展特色农业。

在《武陵山片区区域发展与扶贫攻坚规划（2011—2020 年）》的指导下，武陵山片区正在建设一批特色农林产品标准化良种繁育基地，主要包括油茶基地、茶叶基地、蚕茧基地、烤烟基地、高山蔬菜基地、魔芋基地、中药材基地、干果基地、肉类基地、优质楠竹基地。以下是武陵山片区核心区特色农业发展情况：

根据《2016 年恩施州国民经济和社会发展统计公报》，湖北恩施州 2016 年烟叶种植面积 48.17 万亩，产量 5.82 万吨；全年茶叶产量 9.53 万吨。由此可看出，恩施州烟叶和茶叶的发展情况较好，值得一提的是，恩施的茶颇负盛名，曾被湖北省农业厅授予"湖北省良种茶园第一市"的光荣称号，尤其是硒茶，2017 年在恩施州举行的国际茶业大会，吸引了 36 个国家和地区参会，国际茶叶委员会授予了"世界富硒养生茶"的牌匾，加快了恩施硒茶产业化、标准化、品牌化、国际化的进程，推动了恩施硒茶走向世界。另外，恩施州适合黄连等一些中药材的种植，随着现代养生观念的兴起，中药材的市场需求大，收购的价格高，可扩建中药材种植基地，鼓励发展医药行业。

根据《湘西州 2016 年国民经济与社会发展的统计公报》，湖南湘西州 2016 年蔬菜产量 80.1 万吨，烟叶产量 2.9 万吨，中草药材产量 10.1 万吨，茶叶产量

0.34万吨，肉类总产量10万吨，水果产量93.8万吨，其中，猕猴桃产量6.56万吨，柑橘产量70.3万吨；全州共建成万亩特色产业标准园区21个，完成椪柑品种改良面积1.33万亩，猕猴桃培管面积16.5万亩。可以看出，湘西州蔬菜和水果产量高，适合发展有机蔬菜和水果产业，尤其是猕猴桃与椪柑，可作为特色优质产品鼓励种植。

根据《张家界市2016年国民经济和社会发展统计公报》，湖南张家界2016年烤烟产量1.49万吨，茶叶产量0.3万吨，蔬菜产量91.63万吨，猪、牛、羊肉总产量8.64万吨；全市新增大鲵70.4万尾，大鲵养殖规模达到171.6万尾，完成全年发展目标任务的107.2%；销售大鲵55万尾，加工大鲵4.4万尾，大鲵产业综合产值达到20亿元。全市商品蔬菜基地面积达到26.54万亩（其中新增4.03万亩），蔬菜总产量85万吨，实现综合产值25亿元。蔬菜和大鲵质量安全合格率均在98%以上，且没有发生重大质量安全事故。由此可看出，蔬菜和大鲵是张家界特色优势产业，尤其是大鲵产业，极具地方特色，可通过旅游业，进一步巩固这一地方特色，实现经济的更好发展。

根据《怀化市2016年国民经济与社会发展的统计公报》，湖南怀化市2016年烤烟产量0.33万吨，茶叶产量0.47万吨，水果产量151.41万吨，蔬菜产量164.67万吨，肉类总产量34.1万吨；全市新建标准化核心示范园区31个，新增省级现代化农业特色产业园区17个，农产品加工销售收入增长17%，推广种养殖业新品种新技术20项，沅陵县入列国家农业产业融合试点示范工程。由此可看出，怀化市适合发展蔬菜和水果产业，可在其中选出典型种类加大种植面积，形成特色品牌。

根据《铜仁市2016年国民经济与社会发展的统计公报》，贵州铜仁市2016年烤烟产量2.33万吨；茶叶产量3.55万吨，有机茶园面积106 409公顷；水果产量28.05万吨；肉类总产量24.19万吨。该市产茶环境优越，种茶历史悠久，茶叶品质优良，其中，"梵净山茶"曾荣获"中绿杯""国饮杯""黔茶杯"等各类名茶评比奖项40余个，获奖次数创历史纪录；同时，该市还是贵州省油茶重点产区之一，全市油茶产区集中在玉屏、松桃等县。1958年国务院曾授予玉屏"油茶之乡"称号，2001年国家林业局又授予玉屏"中国油茶之乡"称号，2014年中国野生植物保护协会授予铜仁市"中国油茶之乡"称号。

根据《2016年黔江区国民经济和社会发展统计公报》，重庆市黔江区2016年烤烟产量0.52万吨；蔬菜产量21.42万吨；全年肉类总产量6.37万吨；水果种植面积5.6万亩；中药材种植面积0.46万亩。该区适合水果与蔬菜产业的种植，另外有少量面积中药材的种植，但与其他几个城市相比，该市特色农业优势不明显。

由这些地区特色农业发展可看出，武陵山片区肉类养殖规模较大，蔬菜、水果、烟叶、茶叶的种植范围较广，有些地区因其特殊的气候与植物资源，中药材产业的发展情况较好。随着经济的发展、人们物质生活水平的提高，现代社会对"绿色""有机"食品的需求越来越大，武陵山片区可以抓住这一市场需求，大力发展绿色水果、有机蔬菜产业，发展农产品加工业，形成特色农产品知名品牌，带动该地区现代农业的整体发展。

**2. 观光农业**

目前观光农业的概念可分为两类：第一，以"农"为主的观光农业概念，强调观光农业的农业特性，认为观光农业是一种兼具发展农业生产提高农业经济附加值和保护乡村自然文化景观的农业开发形式；第二，以"旅"为主的观光农业概念，强调观光农业的旅游产品特征，认为观光农业是一种以旅游者为主体、满足旅游者对农业景观和农业产品需求的旅游活动形式（田逢军，2007）。但无论是侧重哪个特性，观光农业都是发展现代农业的一种有效形式。

我国的观光农业最初产生于沿海地区城市居民对郊野景色的游览和果蔬的采摘活动，武陵山片区自然资源相对丰富，工业化程度低，污染少，气候条件适宜种植绿色蔬菜与水果，可以大力发展观光农业，目前，片区内观光农业形式主要有"水果采摘园""农家乐""茶园观光"等。首先，武陵山片区内少数民族人口多，片区内有土家族、苗族、侗族、白族、回族和仡佬族等9个世居少数民族。在开发观光农业产品时，为避免产品同质性问题，可以结合各地民族文化特色，以增加产品的特殊性与多样性。其次，由于片区内各个观光农业景点分散，不利于规模集聚效益的形成，可以与大型旅行社合作共同开发片区旅游项目，打响知名度，吸引更多的旅客。最后，在发展观光农业的同时，会在一定程度上解决交通不便、公共基础设施建设落后的问题，可以带动片区各个产业的共同发展。

**3. 生态农业**

生态农业概念最早由国外学者提出，是指生态上能自我维持，低收入，经济上有活力，在环境、伦理和审美方面可接受的小型农业（Kiley-Worthington，1981）。袁亮等（2015）认为，生态农业是一个强调以市场为导向的，在合理利用资源和科学技术的条件下，把现代科学技术成就与传统农业技术的精华有机结合，根据资源、环境特色，通过技术、知识密集，将农业生产、农村经济发展和生态环境治理与保护、资源培育与高效利用融为一体的良性循环开放的兼顾经济效益和环境效益的多层次农业体系。我们认为，生态农业是在利用原有生态环境特色发展农业的同时，最大限度地实现对地区生态环境的保护，使环境效益与经济效益达到双赢的农业。

武陵山片区资源丰富，但生态环境脆弱，发展农业的同时必须要考虑到环境保护问题，而生态农业在充分发挥资源优势的同时，能最大限度地降低对环境的损害，这样，发展生态农业就成为片区现代农业发展的必然选择。目前，武陵山片区的生态农业以发展绿色食品产业为主，包括茶叶、烟叶、水果、蔬菜等。首先，要持续加大研发投入，积极培育优良品种，通过基因改良等方式研发新型食品品种，来提高市场竞争力；其次，在发展过程中，要有品牌意识，品牌效应不可忽视，应创建绿色品牌，对品牌进行推广，打响品牌的知名度；最后，要开发多种销售渠道，如与大型超市合作、利用互联网进行网络直营销售等，从根本上增加片区农民的收入，改善农民生活水平。

## 二、武陵山片区现代农业经营主体

### 1. 家庭农场

家庭农场这一概念是在2013年的中央一号文件中首次提出，后来农业部农村经济体制与经营管理司负责人解释，家庭农场是指以家庭成员为主要劳动力，从事农业规模化、集约化、商品化生产经营，并以农业收入为家庭主要收入来源的新型农业经营主体[①]。

目前，恩施州家庭农场有2937家；湘西州有1972家；张家界市有910家；怀化市有1532家。城镇化发展伴随的是农村青壮年劳动力的流出，留守在农村的人口开始呈现出老龄化、幼童化的特征，大量耕地抛荒，而片区发展家庭农场来经营现代农业，为片区留住了部分青壮年劳动力，有利于提高家庭成员从事农业生产的积极性，一定程度上扩大了农业生产的规模。但是，家庭农场的机械化生产水平仍然不高，主要经营人员知识水平仍然不高、依赖传统经验，在生产中缺少专业的技术人员的指导，在应对市场时又不能及时做出与市场变化相适应的决策，从而会限制农场进一步的发展。

### 2. 农民专业合作社

我国在《中华人民共和国农民专业合作社法》的第一章总则第二条和第三条对农民专业合作社进行了简要的定义，包括两个方面的内容。一方面，从概念上规定合作社的定义，即"农民专业合作社是在农村家庭承包经营基础上，农产品的生产经营者或者农业生产经营服务的提供者、利用者，自愿联合、民主管理的互助性经济组织"；另一方面，从服务对象上规定了合作社的定义，即"农民专业合作社以其成员为主要服务对象，开展以下一种或者多种业务：①农业生产

---

① http://news.163.com/13/0214/09/8NLPFFMI00014JB5.html.

资料的购买、使用；农产品的生产、销售、加工、运输、贮藏及其他相关服务；②农村民间工艺及制品、休闲农业和乡村旅游资源的开发经营等；③与农业生产经营有关的技术、信息设施建设运营等服务"。

目前，恩施州农民专业合作社有 10 293 家，湘西州有 3953 家，张家界市有 1587 家，怀化市有 5575 家。农民专业合作社的产生有利于农业的产业化发展，其将有限的资源集中起来使用，能减少生产流通环节的浪费，规模化的生产和销售同时也增加了农民抵御自然与市场风险的能力；农民专业合作社的发展也有利于提高农民的技能水平、推广农业科技，全社集中起来进行新技术的传播与推广，能够增加社员学习的积极性，从而提高社员的农业专业技能。但是，随着政府对农民专业合作社的补贴政策的实施，一些地方产生了虚假的空壳子合作社，目的就是骗取国家的补贴，因此要完善农民专业合作社的监督机制，使之能更好地为发展现代农业服务。

**3. 农业产业化龙头企业**

农业产业化龙头企业是指以市场为导向，以农产品生产基地为依托，肩负开拓市场、创新科技、带动农户和促进区域经济发展重任，能在农产品（包括农业生产资料）生产、加工、销售链接而成的产业链中独当一面，并能依此带动该产业链中其他环节的经济主体形成一体化经营体系的经济实体（王生龙和霍学喜，2012）。

目前，恩施州现有规模以上农产品加工企业 298 家，各级农业产业化龙头企业 4249 家，其中国家级农业产业化龙头企业 1 家、省级农业产业化龙头企业 41 家、州级农业产业化龙头企业 207 家；湘西州有农产品加工企业 667 家，其中州级以上农业产业化龙头企业 131 家，拥有家庭农场 1972 家；张家界市拥有农产品加工企业 852 家，其中国家级和市级农业产业化龙头企业 182 家；怀化市市级以上农业产业化龙头企业 232 家，其中国家级农业产业化龙头企业 1 家、省级农业产业化龙头企业 42 家、市级农业产业化龙头企业 189 家。农业产业化龙头企业的建立，将会加深农业产业化程度，农产品加工的程度也会随之加深，经过深加工的农产品，产品的附加值更高，能为农业带来更多的经济效益。做大做强龙头企业，鼓励其率先进行生产技术变革，通过示范作用普及农业新技术，将会起到事半功倍的作用。龙头企业的建立会为当地经济的发展吸引更多外资，从而为当地产业的发展带来新的机遇。

**4. 专业大户**

专业大户是指从事种植、养殖业或其他与农业相关的经营服务达到一定规模、专业化生产经营的新型农业经营主体。

目前，湘西州共有专业大户 2775 户；张家界市有 936 户。专业大户与其他三个经营主体相比,其专业性生产更强,农产品生产更为稳定,同时,受市场价格的影响大。专业大户符合市场对特色产品的需求,它可以集中所有的资源为某种产品服务,真正实现产品的规模化生产,也更利于该产品的改良育种。专业大户符合社会发展专业化、规模化的方向,会加速现代农业的发展进程。

## 第三节　武陵山片区现代农业发展面临的问题

### 一、自然环境恶劣

从地形地势上看,武陵山片区处于我国第二级与第三级阶梯的过渡地带,以武陵山脉为中心,山地、丘陵地带多,而且山地的坡度大,片区地势起伏大,平均海拔高,不利于种植水稻、小麦等粮食作物,农作物种植的规模化受到限制;山地崎岖,农业机械作业难度大,无法大规模普及机械用具,机械化水平很难提升,农业生产效率也无法提高;片区内平地少,农户居住地分散且与生产地相离较远,并且途中没有公共的交通工具,有些农户甚至居住在不适宜居住的半山腰处。从气候条件上看,片区平均海拔较高,属于亚热带向暖温带过渡的气候类型,气候条件恶劣,旱灾、洪涝灾害、雨雪灾害等极端天气状况时有发生,而当出现这些极端气候现象时,农作物基本没有抵御能力,当年收成会大大缩减。从自然环境上看,片区生态环境脆弱,部分地区植被容易被破坏且短时期难以恢复,水土流失现象频发,还不时伴随山体滑坡等重大地质灾害。复杂的地形地貌条件、恶劣的自然环境,致使片区内的农用、公共基础设施薄弱,片区内公路主干道的网络结构尚未形成,甚至很多乡镇没有水泥路,农产品的运输条件差、成本高;农田水利设施建设不足且原有设施已经开始老化。

### 二、自然资源短缺

光、热、水、土是农业发展不可或缺的自然资源。从耕地数量上看,武陵山片区土地面积499.59万亩,其中耕地面积有137.99万亩,但是片区农村人口多,导致人均耕地面积少(0.81亩),是全国平均水平的60%;受地形地势影响,片区连片耕地少,再加上家庭联产承包责任制的影响,农业生产基本上以家庭为单位独立进行,生产规模小,难以形成规模集聚效应;部分地区为了加快城镇化建设,违规征地,使得耕地面积减少。从耕地质量上看,土壤贫瘠、肥力低,主要原因有:首先,片区一直以来都从事农耕活动,经年累月,土壤不堪负荷，肥力在逐年下降，甚至有些地区土质已经退化，出现了荒漠化现象；其次，片区在大力发展农业的过程中，一味追求产量与效益，大量使用化肥、农药等化学药剂，使得土壤板结、肥力下降，甚至更严重时会出现土壤污染的情况；最后，片区在大力追求经济效益发展工业的同时，工业废水、废弃物处理不达标甚至未经处理直接排放，造成了土壤污染，可使用耕地越来越少。

## 三、农民科技文化素质偏低

武陵山片区的环境相对闭塞，与外界交流不畅，一些先进的科学技术和管理方法很难推广，农业发达程度不高、经济发展状况不好。从农业从业人员结构来看，片区内农村人口占总人口的多数，这些人中贫困人口也占多数，而且几乎是世代都从事农业生产活动的农民。但是随着城市经济的发展，绝大部分农民开始"弃农"，选择进城务工，进城务工的农民受教育程度普遍高一些。另外，那些留在家乡、选择继续从事农业生产的农民，受传统思想观念及经济条件所限，受教育程度普遍偏低、技能素质不高，大部分都是直接依靠传统的实践经验来进行农耕活动，不愿意也无力进行农业科技的研发，这样既容易造成对农业风险的错误预计，也无法及时应对市场的突发性变化；这部分人中有的缺少农业科学知识而且不相信科学，盲目迷信经验，不愿意改变现有的生产模式；还有的虽然愿意接受新的农业科技，但受自身知识水平的限制，接受程度低、接受效果差。在市场经济竞争日益激烈的情况下，要想发展片区经济、改变片区农业生产现状，必须要依赖农业科学技术，那么在发展过程中，片区的农业科技文化素质偏低将会成为农业发展的短板之一。

## 四、金融支持不足

各个产业的发展都离不开金融的支持。由于实体经济发展滞后，武陵山片区各个行业获取金融支持的难度相对较大。农业本身就是一个极具风险性的产业，再加上武陵山片区的农业生产规模小、产品缺乏市场竞争力，这就加大了银行进行金融支持的成本与风险，故而银行不愿意提供金融支持；农村农业保险发展滞后、相关金融服务行业缺乏，导致片区非银行金融机构发展缓慢，而民间非正规的金融组织由于缺少相关正规的制度不受政府的保护，片区缺乏有效的金融机构来提供足够、多样化的金融支持；农民贷款离不开担保，而片区内的担保制度不完善、能够提供担保服务的机构少，也限制了金融机构的贷款支持力度。总体来看，虽说国家对农业项目的补贴力度逐年增加，但片区的农业基础太过薄弱，不论是农业基础设施的建设还是农业技术的研发与推广，所需的资金支持总量太大，所以金融支持仍然不足。

## 五、产业化水平低

农业的产业化经营，能够推动传统农业向现代农业的积极转变，能够加速农业现代化的进程。目前，片区的农业产业化发展受到环境、资本等因素的制约，水平仍然较低。产业经营规模仍然较小，在市场经济越来越发达的情况下，部分农民仍然受自给自足传统农业生产模式的束缚，不愿意加入市场，因而缺乏参与产业化经营组织的积极性；产业市场竞争力不强，片区农民重生产轻加工，大部分农产品还停留在初级加工阶段，开始进行农产品精加工的企业数量少，产品的附加值低；产业链不完善，产品生产和销售之间存在矛盾，产品销售渠道单一、销售市场狭窄，由于公共基础设施不齐全、产品储存技术不够先进等，生鲜产品的运输与保存还存在问题，故而销售市场仍然局限于周边地区，无法扩大产业生产规模；大型企业与龙头企业少，片区大部分企业的规模小、知名品牌少，且各个区域之间的产品存在同质性，容易出现低价恶性竞争现象，制约了片区整体产业化水平的提高；产业化经营需要科学的技术和现代化的管理水平，而片区内整体的农业科技水平不高，缺少专业的农业技术人员及企业管理人员，从而阻碍了片区产业化的发展。

# 第四节　武陵山片区现代农业发展的对策

## 一、加快农业基础设施的建设

加快农田水利设施的建设，包括灌溉、排涝、抗旱等设施，还要积极推广先进的灌溉节水技术。这些设施能够节约水资源，同时还能增强农作物抵御自然风险的能力。除了修建新的水利设施外，更要加大对原有水利设施的维护力度。在很长一段时间内，我国对农业水利设施的重视不够，集中资金进行大型工程项目的建设，导致现在农村很多水利设施被过度使用，再加上缺少资金维护，这些农业水利设施已经开始老化。

加快交通基础设施的建设，包括铁路、港口、公路和航空的建设，形成"铁、水、公、空"的立体交通体系。在片区内要推进公路主干道的建设，在此基础上修建通县、乡镇的交通网络，扩大公路网络的覆盖面积，还要在乡镇农村内积极修建水泥公路；要大力发展铁路交通，完善片区内各个地区之间及其通向其他城市的铁路交通网；将长江、乌江、清江等的航道连接起来，形成便利的水运网络；新增机场，同时扩张原有机场规模，加大客流承载力，也方便物流运输。

加强现代信息网络和农业气象站的建设。当代社会是一个信息化的社会，通过网络，可以查询天气状况，可以及时了解市场变化，让农户更科学地进行农业生产活动，现代农业的发展离不开信息技术。农业气象站就是对信息技术的合理利用，农业的风险很大程度来源于天气，农业气象站可以实时监测天气变化，获得及时又准确的数据信息，然后通过对这些数据的分析，较为准确地预测气象灾害，以便农户能做好预防措施，尽可能使损失降到最低。

## 二、培育新型农业经营主体

新型农业经营主体市场竞争力较强，能够实现农业的标准化、生态化、专业化生产，主要包括家庭农场、农民专业合作社、农业产业化龙头企业和专业大户四种形式。大力培育农业专业大户，提高农业生产的专业化水平；建立家庭农场，能够将分散的农户集中起来进行生产，形成规模集聚效益；扩大农民专业合作社的规模，制定统一的管理章程，使利益分配透明化，充分调动社内成员的生产积极性；加快建立农业产业化龙头企业，强化品牌意识，积极创建驰名商标和知名品牌，提高农产品的质量，对片区农业的发展起到带头引导作用。广泛建立各类新型农业经营主体的示范基地，强化其在片区农业经济发展中的示范作用；培育支持新型农业经营主体的多元化发展，各类经营主体既可以独立运营，又可以通过有机结合形成新的经营模式，如"合作社+基地+农户+市场""龙头企业+合作社+农户"等，能够提高片区的农业生产水平，加快片区传统农业的现代化进程。

## 三、培养新型农民

新型农民是以农业生产为职业，有文化、懂技术、会经营、高素质的新型农民，培养新型农民不仅符合片区农业现代化发展的要求，也符合社会主义新农村的建设方向，同时更是解决"三农"问题的根本途径之一。农村原有农民的专业技能素质低下，从农业高等院校毕业的专业技能人才回到农村从事农业生产的人很少，这就导致农村的专业技术人员日渐匮乏，急需培养一批新型农民。但是对新型农民的培训不应该仅仅关注农业科技方面，还需要加强整体综合素质培养，如文明道德素质、经营管理知识等。首先，要加强农村的基础文化教育，普及农村义务教育，为农村贫困人口创造学习的条件，提高农民的整体思想文化素质；其次，要建设多样化的农业教育机构，不仅要扩建农业技术学校，更可以根据不同季节开展农业实验培训班，将理论知识与具体实践更好地结合，以此提升农民的实际耕作水平；再次，要发展多样化的培训方式，现代农业课程的教育不应该仅仅局限于实际课堂，可以利用信息技术，大力发展网络授课模式，还可以通过三维、四维空间技术进行网上农耕实践模拟，这样可以大大节省教育成本；最后，多数农民受传统观点的束缚，不愿学习、不爱学习，对此，要通过报刊、广播、网络等各种渠道大力宣传知识的重要性，让农民主动学习农业技能知识。

## 四、疏通流通渠道

从产品的生产者手中到消费者手中所经过的所有途径等都属于流通渠道。目前来看，片区物流业发展缓慢、运输成本高，农产品的流通渠道单一，基本上以农产品批发市场的形式流通。拓宽流通渠道，可以采用以下几种方式：充分利用"互联网+"模式，通过网络建立统一的农产品流通平台，在平台上集中发布农产品的各项信息，并将其与销售、物流运输等环节结合起来，形成线上农产品流动市场；与大型连锁超市合作，在超市开设片区农产品的专营柜台，打开农产品的知名度；在大城市进行农产品的巡展活动，增加各地农产品的零售店，通过扩大产品覆盖面积，打开产品市场；在网络、店铺覆盖不到的地区，可以定期进行农产品的展销活动。农产品的流通离不开物流，要加大对片区物流业的扶持，加快整体的物流体系建设，降低农产品物流成本，提高农产品的利润，为片区农民增收从而使其脱离贫困。

## 五、延长产业链

社会需求的多样性要求农业延长产业链，而且产业链的延长会带动当地公共设施的建设以及其他产业的共同发展。延长产业链要做大做强农产品加工业，要面向市场，将优势农业资源加工为农产品，在进行农产品的初加工时，要做好储存、消毒、包装的工作，以减少流通过程中的损失，更要提升农产品的深加工水平，提高产品的附加值；延长产业链还要靠农业龙头企业的发展壮大，农业龙头企业吸收个体农户的原材料，通过加工将产品销售出去，引导农民进入市场，打破了传统农业的自给自足、自产自销的模式，同时又通过利益分配增加了农民的收入，也使农民了解市场需求，从而在进行农业生产时积极应对市场变化；延长产业链还需加大农业经营规模，引导农民积极加入专业合作社、龙头企业等，实现农业的大规模生产，做大做强片区的主导产业，让农民分享产业链增值收益。

## 六、加强政策支持

要持续深化农业的供给侧结构性改革，增加农民收入，保障有效供给，提高农业效益。2011 年 10 月，国务院批复的《武陵山片区区域发展与扶贫攻坚规划（2011—2020 年）》，从财政、税收、金融、土地、生态补偿、投资等各个方面给予了片区政策支持，如财政政策中的从土地出让收益中提取 10% 用于农田水利建设，并且切实保障被征地农民的合法权益；金融政策中的深化农村信用社改革，支持发展村镇银行，培育贷款公司、农村资金互助社等新型农村金融机构，大力发展扶贫小额信贷，制定并实施新设农村金融机构相关费用补贴办法，优化金融网点布局，尽快实现金融机构空白乡镇的金融服务全覆盖；投资政策中的提高农村小型基础设施建设补助标准；土地政策中的加快推进农村集体土地确权登记发证工作，规范农村集体土地流转试点，深化集体林权制度改革，保障农民合法权益等。另外，《关于全面推开农业"三项补贴"改革工作的通知》（财农〔2016〕26 号），全面推进农业"三项补贴"改革，即将农作物良种补贴、种粮农民直接补贴和农资综合补贴合并为农业支持保护补贴。这些政策都是对片区农业的直接扶持，要充分利用这些政策，大力发展现代农业。

## 第五节 结　　语

近年来，我国经济的增长往往伴随着要素的无尽投入和资源的过度消耗，但资源始终是有限的。随着我国资源环境矛盾的日益突出，我们需开始走一条低能耗、低污染、高科技、高产出的绿色发展之路。在农业方面，传统农业因其物质技术手段落后，具有高人力资源投入、低经济效益产出的特点，已不符合当代社会经济发展的要求，它正在逐渐地被现代农业所替代。武陵山片区因其地形地势相对封闭，一直以来的农业基础都很薄弱，虽然片区的气候条件、生态资源适合发展以特色农业、生态农业、观光农业为主的现代农业，但在发展过程中还是受到自然环境恶劣、科技落后、金融支持不足等难题的限制，目前，片区内大部分地区的农业发展仍然停留在传统农业向现代农业的缓慢过渡阶段，现代农业的因素依然很微弱。然而，国家政策的大力扶持、财政投入的逐渐加大，会加速片区内传统农业的衰退、现代农业的兴起以及经济更好地发展。

# 第六章 重庆市武陵山片区产能过剩产业的退出

如今,产能过剩已经成为阻碍我国经济发展的重要因素。许多关系国计民生的产业出现了产能过剩问题,说明这些行业的经济结构急需调整,产业结构需要优化。

本章主要研究重庆市武陵山片区的产能过剩问题,该片区包括黔江区、丰都县、武隆县、秀山县、酉阳县、彭水县、石柱县,涉及39个行业。

## 第一节 重庆市武陵山片区基本情况

重庆市武陵山片区集革命老区、国家扶贫工作重点县、少数民族聚居区和省际行政边界区于一体,包括黔江区、酉阳县、秀山县、彭水县、石柱县、丰都县、武隆县7个县区。

该片区经济发展中存在的主要问题有以下几点:一是区域经济发展落后,城镇化水平低。贫困面比较广,贫困人口数量大,贫困程度深。二是经济结构和产业结构不合理。片区自然条件制约着经济发展,产业结构趋同,产业、产品互相效仿,导致产业同类、产品同种、拳头产品少、产品的市场竞争力不强和市场竞争力后劲不足。三次产业中第一产业占比过大,第二产业发展不足,第三产业滞后现象普遍存在。三是产业发展的基础薄弱,主要表现为产业规模和总量小、水平低、质量差。四是区域内经济关联度差,产品附加值低,增值能力弱,资源优势难以转化为经济优势。五是区域缺乏核心增长极,缺乏具有明显区域特色的大企业、大基地;产业链条不完整,未形成具有核心竞争力的产业或产业集群。

重庆市武陵山片区主导产业分布情况和发展状况见表6.1和表6.2。

表6.1 重庆市武陵山片区主导产业分布情况

| 地区 | 主导产业分布情况 |
| --- | --- |
| 黔江区 | 卷烟、现代制药 |
| 武隆县 | 旅游业 |
| 石柱县 | 矿产开发、轻工业 |

续表

| 地区 | 主导产业分布情况 |
|---|---|
| 秀山县 | 化工、矿产品加工、药材 |
| 酉阳县 | 生态农业、矿产开发、烤烟、农副产品加工、旅游 |
| 彭水县 | 电力、矿产开发、烤烟、农副产品加工 |
| 丰都县 | 化工、制造业、农产品加工 |

资料来源：根据《2016 年重庆市国民经济和社会发展统计公报》整理

表6.2 重庆市武陵山片区主导产业发展状况

| 项目 | 总人口（万人） | 城镇非私营企业就业人数（万人） | 地区生产总值（万元） | 第一产业（万元） | 第二产业（万元） | 第三产业（万元） |
|---|---|---|---|---|---|---|
| 黔江区 | 54.51 | 3.56 | 1 479 490 | 155 227 | 830 891 | 493 372 |
| 武隆县 | 41.31 | 2.36 | 984 028 | 150 559 | 375 598 | 457 871 |
| 石柱县 | 54.69 | 2.57 | 931 033 | 181 850 | 424 062 | 325 121 |
| 秀山县 | 65.54 | 1.91 | 1 060 816 | 153 224 | 517 541 | 390 051 |
| 酉阳县 | 84.48 | 2.56 | 892 879 | 192 761 | 402 384 | 297 734 |
| 彭水县 | 69.08 | 2.39 | 857 804 | 177 746 | 352 369 | 327 689 |
| 丰都县 | 83.62 | 3.17 | 1 110 773 | 227 424 | 479 422 | 403 927 |
| 合计 | 453.23 | 18.52 | 7 316 823 | 1 238 791 | 3 382 267 | 2 695 765 |

资料来源：根据《2016 年重庆市国民经济和社会发展统计公报》整理

# 第二节 产能过剩的内涵和形成机制

## 一、产能过剩的内涵界定

在我国学术界，产能过剩内涵的界定尚未取得共识，归结起来主要有以下两种观点。

**1. 基于微观企业的角度**

产能过剩主要是指生产能力的过剩，即产业在当前规模及技术下实际能够达到的生产能力比最大生产能力小时所形成的过剩。此观点从微观企业的角度出发，认为企业存在一定固定资产闲置的问题。最佳产能是指在最佳运行时间下根据所投入的生产要素，结合现有的技术水平所能获得的最大产量。在经济研究中，通常以生产力的利用效率对产业长期发展中最大产量与实际产量之间的差距进行衡量。当实际能达到的产能比目前条件下能达到的最大产能小时，就将出现产能过剩。

**2. 基于市场供求关系的角度**

产能过剩是指当行业生产能力或对市场的供给大于市场总需求时形成的产品过剩现象。它是市场在长期供需关系中形成的，供过于求只是一种潜在的生产力过剩，当产品供给大于产品需求达到危害经济运行的程度时，才能将之称为产能过剩。因而，将产能过剩简单地理解为供给大于需求是错误的。产品供给大于市场需求是经济运行中的一种正常现象，实际生产力围绕潜在生产力上下波动，当需求小于供给时，企业将产品作为存货进行储藏，当需求大于供给时，企业将存货取出应对需求，因此生产力并不能总是得到充分利用。在选定产能过剩判断指标时必须考虑生产力大于市场需求达到何种程度时才能判定是产能过剩。因而，本章在研究产能过剩的过程中，需要对"超出程度"需求进行更具体的假设限定。

## 二、产能过剩的成因

对我国存在的产能过剩的形成原因，不同的学科有不同的解释，主要可以分为以下四类。

**1. 结构失衡假说**

结构失衡假说从微观厂商的角度来说明产能过剩的形成。第一，企业为了保证生产连续性，应对未来可能的经济波动而进行的要素窖藏行为，导致该产业内产能过剩。企业进行的生产经营决策不仅要考虑当期生产，更要考虑未来生产，进行跨期决策。由于生产要素从投入到发挥生产能力具有时滞性，为了保证可持续生产，微观企业就会提前投资于生产要素。第二，从规模经济的角度来看，具有一定行业地位的微观企业会选择一种形成产能过剩的竞争策略，这种竞争策略可以形成战略性进入壁垒，阻止潜在企业进入该行业，从而保持该企业在该行业已有的地位和利润。产能过剩的投资通常集中于成本高的长期投资，一方面对潜在企业有威慑作用，另一方面也对外传达出一种"该行业已经产能过剩很难进入"的信号。

**2. 市场失灵假说**

这种假说一般出现在发展中国家，认为产能过剩主要是企业投资策略的失误，造成大量企业同时进入同一行业的现象。我国著名经济学家林毅夫指出，发展中国家"潮涌现象"十分严重的根源在于，全社会对于某几个行业良好内外部环境的共识，导致社会资源大量涌入。具体到我国，随着城镇化、工业化进程的加快，钢铁、汽车、水泥等行业的发展十分迅速，社会资源大量盲目涌入。虽然在短期内这种工业扩张会使得经济增长较快，但在没有政府科学规划的情况下，竞相投标建设相同工业项目会造成产能过剩及资源浪费。因此这种假说的科学性及有效性仍然值得商榷。

**3. 体制失灵假说**

该观点指出，政府制定的不合理投资体制导致了产能过剩问题的出现。为提高经济增长速度，不合理的投资制度安排反而干扰了产业的正常运行机制，造成了产能过剩问题日益严重。这种绩效考核机制下的晋升激励使地方政府为了促进地方经济快速发展，通过多种途径招商引资，使得地区内产能不断增加，进而引起全国范围内的产能过剩。

**4. 经济周期假说**

经济周期假说虽然也认为产能过剩源于市场经济本身，但该假说以经济周期性波动造成的生产者心态变化作为产能过剩的源头，与凯恩斯对经济波动的解释如出一辙。简单来说，就是市场需求因经济波动影响而产生变动，在经济衰退时期，因受市场需求变动影响，生产者的投资形成一种"暂时过剩"的现象。具体来说，在经济上升期，生产者对消费需求产生乐观预期，倾向于增加投资，扩大生产；由于储蓄增加，银行也乐于提供贷款，生产者贷款成本降低，这都使得经济上升期的企业投资会增加。而随着经济进入下降期，消费需求下降，许多固定投资不能收回，企业生产力远远超过了实际所需，产能过剩由此产生。这种观点认为产能过剩是短暂的，市场经济能够自发调节，使产能过剩在经济再次步入上升期时被消化。

## 三、产能过剩的影响

**1. 产能过剩对宏观经济的影响**

目前我国大部分行业均存在着不同程度的产能过剩。这将从根本上影响我国经济增长的速度和质量。出现产能过剩的行业，主要集中在第二产业中的工业领域，如国务院重点指出六大行业存在产能过剩问题，对经济的影响最为严重。截至2012年，钢铁、水泥、铝、平板玻璃、造船和光伏面板行业的产能利用率平均不足70%，光伏面板行业的产能过剩尤其严重。党中央、国务院在2016年初提出的"三去一降一补"供给侧结构性改革措施，就是政府对宏观经济的一种调控，以抑制产能过剩。

**2. 产能过剩对微观企业的影响**

产能过剩行业较低的开工率意味着资源浪费，这些企业被迫降低自己的生产成本，以保持一定的利润率。但这样的做法是远远不够的，企业很有可能被迫选择捷径，甚至铤而走险，无视环保、健康和安全的生产标准或规避劳动和社会法律体系。此外，产能过剩导致工资增长缓慢，从而加剧各地区之间的贫富差距，加剧不同人群收入差距，甚至使得低收入者失去收入。由于利润率的降低，产能过剩行业的企业在推进创新的项目上缺乏资金。缺乏创新技术的指导，这些企业将继续盲目增加产能，以期增加整体竞争力。这将形成恶性循环，严重阻碍国家的创新进程，难以实现经济的可持续发展。

**3. 产能过剩对金融市场的影响**

通过考察我国目前的金融市场状况发现，企业的融资途径主要是银行的间接融资，产能过剩的企业倍受低利润率的困扰，付息压力大，还款难，这就加大了不良贷款对我国金融市场的威胁。行业运营风险对金融风险影响较大，当经济情况良好时，银行通过加大放贷力度来增加资金的市场流动性以获取更多的利益，但投资资金的充裕可能会引起企业的过度投资，当大量企业盲目进入一个行业时，会增加企业的生产成本，激烈的竞争会导致许多企业倒闭，而此时银行又会收回贷款，使得经济形势变差。综上可知，当行业产能过剩时，银行将承担不良贷款等风险，对金融市场正常运行造成极大影响。

通过观察近年来股票市场行情发现，一些行业的股票受产能过剩影响较大。多晶硅项目在国内被广泛认为是新兴朝阳行业，近年来全国各地出现各种相关企业，主要是生产技术含量较低的低端多晶硅产品，其产量极为惊人。而且目前还有更多的国内企业正在为进入该行业，盲目地扩大生产线，若建成后投入生产，将进一步加剧该行业的产能过剩情况。投资者在政府政策的推动下会对该行业的企业股票持有观望甚至排斥的态度，这将影响股票市场的健康发展。

# 第三节　产能过剩的测度方法及运用

## 一、产能过剩的测度方法

目前，国内外对于产能过剩的测度，还没有统一的衡量标准和测度方法。我国也尚未建立对产能过剩的定性或定量分析的科学标准体系。以目前对产能过剩的研究而言，很难对产能过剩水平进行直接测度，因此，发达国家使用产能利用率来替代这一指标，产能利用率与产能过剩的程度成反比关系。产能利用率，是指某个行业内的已存在的产能和这个行业在充分利用资源和设备的基础上能够达到的最佳产能之间的比例，是可直接用于产能过剩水平测度的重要指标，也是衡量一个企业的生产能力的指标。根据现有的技术水平而言，我们把国际通用的79%这一数值作为衡量是否产能过剩的标准值：若某一行业或地区的产能利用率低于79%，则存在产能过剩；若某一行业或地区的产能利用率高于79%，我们就可以判定它不存在理论意义上的产能过剩，但若产能利用率过高，超过了95%则认为现有的设备和技术不能充分满足这个企业，存在过度运转的现象。对于某行业或某地区产能利用率的测度，在方法选取上的标准，很大程度上取决于该地区或该行业相关数据的可获取性，若可取得的数据相对有限，无法采取定量分析方法进行测算的话，则只能使用定性分析方法；若较为详尽，能够成为公式要素的话，一般采用定量分析方法，目前使用较多的有三种：峰值法、生产能力利用率法、数据包络分析法。

### 1. 峰值法

峰值法在产能利用率测度中使用不多，但在早期数据取得较为困难的时候，其为主要的研究方法。峰值法与数据包络分析法类似的地方是都需要设定投入和产出关系，但相对数据包络分析法来讲，峰值法的最终公式相对简单，需要的数据也比较少。峰值法中的投入产出的比率即为我们所求的产能利用率。峰值法一个重要的设定就是技术变化对于投入产出率的影响，所谓峰值是指峰值年，两个峰值年之间的产出率之所以会变化，是因为技术发生变化。那么峰值处的产能利用率水平就是理论意义上的1，即不存在任何的产能过剩情况的一个数值，同理低的比率就是低水平的产能利用情况。这个方法除了考虑技术因素外，没有把其他因素考虑在内，在实际的经济生活中，这种情况只是一种理论产能的测度，与其他方法相比，其准确度存在缺陷。其优点是只需要很少的数据确定单个产出和单个投入即可得到产能利用率。

### 2. 生产能力利用率法

生产能力利用率法主要运用到了最小二乘法，将最小二乘法所估计出的生产函数作为最基本的一个模型，然后估算出我们所需要的最优产能，再把所得出的最优产能与实际生产中所得到的产能进行比较分析，以此来判断该行业或地区的产能过剩情况。此方法涉及常数项的设置、样本值和观测值的选取，同样也需要产出水平的数据收集和整理，通过对常数项的处理，生产函数将变为边界生产函数。生产能力利用率法不是理论推导的结果，而是在理论基础上，通过多次实践、拟合检验修正得到的。与数据包络分析法类似的是，此方法也强调规模报酬是不变的。

### 3. 数据包络分析法

数据包络分析法主要是针对有多产出情况的一个分析方法。在利用此方法进行产能利用率的测度时，首先要确定投入和产出的个数，以及规模报酬是否不变，通过数据包络分析的软件最终得出的产能利用率，很大程度上避免了主观因素对于分析结果的影响，且不存在误差。一般来讲，在产能利用率测度过程中使用数据包络分析，都将设置单产出指标和多投入指标。产出指标一般选取地区总产值或行业的总产值；而投入指标，不同的学者选取方法或数据获取有区别，设置就有区别，如有的学者选取能源投入和劳动力投入作为可变的投入指标，有的学者则选取类似于中间指标表示可变投入指标，固定投入指标则都为固定资本存量这一数据。就目前的文献和研究资料来看，资本存量这一数据并没有直接的获取方式，都要通过一些方法计算得到，使用较为频繁的即为永续盘存法。永续盘存法本质上是会计学里面的一种记账方式，但运用到经济学领域可以逐年对固定资产投入的变化性进行运算，最终得到固定资本存量这一指标。数据包络分析法的主要优点就是算法简洁直观，通过软件的运算直接得到，不掺杂人为的主观因素的调整，较少产生偏差。

除此之外，定性分析法也是一种非常常见的方法。定性分析法是在一个已知的理论研究范围内，结合现有的资料和条件，综合研究该对象的特性，并利用专业知识对有用的信息进行提取。该方法的核心在于对资料的掌握程度，在可获取的资料的数量和质量的基础上，通过主观意识的思考来分析判断一种经济现象。测度某一行业或某一地区的产能，除了需要获取一定时期内该产业的主要产能信息外，还要对企业的行为进行分析，所以该方法具有主观性，个体差异会造成结果的差异性较大。所以定性分析法在对于事物本质上的认知是不充分的，则该行业或片区的产能利用能力就很可能会被错误地估计，导致研究者无法准确地对数量进行判断，而只能对产能利用率浅层次地进行分析。

## 二、重庆市武陵山片区产能利用率的测度

**1. 地区比较**

（1）重庆市武陵山片区七个区县产能利用率的测度

产能利用率，是指某个行业内的已存在的产能和这个行业在充分利用资源和设备的基础上能够达到的最佳产能之间的比例，是可直接用于产能过剩水平测度的重要指标，也是衡量一个企业的生产能力的指标。前述的各类测度方法中，如生产能力利用率法需要工业总产值、资本存量、能源消费总量和就业人数等数据，但由于重庆市武陵山片区关于分片区的能源消费总量和就业人数数据资料获取较为困难，所以在地区比较这一部分将选用峰值法对七个区县分别进行产能利用率的测度。

根据现有的技术水平，我们把国际通用的79%这一数值作为衡量是否产能

过剩的标准值；若该行业或地区的产能利用率低于79%，则存在产能过剩；若某一行业或地区的产能利用率高于79%，我们就可以判定它不存在理论意义上的产能过剩，但若产能利用率过高，超过了95%则认为现有的设备和技术不能充分满足这个企业，存在过度运转的现象。根据前面我们对于产能利用率定义的分析，若以地区来衡量，则公式的分母应使用该片区在一定时期之内的最大产出水平，此处我们以一年为一周期，则应为年末最大产出水平，公式如下：

$$产能利用率（CU）= \frac{Y}{Y_t} \quad (6.1)$$

式中，$Y$ 是实际产出水平；$Y_t$ 是年末最大产出水平。峰值法里面的峰值是在既定不可变的资金条件和技术水平下的某一时间段内的最佳产出水平，在此处我们设置为一年作为一个时期。按照前面的思路，我们可以清楚，投入和产出的比例是不变的，所以每一个具体的峰值处的每一单位的投入都有唯一的一个单位的产出与之相对应，且两者是一种正相关的关系。那么如果投入较高，则产出也就相对较高。同时因为峰值年与峰值年之间唯一的变化因素是技术水平，所以这样的一个唯一的点可以呈现一种线性变化的关系，类似于一元二次函数。

从式（6.1）我们可以看出，实际产出水平与年末最大产出水平的比值就是我们所求的产能利用率，且年末最大产出水平可以通过技术进步和已有投入的线性函数来表示。所以峰值法计算产能利用率的优点就显现出来了，即只需要单投入和单产出的数据即可。但同时我们也可以看到运用峰值法所产生的问题，即产能的变化不仅仅是由技术因素引起的，其他诸如资本投入变化，甚至政府政策等都可以影响到该地区的产能变化。但由于重庆市武陵山片区的数据难以获取，缺少可以用来计算资本存量的数据，所以只能依靠较为简单的峰值法来计算产能利用率。

前面说到最佳产出是一个线性函数且仅仅由技术水平变化和投入决定，则假设这样的一个函数：

$$Y_n = \lambda T_n V_n \quad (6.2)$$

式中，$Y_n$ 是某一时期内的 $n$ 时刻的产出；$\lambda$ 是比例常数；$T_n$ 是技术变化的因素；$V_n$ 是单投入。在规模报酬不变的情况下，投入和产出成正比例同向变化。

峰值之间的平均生产力变化率取决于技术因素，而生产率用式（6.2）中的 $Y_n/V_n$ 表示，由此我们将技术因素的影响变为下面这个等式：

$$A_n = A_{n-m} + \left( \frac{\frac{Y_{n+a}}{V_{n-a}} - \frac{Y_{n-m}}{V_{n-m}}}{\frac{m+a}{a}} \right) \quad (6.3)$$

式中，$m$ 是上一个峰值年的时长；$a$ 是下一个峰值年的时长；$A_{n-m}$ 是前一个峰值年的技术水平,即该时期内平均生产力水平。式中括号内是两峰值年内生产力累计变化量,该项加上一项就是下一个峰值年的平均生产力水平。

技术水平还可以用式 (6.4) 来表示:

$$A_n = A_{n-1} + \left( \frac{\frac{Y_a}{V_a} - \frac{Y_m}{V_m}}{a - m} \right) \tag{6.4}$$

式中,$Y_a/V_a$ 是某一年峰值最高时的平均生产力水平;$Y_m/V_m$ 是某一年峰值最低时的平均产力水平,而括号内是表示两峰值年之间的平均生产力水平。

假设 λ 是比例常数(取值为1),假设技术因素的变化水平和平均生产力水平相等,即 $A_n = Y_n^*/V_n$,$Y_n^*$ 是最佳产能水平。所以

$$Y_n^* = V_n A_n \tag{6.5}$$

此刻我们将产能利用率 $CU_n$ 通过上述的变化之后简单表达为式 (6.6):

$$CU_n = Y_n/V_n \tag{6.6}$$

以最终得到这个式子作为接下来我所需要计算的公式,计算得出重庆市武陵山片区七个县区 2010~2014 年的产能利用率(表6.3)。投入采用的是重庆市武陵山片区的总资产指标(由于该指标不可直接获取,故用重庆市武陵山片区七个区县固定资产投资原值中第二产业占比形成的总资产投资的数值表示),产出采用的是该地区的总产值指标(总产值指标即为重庆市武陵山片区七个区县的工业总产值的数值)。

**表6.3　重庆市武陵山片区七个区县产能利用率**　　　　单位:%

| 地区 | 2010年 | 2011年 | 2012年 | 2013年 | 2014年 |
| --- | --- | --- | --- | --- | --- |
| 黔江区 | 84.170 | 100.074 | 99.389 | 111.000 | 108.188 |
| 武隆县 | 78.155 | 81.768 | 80.044 | 68.414 | 85.879 |
| 石柱县 | 70.403 | 74.003 | 64.774 | 88.520 | 83.810 |
| 秀山县 | 111.970 | 135.435 | 124.899 | 100.450 | 146.507 |
| 酉阳县 | 85.330 | 80.567 | 61.051 | 85.919 | 87.283 |
| 彭水县 | 84.647 | 93.054 | 90.125 | 85.075 | 77.378 |
| 丰都县 | 49.534 | 61.125 | 51.350 | 64.084 | 100.804 |

资料来源:根据《2016年重庆市国民经济和社会发展统计公报》整理

由表6.3的数据比较可看出:①前面提到峰值法会导致一些误差出现,我们观察表6.3即可发现,部分地区出现了产能利用率高于100%的情况,这是由于单投入因素造成的误差,在此方法的应用中难以避免;②黔江区作为重庆市东南部连接湖北恩施、贵州铜仁等重要枢纽地区的重要经济区域,其经济发展水平相对较高,有稳固的经济基础和较强盈利水平的主导产业,所以,其产能利用率在

五年之内都高于79%；③武隆县和西阳县是武陵山片区知名旅游区，其经济发展主要依靠第三产业，且由于旅游景区对于环境保护的需求较高，所以工业发展有限，但针对其投入产出情况来看，其产能利用率的情况正常，没有出现持续的产能过剩情况；④通过观察可发现，产能利用率长期低于79%的为丰都县和石柱县，丰都县属于渝东北翼，其工业发展是主要的经济来源，早年的固定资产投资是逐年递增的，但由于地理位置，加上整体经济发展的颓势，丰都县的工业总产值数据与其投入数据相比处于逐年递减且远远低出后者的状态，所以出现了产能过剩的情况。石柱县是典型的民族自治县，其工业发展一直是薄弱环节。

（2）产能过剩地区的最终判断

经过第一阶段直接对产能利用率的测度（图6.1），我们对疑似产能过剩的区县有了初步的判断，在此基础上我们选取重庆市武陵山片区七个区县的产品销售率作为再判定的关键因素。按照前面对于产能过剩概念的界定，如果某一地区出现严重的产能过剩，就说明产品库存积压的情况较为严重，产品的销售就会受到极大的影响，这可对应于《重庆市统计年鉴》中的产品销售率这一指标。根据重庆市2011~2015年统计年鉴上的数据，从其趋势可以看出（图6.2），丰都县和石柱县的各年产品销售率波动很大。

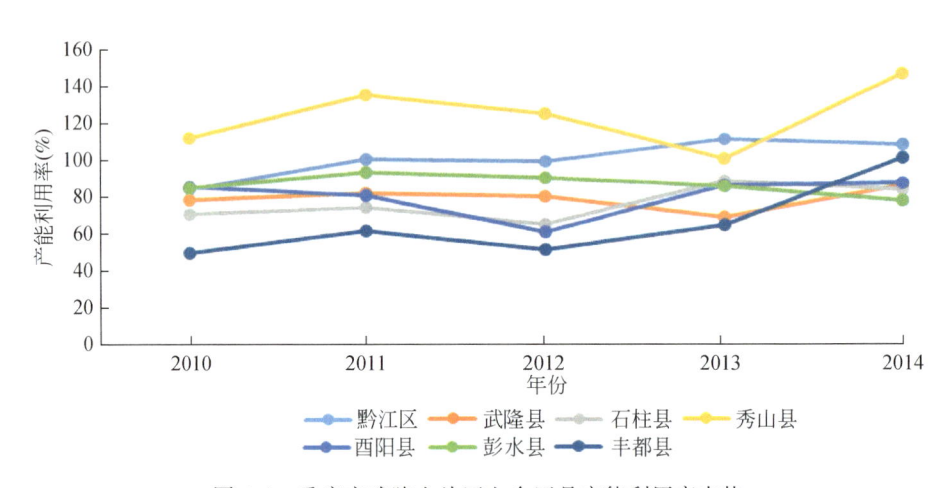

图6.1 重庆市武陵山片区七个区县产能利用率走势

**2. 行业比较**

在前面的分析中，我们选择生产能力利用率法和数据包络分析法相结合的方法来测度重庆市武陵山片区七个区县39个行业的产能利用率。下面对生产能力利用率法的基本公式的推理和使用进行简单的介绍和论述。

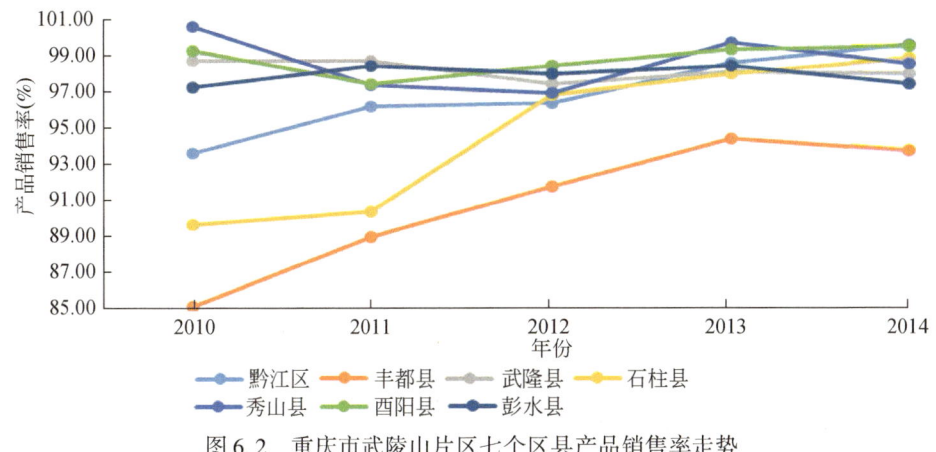

图 6.2 重庆市武陵山片区七个区县产品销售率走势

（1）设定生产能力利用率的生产函数

首先，根据理查德·泰勒采用的柯布-道格拉斯生产函数模型建立我们需要的生产函数模型。但是所用的生产函数只将劳动力因素和固定资本存量作为投入，而第二产业对于能源的需求是极高的，所以根据实际情况，加入能源要素作为可变投入这一部分，则公式变为下式：

$$Y_n = f(K_n, L_n, E_n)e\mu = TK_{\alpha n}L_{\beta n}E_{\gamma n}e\mu, \mu \geq 0, t = 0, 1, \cdots, N \quad (6.7)$$

式中，$Y_n$ 是产出，本研究中产出数据使用的是 39 个行业的工业总产值数据，因为地区生产总值对于工业行业的参考意义不大；$T$ 是技术进步因素；$K_n$ 是固定资本存量；$L_n$ 是劳动就业人数；$E_n$ 是能源消费总额；$e\mu$ 是随机干扰的影响；参数 $\alpha$、$\beta$、$\gamma$ 分别是固定资本存量、劳动就业人数和能源消费总额的产出弹性，均介于 $[0,1]$。假设规模效应不变，则有

$$\alpha + \beta + \gamma = 1 \quad (6.8)$$

经过对数化处理变形为

$$\ln Y_n - \ln E_n = \ln T + \alpha(\ln K_n - \ln E_n) + \beta(\ln L_n - \ln E_n) + \mu \quad (6.9)$$

利用计量经济学中的边际生产函数法来计算理论产量。其实际的边界生产函数为

$$\ln Y_n' - \ln E_n = \ln T + \alpha(\ln K_n - \ln E_n) + \beta(\ln L_n - \ln E_n) \quad (6.10)$$

式中，$Y_n'$ 是理论的最大产出量。

假设有一随机变量 $\xi$，且满足 $E_\xi = \mu$，$\ln A = a$，

式（6.9）转化为

$$\ln Y_n - \ln E_n = (a - \xi) + \alpha(\ln K_n - \ln E_n) + \beta(\ln L_n - \ln E_n) + (\xi - \mu) \quad (6.11)$$

用最小二乘法估计式（6.11）参数为

$$\ln \hat{Y}_n - \ln E_n = (a - \hat{\mu}) + \hat{\alpha}(\ln K_n - \ln E_n) + \hat{\beta}(\ln L_n - \ln E_n), \quad (6.12)$$

式（6.12）表示平均生产力的函数，前面峰值法曾提到，它与边界生产函数仅存在一个常数项方面的差别。通过一系列变化我们可以得到：

$$\text{Max}(\ln Y_n - \ln \hat{Y}_n) = \text{Max}\{\ln Y_n - [(a - \hat{\mu}) + \hat{a}\ln K_n + \hat{\beta}\ln L_n + (1 - \hat{a} - \hat{\beta})\ln E_n]\} \quad (6.13)$$

设置 $\hat{a}$ 作为 $\mu$ 的估计值，则有 $\hat{a} = (a - \hat{\mu}) + \hat{\mu}$。最后我们求得所需要的边界生产函数为

$$\hat{Y}_n = \hat{a} K^{\hat{a}}_t L^{\hat{\beta}}_t E^{\hat{\gamma}}_t e^{\hat{\mu}}, \quad \hat{\gamma} = 1 - \hat{a} - \hat{\beta} \quad (6.14)$$

从上述一系列的计算方法来看，数据包络分析的计算过程中，很可能会出现某行业的产能利用率为1的情况，即实际产能和理论产能完全相同，不存在任何的资源浪费和设备闲置的情况，这在现实生活中是不存在的，所以，我们所求得的产能利用率在一定程度上只是用来测度一个地区大概的产能利用情况，并以此来判断是否存在产能过剩的情况。虽然有误差存在，但与前面的峰值法相比，我们可以减少出现高于100%的产能利用率现象，从而降低行业间的产能利用率的差异，也使得本章节在分析部分能够更好地使用79%这一标准值来判断该行业是否存在真实的产能过剩情况。

（2）指标选取与数据处理

本章节我们选取数据包络分析法对重庆市武陵山片区39个行业的产能利用率进行测度，首先要设定产出指标和投入指标。在指标的选取上，本研究的生产函数包括一种产出（工业总产值）和三种投入（固定资本、劳动和能源消费）。三种投入中，固定资本为固定投入，其他两项为可变投入。所用数据来自2010~2015年的《重庆市统计年鉴》。

1）产出指标的选取。根据《重庆市统计年鉴》的数据，与重庆市武陵山片区39个行业的工业产出相关的统计量是以当年价格计算的工业总产值。首先从2010~2015年的《重庆市统计年鉴》中整理出2009~2014年各行业各地区的工业总产值，然后通过工业品出厂价格指数把各行业各地区的工业总产值平减为基期，本研究以2009年的不变价计算为基础数值。

2）投入指标的选取。固定资本存量数据是本研究设定的固定投入的指标，当前我国没有官方的固定资本存量的统计数据，所以本研究经过查阅相关文献后，决定使用永续盘存法对固定资本存量数据进行逐年核算。永续盘存法的公式为

$$K_t = K_{t-1}(1 - \delta_t) + I_t / P_t \quad (6.15)$$

式中，$K_{t-1}$ 与 $K_t$ 分别表示 $t-1$ 期与 $t$ 期固定资本存量；$\delta_t$ 表示 $t$ 期的折旧率；$I_t$ 表示 $t$ 期新增投资额；$P_t$ 表示投资品价格指数。现在分别对以上指标进行说明：①每年新增投资额。使用相邻两年的固定资产原值的差值。②投资品价格指数。

因无法获取各区县和各行业的具体数据,故使用该行业和该地区的固定资产投资价格指数作为替代。③基期的资本存量 $t_0$。使用 2009 年(基期)的固定资产原价与累计折旧的差值(固定资产净值)作为基期的资本存量。④折旧率。各地区各行业的资本折旧率估算是非常复杂的,因此本研究选取张军等(2004)采用的折旧率(9.6%)。

能源指标设定为可变投入指标,本研究则选取重庆市武陵山片区七个区县各工业行业各地区以万吨标准煤计算的每年能源消费总量加总后形成的数据表示能源的投入。

某地区或某行业的就业人员平均的劳动时间数据在《重庆市统计年鉴》中没有直接的反映,故本研究决定使用该行业有效劳动力人数代替。从数据的可获得性出发,且遵循一个前提假设就是某行业的从业人员数代表着一个周期内所有劳动力资源的利用情况,本研究假定从业人员数等于劳动力总量。本指标选取各行业规模以上工业企业的从业人员平均人数。数据包络分析模型变量说明见表 6.4。

表 6.4　数据包络分析模型变量说明

| 变量类型 | 变量定义 | 变量名称 | 单位 |
| --- | --- | --- | --- |
| 输入变量 | 资本投入 | 固定资本存量 | 亿元 |
|  | 能源投入 | 能源消费总量 | 万吨标准煤 |
|  | 劳动力投入 | 工业企业的从业人员平均人数 | 万人 |
| 输出变量 | 产出水平 | 工业总产值 | 亿元 |

3)数据结果分析。表 6.5 即为 2010~2014 年重庆市武陵山片区七个区县的 39 个行业产能利用率情况汇总。

表 6.5　重庆市武陵山片区七个区县 39 个行业产能利用率　　单位:%

| 行业 | 2010 年 | 2011 年 | 2012 年 | 2013 年 | 2014 年 |
| --- | --- | --- | --- | --- | --- |
| 煤炭开采和洗选业 | 21.4 | 16.9 | 16.0 | 15.6 | 14.5 |
| 石油和天然气开采业 | 24.5 | 22.3 | 23.9 | 16.2 | 30.1 |
| 黑色金属矿采选业 | 23.2 | 7.3 | 8.0 | 9.4 | 7.0 |
| 有色金属矿采选业 | 34.5 | 28.9 | 28.7 | 22.1 | 19.0 |
| 非金属矿采选业 | 63.6 | 41.5 | 47.7 | 53.9 | 55.3 |
| 其他采矿业 | 0 | 0 | 0.0 | 0.0 | 0.0 |
| 农副食品加工业 | 74.2 | 66.0 | 65.9 | 74.5 | 65.6 |
| 食品制造业 | 49.2 | 43.3 | 44.6 | 55.6 | 38.3 |
| 饮料制造业 | 47.4 | 42.0 | 46.2 | 57.4 | 50.8 |

续表

| 行业 | 2010年 | 2011年 | 2012年 | 2013年 | 2014年 |
| --- | --- | --- | --- | --- | --- |
| 烟草制品业 | 97.0 | 87.2 | 100.0 | 93.7 | 92.9 |
| 纺织业 | 45.7 | 40.9 | 40.0 | 66.2 | 84.7 |
| 纺织服装、鞋、帽制造业 | 69.3 | 23.8 | 50.5 | 35.4 | 35.9 |
| 皮革、毛皮、羽毛（绒）及其制品业 | 34.4 | 31.4 | 28.9 | 33.8 | 32.7 |
| 木材加工及木竹藤棕草制品业 | 20.6 | 18.6 | 19.6 | 25.2 | 35.2 |
| 家具制造业 | 50.8 | 44.2 | 46.9 | 57.7 | 49.3 |
| 造纸及纸制品业 | 51.0 | 39.4 | 55.6 | 100.0 | 72.9 |
| 印刷业、记录媒介的复制 | 57.5 | 0 | 96.5 | 73.3 | 41.5 |
| 文教体育用品制造业 | 29.7 | 100.0 | 61.0 | 93.7 | 100.0 |
| 石油加工、炼焦及核燃料加工业 | 36.8 | 31.1 | 37.3 | 30.1 | 31.9 |
| 化学原料及化学制品制造业 | 50.2 | 55.1 | 55.7 | 64.4 | 61.2 |
| 医药制造业 | 50.3 | 46.9 | 44.4 | 100.0 | 100.0 |
| 化学纤维制造业 | 19.7 | 15.8 | 3.8 | 5.4 | 5.1 |
| 橡胶和塑料制品业 | 43.1 | 57.0 | 55.7 | 55.9 | 54.6 |
| 非金属矿物制品业 | 36.5 | 38.9 | 41.4 | 45.2 | 42.7 |
| 黑色金属冶炼及压延加工业 | 95.6 | 93.9 | 86.4 | 86.5 | 85.0 |
| 有色金属冶炼及压延加工业 | 100.0 | 100.0 | 100.0 | 100.0 | 100.0 |
| 金属制品业 | 53.2 | 51.4 | 45.7 | 52.6 | 46.1 |
| 通用设备制造业 | 54.9 | 54.2 | 50.1 | 49.2 | 51.0 |
| 专用设备制造业 | 51.0 | 47.8 | 62.9 | 64.3 | 49.6 |
| 交通运输设备制造业 | 73.7 | 66.7 | 68.2 | 13.1 | 11.8 |
| 电气机械及器材制造业 | 100.0 | 84.6 | 97.7 | 100.0 | 81.4 |
| 通信设备、计算机及其他电子设备制造业 | 100.0 | 100.0 | 100.0 | 100.0 | 100.0 |
| 仪器仪表及文化、办公用机械制造业 | 47.2 | 42.3 | 32.9 | 32.8 | 56.3 |
| 工艺品及其他制造业 | 20.5 | 43.6 | 36.0 | 34.2 | 42.4 |
| 废弃资源和废旧材料回收加工业 | 34.2 | 28.0 | 27.4 | 29.2 | 13.1 |
| 金属制品、机械和设备修理业 | 0.0 | 100.0 | 100.0 | 100.0 | 100.0 |
| 电力、热力的生产和供应业 | 84.8 | 65.3 | 72.6 | 73.3 | 65.5 |
| 燃气生产和供应业 | 82.1 | 100.0 | 100.0 | 100.0 | 100.0 |
| 水的生产和供应业 | 28.0 | 23.4 | 21.0 | 21.7 | 24.8 |

由表6.5我们可以看到，在各个行业的产能利用率中，某些行业会出现产能利用率为100%的状况，即实际产能和理论产能完全相同，不存在任何产能过剩，不存在任何的资源浪费和设备闲置的情况，这与实际情况是不符的，因此我们所求得的产能利用率在一定程度上只是用来测度一个地区大概的产能利用情

况。以上的数据只是反映了产能利用率的相对变化情况，而不是各行业真实的产能利用率。

表6.6和图6.3列举了2010~2014年产能利用率长期低于79%的12组有代表性的行业。

表6.6  12组产能过剩行业及其产能利用率　　　　　　　　单位:%

| 序号 | 行业 | 长期趋势 | 2010年 | 2011年 | 2012年 | 2013年 | 2014年 |
|---|---|---|---|---|---|---|---|
| 1 | 煤炭开采和洗选业 | ↘ | 21.4 | 16.9 | 16.0 | 15.6 | 14.5 |
| 2 | 非金属矿采选业 | ※ | 63.6 | 41.5 | 47.7 | 53.9 | 55.3 |
| 3 | 有色金属矿采选业 | ↘ | 34.5 | 28.9 | 28.7 | 22.1 | 19.0 |
| 4 | 石油和天然气开采业 | ※ | 24.5 | 22.3 | 23.9 | 16.2 | 30.1 |
| 5 | 化学纤维制造业 | ↘ | 19.7 | 15.8 | 3.8 | 5.4 | 5.1 |
| 6 | 交通运输设备制造业 | ↘ | 73.7 | 66.7 | 63.2 | 13.1 | 11.8 |
| 7 | 木材加工及木竹藤棕草制品业 | ※ | 20.6 | 18.6 | 19.6 | 25.2 | 35.2 |
| 8 | 非金属矿物制品业 | ↗ | 36.5 | 38.9 | 41.4 | 45.2 | 42.7 |
| 9 | 废弃资源和废旧材料回收加工业 | ↘ | 34.2 | 28.0 | 27.4 | 29.2 | 13.1 |
| 10 | 工艺品及其他制造业 | ※ | 20.5 | 43.6 | 36.0 | 34.2 | 42.4 |
| 11 | 水的生产和供应业 | ※ | 28.0 | 23.4 | 21.0 | 21.7 | 24.8 |
| 12 | 皮革、毛皮、羽毛（绒）及其制品业 | ※ | 34.4 | 31.4 | 28.9 | 33.8 | 32.7 |

注：↗表示上升，※表示反复波动，↘表示下降

图6.3  整体过剩行业产能利用率趋势

## 武陵山片区劣势产业有序退出研究

整体来看，采矿业中的煤炭开采和洗选业、有色金属矿采选业、石油和天然气开采业、非金属矿采选业的产能利用率在这五年间均低于79%，这和采矿业的行业性质有密切关系。采矿业主要依靠该地区的自然禀赋和设备技术水平支撑，近几年来国家实施去产能去库存的政策，加之自然资源日益减少，而固定设备的原始成本已然不可改变且因为使用年限的增长不断在折旧，若使用频率下降则长期处于闲置的状态，导致行业的设备使用减少。同时技术水平又导致了不同地区间开采成本的差异较大，整个片区的技术效率相对低下，形成产能过剩的状态。公共事业中的水的生产和供应业的平均产能利用率不足30%。因公共事业具有非营利性质，其主要的作用是满足人民的日常生活需求，与营利性质的企业的利润最大化的经营目标有一定区别，所以该行业的企业的生产能力只是根据公众的需求所形成的产能，这就会导致其产能利用率偏低。

4）产能过剩行业的最终判断。与行业比较的章节相同，此处依旧选取产品销售率作为辅助因素对重庆市武陵山片区的产能过剩行业进行最终判断。本研究从2011~2015年的《重庆市统计年鉴》中获取39个行业2010~2014年产品销售率的数据，从其趋势可以看出，很多行业各年产品销售率波动较大（图6.4）。

图6.4 整体过剩行业产品销售率走势

如图6.4所示，有色金属矿采选业、工艺品及其他制造业的产品销售率波动较大，其他的十个行业的产品销售率则较为平稳。当一个行业出现产能过剩的情况时，若能在下一个经济周期将库存的产品流通出去，则一定程度上可以减轻产能过剩的程度。但从图6.4可以看出，包括煤炭开采和洗选业在内的几个行业，在出现了产能过剩的情况下，产品销售率也随之下降，那么该行业的企业将会出现严重的开工不足且库存积压的状况，将会严重影响到企业的盈利能力，并进一步影响到职工的收入水平，最终会因为设备开工不足且难以维持职工生计而停产。

**3. 重点行业分析**

由于重庆市武陵山片区作为民族地区这一特殊情况，又考虑到目前钢铁、电解铝、水泥、煤化工、化学纤维、造纸等行业被普遍认为是严重产能过剩的行业，本研究将会对重庆市武陵山片区的产业结构调整所需要注意的一些特殊行业进行重点整理和分析。

前面，我们提到了重庆市武陵山片区七个区县的主导行业的分布状况，七个区县里，黔江区作为黔东南发展较为良好的地区，其产业发展呈现多元化均衡发展的态势。根据前面产能利用率测度结果我们可以看出，重庆市武陵山片区的烟草制品业 2010～2014 年的产能利用率分别为 97.0%、87.2%、100.0%、93.7%、92.9%，均超过了 79%，属于正常运转甚至在一定程度上超负荷运转的状态，黔江区的卷烟产业正是作为主导产业发展的。武陵山片区天然气储量相对丰富，属于重点支持开发的地区，但由于采矿业行业特性，对于资源存量的依赖程度较高，设备一旦投入即使不使用也将经历年复一年的折旧，且采矿业本身对劳动力需求较大，能源利用效率较低，其产能利用率自然比较低下。

交通运输设备制造业的产能利用率属于比较典型的逐年下降的走势。根据其行业性质来讲，该行业的发展受到原材料供应、市场需求、进出口状况的影响，从原材料供应的角度来说，钢铁制造业等本身属于产能过剩行业，近年来，我国公民对小型汽车的需求量越来越大，但政府政策的地区性偏差，如部分地区政府限购限牌照的方式，使得公民对汽车的需求量减少，而对于铁路和船舶来说，由于早年的交通设备已实现初步完善，需求量也在大大减少，加之重庆市虽属于内陆沿河地区，但重庆市武陵山片区却位于渝东南山区，产品出口缓解产能过剩压力的力度较小。

水的生产和供应业等行业属于公共事业，公共事业本质上是为了满足公民的需求而设立的，其设备也仅仅是在有需求的时候才会得到利用，所以其产能过剩现象是十分普遍的。

# 第四节 重庆市武陵山片区产能过剩的成因

## 一、过度投资

企业对于未来的预期很大程度上影响到投资决策。重庆市武陵山片区由于第二产业发展起步较晚,对于固定资产及基础设施的投资在初期较为盲目。投资前,企业决策者并不能完全把握某一行业的未来发展潜力。企业一旦高估该行业的发展前景而盲目进行大量投资,便极有可能形成产能过剩。从经济增长的角度来看,投资表现为两个方面的特性,在短期中,投资代表经济增长的当期需求,而在长期中,投资代表对经济增长的未来供给。投资主要从短期需求和长期供给两个方面影响经济运行,投资项目由需求效应转换为供给效应,短则需要 2~3 年,长则需要 5~8 年,说明投资存在时滞性。

## 二、企业间的竞争行为和模仿行为

由于重庆市武陵山片区多为山区,人口散布于群山之中,城镇化率相对较低(武陵山片区内人口仅占重庆市总人口的 12.57%,城镇化率仅为 35.6%),区域间合作意识不强,地区间产业集中度不高,受经济环境的制约,该片区战略关联企业难以联合与兼并,无法做到资本集中,使得该片区不同区县间的企业之间出现恶性竞争,这种竞争包括竞争行为和模仿行为。竞争行为是指企业出于对利润及市场占有率的追逐,从而对与其利益相关的行业及领域进行投资,这样就导致企业之间在同一行业或市场产生激烈竞争;模仿行为是指当某一行业或领域预期未来发展趋势良好时,首先投资该行业或领域的企业获得较好收益,其他企业则为获得同样收益,争相模仿,对该行业进行大规模投资。竞争性投资和模仿性投资对于单个企业个体来说是合理的,但是对于所有进行相同投资行为的企业群体来说,便成为一种错误。企业这种集体性投资行为会造成相对于需求的供给过剩。

## 三、部分行业"进入壁垒"较弱

就整个武陵山片区来讲,由于长期以来经济发展较为落后,招商引资对于经济发展极为重要。在我国西部开发之初,出现了一股产业转移高潮。武陵山片区各地为了求得经济发展,大量引进了多种行业,也包括一些污染行业、产能过剩行业,总而言之,武陵山片区的部分行业"进入壁垒"较弱。例如,丰都县的造纸业和纺织业两个行业,设备及技术规模较小,规模经济不明显,生产技术简单,"进入壁垒"较弱。这种行业内企业之间竞争的因素主要在于获取生产原材料的价格及市场变化对供需的影响。因此,即便整个行业效益较差,新进入的企业只要能获取比原企业更有优势的原材料价格,在市场上便更具有竞争力,仍然可以得到较好的效益。这种不良竞争,导致整个行业长期不景气,但同时仍然有许多投资者进入该行业，使得该行业规模不断扩大但经济效益却较低，进而使得行业产能过剩。

## 四、企业创新能力低

重庆市武陵山片区主要产业生产的产品，大多存在技术含量低、产品质量差、附加价值低等问题，这使得片区内企业产品在市场上竞争力较弱，无法有效共享产业利润。造成这种状况的根本原因在于片区内研发经费投入较少，科研投入不足，企业技术创新能力难以提高，最终形成产能结构性过剩。

# 第五节　对策建议

## 一、以政府为主导，落实供给侧结构性改革任务

2015年中央经济工作会议定调2016年经济工作五大任务，即"去产能、去库存、去杠杆、降成本、补短板"，其中化解过剩产能是放在首位的，是供给侧结构性改革的核心。按照本研究对重庆市武陵山片区的产能和库存状况的测度，我们可以把行业大体分为四大梯队。就产业分类的总体而言，"去产能"任务相对较重的主要是一些常规过剩行业，如煤炭、有色金属、钢铁、电力以及建材行业，这些行业可被称为"去产能第一梯队"。这些行业去库存的进程主要取决于供给侧结构性改革推进的力度和政策落地的情况。一些行业存在产能国际化问题，这些行业去库存的进程不但取决于国际市场的供给侧压缩和去产能化，还依赖于全球经济环境的改善，即与供给侧相反的"需求侧"的复苏，如石油开采及冶炼、造纸行业、基础化工，这些行业可被称为"去产能第二梯队"。相较于前面所提到的一些重工业来说，如纺织服装、食品饮料尤其是白酒行业等轻工业在内的行业可被称为"去产能第三梯队"，这些行业目前均处于行业深度调整时期。其中，纺织业消化产能主要通过对外投资转产的模式，而白酒行业去产能则主要通过国内转产的模式。农产品和家电行业可被称为"去产能第四梯队"，这些行业已经出现化解过剩产能的转折点，化解过剩产能的难度相对较小。

供给侧结构改革的核心目标可以概括为两个层面，即减少无效供给和增加有效供给。所谓减少无效供给，即去除过剩产能。这些过剩产能长期存在，主要是因为生产要素价格扭曲，市场难以发挥决定性作用。例如，"僵尸企业"的长期

存在，直接导致过剩产能难以消化，大大延缓全行业复苏进程，原本可以短期内使其消失的影响却持续下去。减少无效供给的关键是减少政府干预，让那些本应破产的企业按照市场规律消亡；而所谓增加有效供给，就是鼓励企业加大创新力度，创造更多符合市场需求的产品并提供相关服务。在这一过程中，企业是主角，政府是配角，不能越位。政府的主要任务是消除创新的制度瓶颈，降低交易成本，为创新提供更好的制度激励。

## 二、加强信息披露和对企业投资预期的引导

由于目前经济形势的快速变化，若想要投资某一企业，首先应该关注这个企业所在的行业的发展前景。一个行业的发展前景往往和国家政策、经济态势、目前的运行状态等息息相关。而投资人对某一企业的投资决策首先应该建立在对未来所能获取的收益的判定基础之上，这除了与之前所提到的行业状态和国家政策有关外，也与企业自身状况、企业所在行业其他竞争企业的情况相关。一个行业的预期发展，首先要考虑政府的宏观经济政策，而企业间的预期信息是在不同企业间相互传递的，那么在传递过程中，信息极有可能因为一些人为因素被放大或缩小，最终形成信息失真。而政府的公信力是无可替代的，政府在政策的宣传、数据和信息的披露等方面居于绝对优势和权威地位，因此政府应该借此有利条件，充分发挥其对行业发展的引导作用。

重庆市武陵山片区的七个区县可将各级政府或机关单位，如政府网站的市政板块，或该地区的地方信息广播电台，或自媒体，作为开放的公众平台，将每季度或每月的行业重点数据，如重点行业产能利用率、在建产能、企业效益等方面的信息向社会进行披露，增设问答板块，解决企业的政策不明晰的问题，适当提示未来政府的调控政策新取向。这种定期信息披露制度，可以及时稳定民心，为经济建设提供信息和方向引导，降低企业不必要的调整成本，引导行业内的企业作出正确预期，对部分行业出现过度投资和盲目扩张进行预防和调整。

## 三、加强跨区域同类企业兼并重组，提高产业集中度

重庆市武陵山片区各地方政府应在保持经济稳定增长的基础上，有效把握自己的资源优势和民族特色，充分发挥片区内部分行业龙头企业的领头带动作用，推进相同或相关企业间的兼并重组，避免经济效益较差的企业最终走向破产而带来的资源浪费和失业率的提升，同时也进一步提高地区的产业集中度。在重庆市

地方政府的引导下,促进片区内同行业企业间加大并购力度,充分实现彼此间的功能协作,以期形成规模经济效应,从而达到区域内资源的合理配置和输送,形成区域内的合理竞合关系,实现共赢和创收。

## 四、严格制定行业准入标准,控制环境污染企业投资

要严格制定行业准入标准,要保证高要求和限制门槛,并不得轻易改变,特别是对于已经出现或有迹象出现产能过剩的企业要制定更加严格的准入规则,且加大执行力度。不符合准入条件的企业一律不得落地建设,认真做好项目的审批和管理工作。已经在淘汰之列的行业和项目,若未达标,即便已在建,也必须停工整顿,禁止再进入该行业。在国家建设环境保护型和资源节约型社会的态势下,应严格按照国家的有关规定,如废水废气处理设施标准等,制定该行业的准入标准和生产标准,类似于重庆市武陵山片区丰都县的化工产业这类高耗能、高排放的企业不得随意准许其进入,不能达到国家环保标准的,应勒令其停工整顿直至达标为止。目前我国虽然缺乏科学和系统的准入标准,但资源节约和环境保护的问题已迫在眉睫。因此,在武陵山片区,应尽快建立一套科学有效的市场准入标准,限制不合规的企业进入部分已过剩或有可能过剩的行业。

## 五、加大企业研发投入,提高企业创新能力

目前,我国许多行业产品均存在同质化的问题。一般来讲,一个行业的产品或服务在市场上是否具有竞争力,很大程度上取决于企业的创新意识和品牌创造力。重庆市武陵山片区各地经济发展方式一般比较粗放,向集约型经济发展方式转变是各地经济发展的当务之急。这就对企业的产品质量提出了较高要求,最重要的是要提高产品附加值及技术含量。首先,要从人才入手,提升劳动者的素质水平,使企业的经营模式由劳动密集型向技术密集型转变。其次,增加对企业科研经费的投入,加大对产业科技成果的奖励。再次,要充分发挥片区内各个区县的协作效应,支持企业间的战略合作或并购,使片区内的资源得到合理配置并获取最大效用,实现产业聚集,形成企业的规模经济效应。最后,政府应制定相关政策,鼓励商业银行对创新性朝阳产业实行信贷优惠,帮助其在企业建设初期获得更多的资金支持和社会关注。

## 六、改革政绩考核机制

长期以来,我国的政绩考核一直倾向于"唯 GDP"模式,这在我国改革开

放早期是行之有效的，也是符合实际情况的。但在"新时代"和"新常态"的今天，这种政绩考核方式已经不能适应高质量方针的要求。因此，应弱化GDP在官员政绩考核中的权重，把增加就业、保护环境和维护社会稳定等有利于社会发展、体现经济增长质量的指标纳入其中，且应根据国家政策和地区经济发展水平不断进行动态化的调整。

# 第七章 恩施州劣势产业的退出

恩施州位处湖北省西南部，是我国最年轻的自治州。随着西部大开发战略、中部崛起战略的实施以及《武陵山片区区域发展与扶贫攻坚规划（2011—2020年）》的发布，恩施州经济得到了快速发展，发展水平显著提高。但是，恩施州仍然是我国经济发展落后地区，未来发展任重道远。我们认为，在恩施州未来经济发展过程中，必须有序退出劣势产业。

本章在叙述恩施州产业发展现状的基础上，首先利用数据包络方法建立模型（DEA 模型），并借助优势产业的研究方法——主成分分析法，最终选出恩施州的劣势产业；其次根据国家政策，结合恩施州实际情况，研究恩施州劣势产业退出方式和退出障碍；最后提出促进恩施州劣势产业退出的政策和手段。

## 第一节 恩施州产业发展现状

### 一、产业结构演进情况

产业结构是指国民经济中各个物质资料生产部门（包括部门内的分部门）之间的组合与构成的情况，以及它们在社会生产总体中所占的比例。产业结构反映了一个地区经济发展的速度和水平，也反映了一个地区的资源配置是否合理，其合理性会影响一个国家或地区经济的发展状况。然而，产业结构的调整不是一蹴而就的，不能在短时间内就达到三次产业的最优配置和高度化，这是一个漫长而复杂的过程，同时也是一个不断完善的过程。根据资料，我们可以把恩施州自1952 年以来产业结构演进状况分为四个阶段（表7.1）。

第一阶段：改革开放以前（1952~1977 年）。从表 7.1 中数据可以看出，这个时期，产业结构一直保持"一、三、二"结构，产值占比有小幅度波动，但变化不大，农业产值占据最主要地位，1977 年，其占比仍高达 66.1%。

第二阶段：改革开放初期（1978~1992 年）。产业结构由"一、三、二"结构变为"一、二、三"结构。由此可见，改革开放以后，工业得到一定发展，虽然这一阶段的农业产值仍占据主要地位，但同时可以发现，农业产值占比一直呈现下降趋势，由1978年的66.4%下降到了1992年的47.1%，第二、第三产业产值占比都有小幅度上升。

表7.1 1952~2016年恩施州三次产业演进情况

| 年份 | 第一产业产值（万元） | 第一产业占比（%） | 第二产业产值（万元） | 第二产业占比（%） | 第三产业产值（万元） | 第三产业占比（%） |
| --- | --- | --- | --- | --- | --- | --- |
| 1952 | 5 658 | 65.8 | 1 012 | 11.8 | 1 930 | 22.4 |
| 1957 | 11 087 | 65.9 | 1 973 | 11.7 | 3 768 | 22.4 |
| 1965 | 22 564 | 73.5 | 2 853 | 9.3 | 5 289 | 17.2 |
| 1970 | 24 787 | 70.2 | 3 823 | 10.8 | 6 691 | 19.0 |
| 1975 | 28 463 | 66.9 | 5 564 | 13.1 | 8 520 | 20.0 |
| 1977 | 33 329 | 66.1 | 7 077 | 14.0 | 10 011 | 19.9 |
| 1978 | 38 508 | 66.4 | 8 507 | 14.7 | 10 985 | 18.9 |
| 1980 | 43 298 | 61.8 | 11 863 | 16.9 | 14 911 | 21.3 |
| 1985 | 75 478 | 56.0 | 31 448 | 23.3 | 27 916 | 20.7 |
| 1990 | 118 889 | 51.6 | 53 330 | 23.2 | 57 971 | 25.2 |
| 1992 | 148 434 | 47.1 | 89 515 | 28.4 | 77 264 | 24.5 |
| 1993 | 160 898 | 45.4 | 102 770 | 29.0 | 90 807 | 25.6 |
| 1995 | 305 341 | 49.5 | 142 729 | 23.1 | 169 238 | 27.4 |
| 1997 | 473 197 | 48.8 | 221 756 | 22.9 | 274 046 | 28.3 |
| 1999 | 498 782 | 45.7 | 264 838 | 24.3 | 327 586 | 30.0 |
| 2000 | 521 886 | 44.1 | 295 064 | 24.9 | 366 687 | 31.0 |
| 2001 | 533 574 | 43.2 | 295 547 | 23.9 | 406 200 | 32.9 |
| 2002 | 505 929 | 40.1 | 307 109 | 24.3 | 448 499 | 35.6 |
| 2003 | 545 261 | 40.0 | 326 269 | 23.9 | 491 799 | 36.1 |
| 2004 | 681 919 | 42.9 | 354 475 | 22.3 | 551 826 | 34.8 |
| 2005 | 712 700 | 39.4 | 424 400 | 23.5 | 669 400 | 37.1 |
| 2006 | 727 900 | 36.7 | 497 000 | 25.0 | 761 100 | 38.3 |
| 2007 | 793 600 | 36.1 | 518 600 | 23.6 | 884 700 | 40.3 |
| 2008 | 894 200 | 34.3 | 659 500 | 25.3 | 1 055 900 | 40.4 |
| 2009 | 960 100 | 32.6 | 790 500 | 26.9 | 1 192 000 | 40.5 |
| 2010 | 1 076 500 | 30.7 | 1 009 200 | 28.7 | 1 425 600 | 40.6 |
| 2011 | 1 182 526 | 28.3 | 1 331 700 | 31.8 | 1 667 700 | 39.9 |
| 2012 | 1 249 090 | 25.9 | 1 644 200 | 34.1 | 1 928 600 | 40.0 |
| 2013 | 1 332 843 | 24.1 | 1 977 500 | 35.8 | 2 214 500 | 40.1 |

续表

| 年份 | 第一产业产值（万元） | 第一产业占比（%） | 第二产业产值（万元） | 第二产业占比（%） | 第三产业产值（万元） | 第三产业占比（%） |
|---|---|---|---|---|---|---|
| 2014 | 1 390 278 | 22.7 | 2 216 400 | 36.2 | 2 513 425 | 41.1 |
| 2015 | 1 438 642 | 21.4 | 2 444 200 | 36.4 | 2 825 276 | 42.2 |
| 2016 | 1 525 200 | 20.7 | 2 647 300 | 36.0 | 3 184 500 | 43.3 |

资料来源：根据1953~2017年的《恩施州统计年鉴》整理

第三阶段：深化改革时期（1993~1999年）。恩施州产业结构在1993年依旧保持着"一、二、三"结构，1994年之后变为"一、三、二"结构。这一阶段，恩施州以邓小平理论和"三个代表"重要思想为指导，着手调整结构、优化环境等，第一产业平稳发展且仍然占据主要地位，第二产业产值占比呈现下降趋势，第三产业产值占比总体保持小幅度上升状态。

第四阶段：西部大开发时期（2000~2016年）。这一时期恩施州产业结构发生了质的飞跃，经历了从"一、三、二"结构到"三、一、二"结构再到"三、二、一"结构的过程。2006年第三产业产值占比首次超过第一产业，达到38.3%，并逐步拉开差距，到了2010年，第三产业产值占比比第一产业高接近10个百分点，2011年，恩施州第二产业产值占比超过第一产业，达到31.8%，之后一直保持着"三、二、一"的结构稳步发展。

1952~2016年，恩施州产业结构发生了显著变化，从表7.1中数据可以看出，第一产业产值占比下降了45.1个百分点，第二产业产值占比上升了24.2个百分点，第三产业产值占比上升了20.9个百分点，恩施州经济发展由第一产业占主导地位变为第三产业占主导地位，总体看来，恩施州产业结构正在逐步优化。

## 二、产业总体发展状况

从产业规模来看，恩施州各个产业均获得了巨大发展（表7.1）。1952~2016年，恩施州第一产业产值从5658万元上升到1 525 200万元，增加了1 519 542万元，增长了269倍；第二产业产值由1012万元增加到2 647 300万元，增加了2 646 288万元，增长了2615倍，是三次产业中上升幅度最大的产业；第三产业产值从1930万元增加到3 184 500万元，增加了3 182 572万元，增长了1649倍。这些数据充分表明，恩施州的产业规模正在不断扩大。

从产业质量来看，恩施州产业发展质量明显提高。一是三次产业结构在不断优化。三次产业结构由1952年的"一、三、二"演变到2016年的"三、二、一"，第一产业产值占比下降了45.1个百分点，第二产业产值占比上升了24.2

个百分点。二是各产业内部结构明显优化。从表7.2可以看出，在第一产业内部，特色农业得到了较好发展，除粮食和烟叶有下降趋势之外，茶叶、蔬菜、林果等产量都在不断上涨，表明其发展充分利用了恩施州自然条件，发挥了特色农业优势；第二产业中铁矿石、精制茶、钢材等产量总体呈现上升趋势，水泥产量从2013年开始呈现下降趋势，这与水泥行业淘汰落后产能有关；第三产业中交通、商贸等行业产值逐年增加，旅游业发展最为迅速，旅游人次在2015年获得突破性增长。总的来说，近年来恩施州产业发展的产量质量获得了较大提高。

表7.2　2010~2015年恩施州三次产业主要产物指标

| 产业 | 行业 \ 年份 | 2010 | 2011 | 2012 | 2013 | 2014 | 2015 |
| --- | --- | --- | --- | --- | --- | --- | --- |
| 第一产业 | 粮食（吨） | 1 671 768 | 1 531 500 | 1 590 602 | 1 628 626 | 1 648 518 | 1 674 067 |
| | 烟叶（吨） | 85 393 | 93 220 | 93 780 | 76 750 | 50 075 | 52 363 |
| | 茶叶（吨） | 46 103 | 52 895 | 60 801 | 64 449 | 75 349 | 83 333 |
| | 蔬菜（吨） | 1 822 959 | 1 980 383 | 2 093 106 | 2 191 361 | 2 287 613 | 2 807 140 |
| | 林果（吨） | 209 158 | 231 365 | 232 082 | 251 496 | 270 526 | 315 486 |
| | 畜禽肉（吨） | 416 622 | 438 323 | 450 925 | 472 500 | 484 884 | 490 740 |
| | 水产品（吨） | 6 143 | 6 376 | 6 790 | 7 134 | 7 555 | 7 863 |
| 第二产业 | 铁矿石（万吨） | 2.38 | 13.15 | 11.20 | 18.37 | 20.40 | 26.58 |
| | 钢材（吨） | — | 8 192 | 9 236 | 9 388 | 8 973 | 10 238 |
| | 水泥（万吨） | 382.33 | 412.70 | 534.25 | 590.47 | 528.30 | 497.34 |
| | 精制茶（吨） | 42 989 | 41 884 | 50 192 | 77 676 | 75 503 | 80 566 |
| 第三产业 | 交通（万元） | 118 700 | 129 700 | 144 000 | 164 900 | 180 700 | 183 500 |
| | 商贸（万元） | 418 800 | 489 700 | 556 600 | 628 000 | 681 000 | 737 700 |
| | 金融（万元） | 94 600 | 113 200 | 148 000 | 173 200 | 207 200 | 241 600 |
| | 房地产（万元） | 160 100 | 183 300 | 207 900 | 241 900 | 261 725 | 291 100 |
| | 旅游（万人次） | 1 062.50 | 1 658.27 | 2 198.58 | 2 650.64 | 3 100.41 | 37 000.5 |

资料来源：根据2011~2016年的《恩施州统计年鉴》整理

从以上分析看出，1952年以来，恩施州产业结构得到了优化和改善，产业规模在不断扩大，产业质量也在逐步提升，但在取得成就的同时，恩施州产业发展目前也存在一些问题。

## 三、产业发展存在的问题

一是三次产业的发展水平均有待提高。从第一产业来看，农业产业化程度低，乡镇企业发展落后。恩施州地处偏远山区，地形以山地为主，家庭是主要的农业经营主体，自给自足的小农经济是主要的经营方式，经营分散，规模弱小，专业化、机械化、市场化程度弱。从第二产业来看，恩施州工业以劳动密集型为主，技术密集型少，产品附加值低，资源消耗多，环境污染严重，新兴产业发展缓慢，工业产值占比较大的开采业、矿物制品业等都属于重污染行业，这与新型工业化的发展要求背道而驰，与武陵山片区作为重点生态功能区的发展背景格格不入。在产业结构优化升级的过程中，恩施州工业发展劣势日益明显。从第三产业来看，总体发展缓慢，发展空间小。由于恩施州第一、第二产业总体发展相对滞后，城镇化水平不高，对第三产业不能产生广泛的市场需求，2015年恩施州城镇化率为39.98%，比全国平均水平低16.12%。较低的实体经济发展水平和较低的城镇化率直接影响着第三产业的发展水平。

二是三次产业内部结构依然存在不合理的问题。从第一产业来看，2015年恩施州种植业产值139.2亿元，林业产值10.1亿元，牧业产值9.5亿元，渔业产值1.2亿元，可见，恩施州第一产业主要依靠种植业，内部发展不平衡。从第二产业来看，2015年恩施州第二产业增加值为244.42亿元，其中工业增加值为197.32亿元，占第二产业增加值的80.1%，由此可见，第二产业中的其他方面发展相对滞后。从第三产业来看，恩施州第三产业的重点发展对象为旅游业，忽视了其他产业的发展，而且在旅游业发展过程中往往只重视了景点本身的发展，忽视了第三产业中其他相关服务业的发展，如具有民族特色的地方产品开发等。

从以上分析可以看出，恩施州自1952年以来，产业发展取得了很大成就，但同时也存在着很多不足，需要不断去调整和完善。在这个调整过程中面临的一个重要问题就是劣势产业的选择和有序退出。2016年7月17日，国务院办公厅下发了《关于推动中央企业结构调整与重组的指导意见》，其中提到"大力化解过剩产能""加大清理长期亏损、扭亏无望企业和低效无效资产力度""下大力气退出一批不具有发展优势的非主营业务"。如此看来，国家对劣势产业选择退出工作给予了高度重视。恩施州作为湖北省唯一的少数民族自治州，要积极响应国家政策，做好恩施州劣势产业的选择退出工作。

## 第二节　恩施州劣势产业的选择方法

### 一、学术界关于劣势产业选择方法概况

李玲和陈迅（2006）运用数据包络分析法（简称DEA，是由美国著名数学

家和经济学家 Charnes 和 Cooper 在 1978 年提出来的），计算出重庆产业的相对有效性，将相对有效性较低的产业作为重庆劣势产业的候选产业，再结合层次分析法（简称 AHP，是美国运筹学家匹茨堡大学教授 Saaty 于 20 世纪 70 年代初提出的一种层次权重决策分析方法），选择出重庆劣势产业。然而，层次分析法需要相关专家对备选产业按照重要性程度的高低进行赋权，具有一定主观性。

陈迅和秦廷奎（2001）运用多准则二维协同判断法，将 DEA 与综合指标评价法有效结合，根据一个国家或地区主导型产业的确定标准和支柱型产业的确定标准，计算出重庆 21 个产业的具体指标值，然后将指标值进行排序，得到综合指标值排名靠后的产业作为重庆劣势产业。其中的综合评价指标法只考虑了需求收入弹性指标、技术进步率等五项指标，没有充分考虑可持续发展等因素。

本研究选用数据包络分析法和主成分分析法相结合的方式，选择恩施州的劣势产业。其中主成分分析法被广泛用于优势产业的选择中，可借用优势产业的研究方法，反向确定恩施州劣势产业。主成分分析法综合产业比较优势、规模经济优势、可持续发展优势等，既弥补了层次分析法主观性强的不足，又充分考虑到了各方面指标，客观可行。

## 二、恩施州劣势产业的选择

### 1. 数据包络分析法

本研究根据《2015 年恩施州统计年鉴》的数据资料，选取煤炭开采和洗选业、黑色金属矿采选业、有色金属矿采选业等 30 个产业数据。

（1）确定指标

在运用数据包络分析法（DEA）时，首先需要确定的是产业的投入产出指标。本研究的投入指标包括劳动力投入额 $x_1$、固定资产合计（$x_2$）；产出指标包括利税总额（$y_1$）、产品销售产值（$y_2$）。恩施州 30 个产业的投入产出指标见表 7.3。

表 7.3 恩施州主要产业投入产出指标

| 投入产出指标 | | 煤炭开采和洗选业 | 黑色金属矿采选业 | … | 废弃资源综合利用业 |
|---|---|---|---|---|---|
| 投入指标 | 劳动力投入额 $x_1$ | $x_{1.1}$ | $x_{1.2}$ | … | $x_{1.30}$ |
|  | 固定资产合计 $x_2$ | $x_{2.1}$ | $x_{2.2}$ | … | $x_{2.30}$ |
| 产出指标 | 利税总额 $y_1$ | $y_{1.1}$ | $y_{1.2}$ | … | $y_{1.30}$ |
|  | 产品销售产值 $y_2$ | $y_{2.1}$ | $y_{2.2}$ | … | $y_{2.30}$ |

(2) 建立模型

根据 DEA 模型的推导，第 $k$ 个产业的相对有效模型为

$$\begin{cases} \min \theta_k \\ \sum_{j=1}^{30} X_j \lambda_j + s^- = \theta_k X_k \\ \sum_{j=1}^{30} Y_j \lambda_j - s^+ = Y_k \\ \lambda j \geqslant 0, j=1, 2, \cdots, 30 \\ s^+ \geqslant 0, s^- \geqslant 0 \end{cases}$$

可将上述的约束条件变为

$$\min \theta_k$$
$$\text{s. t.} \begin{cases} \lambda_1 X_1 + \lambda_2 X_2 + \cdots + \lambda_{30} X_{30} \leqslant \theta_k X_k \\ \lambda_1 Y_1 + \lambda_2 Y_2 + \cdots + \lambda_{30} Y_{30} \geqslant Y_k \end{cases}$$

将表 7.3 中的数据带入上述约束条件，可得

$$\begin{cases} \lambda_1 x_{1.1} + \lambda_2 x_{1.2} + \cdots + \lambda_{30} x_{1.30} + s^- = \theta_k x_{1.k} \\ \lambda_1 x_{2.1} + \lambda_2 x_{2.2} + \cdots + \lambda_{30} x_{2.30} + s^- = \theta_k x_{2.k} \\ \lambda_1 y_{1.1} + \lambda_2 y_{1.2} + \cdots + \lambda_{30} y_{1.30} - s^+ = y_{1.k} \\ \lambda_1 y_{2.1} + \lambda_2 y_{2.2} + \cdots + \lambda_{30} y_{2.30} - s^+ = y_{2.k} \end{cases}$$

这样就得到了一个线性规划，接下来可以用求解线性规划的方法来求解 $\theta_k$ 的最小值（牛冲槐等，2004）。将恩施州相应数据带入 DEA 模型，运用运筹学软件 WinQSB 来求解，可以得到恩施州 30 个产业的相对效率（表 7.4）。

表 7.4 恩施州产业的相对效率

| 编号 | 产业名称 | 2015 年 | 2014 年 | 2013 年 | 平均 | 排序 |
| --- | --- | --- | --- | --- | --- | --- |
| 1 | 煤炭开采和洗选业 | 0.28 | 0.44 | 0.26 | 0.327 | 28 |
| 2 | 黑色金属矿采选业 | 0.31 | 0.34 | 1 | 0.550 | 13 |
| 3 | 有色金属矿采选业 | 1 | 0.33 | 1 | 0.777 | 5 |
| 4 | 非金属矿采选业 | 0.77 | 0.95 | 0.53 | 0.750 | 6 |
| 5 | 农副食品加工业 | 0.56 | 0.56 | 0.61 | 0.577 | 11 |
| 6 | 食品制造业 | 0.45 | 0.44 | 0.58 | 0.490 | 18 |
| 7 | 酒、饮料和精制茶制造业 | 0.70 | 0.72 | 0.63 | 0.683 | 8 |
| 8 | 烟草制品业 | 0.34 | 0.43 | 0.41 | 0.393 | 25 |

续表

| 编号 | 产业名称 | 相对效率 2015年 | 2014年 | 2013年 | 平均 | 排序 |
|---|---|---|---|---|---|---|
| 9 | 纺织业 | 0.25 | 0.38 | 0.36 | 0.330 | 27 |
| 10 | 纺织服装、服饰业 | 0.58 | 0.61 | 0.26 | 0.483 | 19 |
| 11 | 皮革、毛皮、羽毛及其制品和制鞋业 | 0.52 | 0.55 | 0.56 | 0.543 | 14 |
| 12 | 木材加工和木、竹、藤、棕、草制品业 | 0.68 | 0.65 | 0.59 | 0.640 | 10 |
| 13 | 家具制造业 | 0.37 | 0.52 | 0.32 | 0.403 | 24 |
| 14 | 造纸和纸制品业 | 0.43 | 0.33 | 0.41 | 0.390 | 26 |
| 15 | 印刷和记录媒介复制业 | 0.34 | 0.37 | 0.24 | 0.317 | 29 |
| 16 | 文教、工美、体育和娱乐用品制造业 | 0.49 | 0.48 | 0.61 | 0.527 | 16 |
| 17 | 化学原料和化学制品制造业 | 0.49 | 0.68 | 0.49 | 0.553 | 12 |
| 18 | 医药制造业 | 0.35 | 0.49 | 0.46 | 0.433 | 22 |
| 19 | 橡胶和塑料制品业 | 0.61 | 0.75 | 0.86 | 0.740 | 7 |
| 20 | 非金属矿物制品业 | 0.38 | 0.58 | 0.47 | 0.477 | 20 |
| 21 | 黑色金属冶炼和压延加工业 | 0.20 | 0.75 | 0.68 | 0.543 | 14 |
| 22 | 有色金属冶炼和压延加工业 | 0.52 | 1 | 0.98 | 0.833 | 3 |
| 23 | 金属制品业 | 0.90 | 0.66 | 0.41 | 0.657 | 9 |
| 24 | 通用设备制造业 | 0.40 | 0.49 | 0.43 | 0.440 | 21 |
| 25 | 专用设备制造业 | 0.19 | 0.34 | 0.30 | 0.277 | 30 |
| 26 | 汽车制造业 | 1 | 1 | 0.99 | 0.997 | 2 |
| 27 | 电气机械和器材制造业 | 0.39 | 0.55 | 0.62 | 0.520 | 17 |
| 28 | 计算机、通信和其他电子设备制造业 | 0.45 | 0.57 | 0.24 | 0.420 | 23 |
| 29 | 仪器仪表制造业 | 1 | 1 | 1 | 1 | 1 |
| 30 | 废弃资源综合利用业 | 0.41 | 1 | 1 | 0.803 | 4 |

由上面计算结果初步筛选出相对效率小于0.7的23个产业，分别为：①煤炭开采和洗选业；②黑色金属矿采选业；③农副食品加工业；④食品制造业；⑤酒、饮料和精制茶制造业；⑥烟草制品业；⑦纺织业；⑧纺织服装、服饰业；⑨皮革、毛皮、羽毛及其制品和制鞋业；⑩木材加工和木、竹、藤、棕、草制品业；⑪家具制造业；⑫造纸和纸制品业；⑬印刷和记录媒介复制业；⑭文教、工美、体育和娱乐用品制造业；⑮化学原料和化学制品制造业；⑯医药制造业；⑰非金属矿物制品业；⑱黑色金属冶炼和压延加工业；⑲金属制品业；⑳通用设备制造业；㉑专用设备制造业；㉒电气机械和器材制造业；㉓计算机、通信和其

他电子设备制造业。

**2. 主成分分析法**

（1）指标体系的建立

本研究选取 5 个方面的 11 个指标对以上 23 个行业进行综合评价，指标体系如表 7.5 所示。

表 7.5 恩施州产业综合评价指标

| 一级指标 | 二级指标 |
| --- | --- |
| 动态比较优势 | 区位商 $x_1$ |
| 规模经济效益 | 产业贡献率 $x_2$<br>工业总产值占比 $x_3$<br>固定资产产值率 $x_4$<br>产值利税率 $x_5$<br>就业规模 $x_6$ |
| 产业发展潜力 | 市场占有率 $x_7$ |
| 可持续性 | 单位产值能耗 $x_8$ |
| 负债偿还能力 | 全员劳动生产率 $x_9$<br>产业负债率 $x_{10}$<br>流动比率 $x_{11}$ |

由《湖北统计年鉴 2015》及《2015 年恩施州统计年鉴》的相关数据可计算出每个产业的指标的具体数值，如表 7.6 所示。

表 7.6 恩施州产业综合评价指标数据

| 序号 | $x_1$ | $x_2$ | $x_3$ | $x_4$ | $x_5$ | $x_6$ | $x_7$ | $x_8$ | $x_9$ | $x_{10}$ | $x_{11}$ |
| --- | --- | --- | --- | --- | --- | --- | --- | --- | --- | --- | --- |
| 1 | 5.3594 | 0.0312 | 0.0493 | 0.4278 | 0.0569 | 0.0170 | 0.0504 | −0.22 | 151.2880 | −0.4510 | 0.6175 |
| 2 | 0.0633 | 0.0008 | 0.0018 | 0.2237 | 0.0133 | 0.0002 | 0.0017 | −0.06 | 336.9333 | −0.8643 | 0.5947 |
| 3 | 0.5854 | 0.0999 | 0.2477 | 0.1952 | 0.0474 | 0.0357 | 0.2453 | −0.02 | 229.8827 | −0.4421 | 1.4898 |
| 4 | 0.1790 | 0.0084 | 0.0189 | 0.2515 | 0.0578 | 0.0041 | 0.0193 | −0.05 | 166.6796 | −0.4455 | 1.1271 |
| 5 | 1.0749 | 0.0830 | 0.1622 | 0.2318 | 0.0557 | 0.0192 | 0.1622 | −0.05 | 355.4579 | −0.4003 | 1.1798 |
| 6 | 0.1004 | 0.0078 | 0.0059 | 1.0943 | 0.1873 | 0.0057 | 0.0066 | −0.18 | 113.4784 | −0.1680 | 4.1846 |
| 7 | 0.0218 | 0.0018 | 0.0043 | 0.2709 | 0.0113 | 0.0008 | 0.0043 | −0.02 | 183.2851 | −0.4921 | 1.5567 |
| 8 | 0.0788 | 0.0030 | 0.0068 | 0.0806 | 0.0297 | 0.0024 | 0.0068 | −0.01 | 101.5306 | −0.6271 | 1.2750 |
| 9 | 1.3309 | 0.0122 | 0.0257 | 0.3147 | 0.0555 | 0.0034 | 0.0251 | −0.04 | 297.5195 | −0.6410 | 0.9178 |
| 10 | 1.0009 | 0.0164 | 0.0396 | 0.1796 | 0.0704 | 0.0075 | 0.0398 | −0.04 | 179.1820 | −0.3923 | 1.5726 |

续表

| 序号 | $x_1$ | $x_2$ | $x_3$ | $x_4$ | $x_5$ | $x_6$ | $x_7$ | $x_8$ | $x_9$ | $x_{10}$ | $x_{11}$ |
|---|---|---|---|---|---|---|---|---|---|---|---|
| 11 | 0.4902 | 0.0034 | 0.0082 | 0.3508 | 0.0565 | 0.0019 | 0.0082 | −0.03 | 145.5070 | −0.4177 | 1.6321 |
| 12 | 0.1466 | 0.0030 | 0.0073 | 0.2529 | 0.0541 | 0.0016 | 0.0074 | −0.57 | 158.0514 | −0.4778 | 0.7372 |
| 13 | 0.0965 | 0.0014 | 0.0032 | 0.2561 | 0.0472 | 0.0008 | 0.0033 | −0.01 | 147.3460 | −0.5195 | 1.2471 |
| 14 | 0.2207 | 0.0019 | 0.0053 | 0.1941 | 0.0752 | 0.0020 | 0.0053 | −0.01 | 77.3034 | −0.3279 | 1.5388 |
| 15 | 0.1063 | 0.0152 | 0.0389 | 0.2239 | 0.0470 | 0.0057 | 0.0390 | −0.12 | 216.7896 | −0.3703 | 1.2959 |
| 16 | 0.3700 | 0.0169 | 0.0362 | 0.3223 | 0.0420 | 0.0059 | 0.0354 | −0.05 | 234.1220 | −0.4683 | 1.3448 |
| 17 | 0.4317 | 0.0569 | 0.1205 | 0.3890 | 0.0476 | 0.0168 | 0.1222 | −0.99 | 277.6955 | −0.5735 | 0.9694 |
| 18 | 0.0136 | 0.0007 | 0.0025 | 0.4223 | 0.0147 | 0.0003 | 0.0025 | −0.04 | 215.4875 | −0.7552 | 0.4683 |
| 19 | 0.1515 | 0.0078 | 0.0195 | 0.2135 | 0.0755 | 0.0023 | 0.0197 | −0.03 | 275.2554 | −0.3523 | 1.2026 |
| 20 | 0.0279 | 0.0014 | 0.0033 | 0.1725 | 0.0361 | 0.0005 | 0.0032 | −0.02 | 219.5897 | −0.6716 | 0.8915 |
| 21 | 0.0050 | 0.0002 | 0.0005 | 0.2650 | 0.0298 | 0.0003 | 0.0005 | −0.01 | 60.7927 | −0.2939 | 1.1831 |
| 22 | 0.1533 | 0.0089 | 0.0253 | 0.3401 | 0.3401 | 0.0048 | 0.0243 | −0.01 | 150.8539 | −0.4094 | 1.3026 |
| 23 | 0.0380 | 0.0028 | 0.0072 | 0.1130 | 0.1130 | 0.0031 | 0.0065 | −0.02 | 73.5229 | −0.4630 | 1.5810 |

（2）主成分分析

在统计分析中，变量个数太多会增加计算的复杂性。主成分分析法是利用降维的思想，在尽可能少地损失信息的前提下，把多个指标转化成几个互不相关的综合指标的统计方法。一般步骤为：①将原始数据标准化；②计算指标的相关矩阵；③计算相关矩阵的特征根和特征向量；④确定主成分的个数；⑤求出所有观测对象在主成分上的得分；⑥加权汇总计算所有观测对象综合得分（孟兵和吴群英，2007）。本研究利用SPSS软件进行以上计算。

1) 原始数据的标准化处理。本研究选取了11个指标对以上23个行业进行综合评价，设数据矩阵为

$$X = \begin{bmatrix} X_{1,1} & \cdots & X_{1,11} \\ \vdots & & \vdots \\ X_{23,1} & \cdots & X_{23,11} \end{bmatrix}$$

通常采用的数据标准化处理方法为

$$X'_{ij} = \frac{X_{ij} - \bar{X}_j}{S_j} \quad i = 1, 2, \cdots, 23; j = 1, 2, \cdots, 11$$

式中，$\bar{X}_j = \frac{1}{n}\sum_{i=1}^{n} X_{ij}$ 为第 $j$ 个变量的平均值；$S_j^2 = \frac{1}{n-1}\sum_{i=1}^{n}(X_{ij} - \bar{X}_j)^2$ 为第 $j$ 个变量的方差，$S_j$ 为第 $j$ 个变量的标准差；$X'_{ij}$ 为原始数据进行标准化处理后的数据。

2）SPSS 软件输出结果分析。在 SPSS 软件中对标准化处理后的数据进行因子分析，得出各个因子对应的特征值、方差贡献率、累计方差贡献率（表7.7）。

表7.7 解释的总方差

| 成分 | 初始特征值 合计 | 方差贡献率（%） | 累计方差贡献率（%） | 提取平方和载入 合计 | 方差贡献率（%） | 累计方差贡献率（%） |
| --- | --- | --- | --- | --- | --- | --- |
| 1 | 4.337 | 39.429 | 39.429 | 4.337 | 39.429 | 39.429 |
| 2 | 2.656 | 24.144 | 63.573 | 2.656 | 24.144 | 63.573 |
| 3 | 1.150 | 10.453 | 74.026 | 1.150 | 10.453 | 74.026 |
| 4 | 1.012 | 9.204 | 83.230 | 1.012 | 9.203 | 83.230 |
| 5 | 0.743 | 6.751 | 89.981 | | | |
| 6 | 0.661 | 6.010 | 95.991 | | | |
| 7 | 0.319 | 2.904 | 98.895 | | | |
| 8 | 0.103 | 0.939 | 99.834 | | | |
| 9 | 0.016 | 0.149 | 99.983 | | | |
| 10 | 0.002 | 0.017 | 100.000 | | | |
| 11 | $1.586 \times 10^{-5}$ | 100.000 | 100.000 | | | |

从表7.7可以看出，前四者的特征值分别为4.337、2.656、1.150、1.012，均大于1，且累计方差贡献率达到83.230%，接近85%，能解释原始数据的大部分信息，因此提取前4个成分为恩施州产业综合指标评价的主成分指标，以这4个特征值对应的特征向量作为新的指标，然后计算恩施州23个产业的综合评价得分。在确定主成分之后，运用 SPSS 软件可得到恩施州23个产业在各个主成分上的得分，如表7.8所示。

表7.8 成分矩阵

| | 主成分 1 | 2 | 3 | 4 |
| --- | --- | --- | --- | --- |
| Zscore（v1） | 0.349 | 0.015 | −0.307 | 0.852 |
| Zscore（v2） | 0.986 | 0.103 | 0.079 | −0.045 |
| Zscore（v3） | 0.978 | 0.085 | 0.154 | −0.091 |
| Zscore（v4） | −0.073 | 0.709 | −0.558 | −0.102 |
| Zscore（v5） | −0.124 | 0.654 | 0.041 | −0.034 |

续表

|  | 主成分 | | | |
| --- | --- | --- | --- | --- |
|  | 1 | 2 | 3 | 4 |
| Zscore（v6） | 0.957 | 0.199 | 0.067 | 0.119 |
| Zscore（v7） | 0.979 | 0.086 | 0.146 | -0.090 |
| Zscore（v8） | -0.310 | -0.012 | 0.756 | 0.145 |
| Zscore（v9） | 0.528 | -0.445 | -0.245 | -0.366 |
| Zscore（v10） | 0.022 | 0.826 | 0.234 | 0.162 |
| Zscore（v11） | -0.134 | 0.883 | 0.037 | -0.245 |

3）计算特征向量及主成分函数。将成分矩阵（表7.8）中的数据除以各个主成分对应的特征值的平方根可以得到4个主成分中每个指标对应的系数，记4个主成分为 $Z_1$、$Z_2$、$Z_3$、$Z_4$，即可得到特征向量矩阵，如表7.9所示（何亮，2007）。将得到的特征向量与标准化处理后的数据相乘，就可以得到主成分表达式：

$$\begin{cases} Z_1 = 0.16763X'_1 + 0.47337X'_2 + 0.46941X'_3 - 0.03509X'_4 - 0.05944X'_5 \\ \quad + 0.45945X'_6 + 0.47014X'_7 - 0.14882X'_8 \\ \quad + 0.25339X'_9 + 0.01072X'_{10} - 0.06444X'_{11} \\ Z_2 = 0.00943X'_1 + 0.06314X'_2 + 0.05208X'_3 + 0.43481X'_4 + 0.40154X'_5 \\ \quad + 0.40154X'_6 + 0.05254X'_7 - 0.00734X'_8 \\ \quad - 0.27311X'_9 + 0.50696X'_{10} + 0.54181X'_{11} \\ Z_3 = -0.28602X'_1 + 0.0733X'_2 + 0.14349X'_3 - 0.51999X'_4 + 0.03815X'_5 \\ \quad + 0.06272X'_6 + 0.13573X'_7 + 0.70478X'_8 \\ \quad - 0.22872X'_9 + 0.21832X'_{10} + 0.03436X'_{11} \\ Z_4 = 0.84736X'_1 - 0.04449X'_2 - 0.09083X'_3 - 0.10152X'_4 - 0.0342X'_5 \\ \quad + 0.11808X'_6 - 0.08915X'_7 + 0.14458X'_8 \\ \quad - 0.36392X'_9 + 0.16087X'_{10} - 0.24398X'_{11} \end{cases}$$

表7.9 特征向量矩阵

|  | 成分 | | | |
| --- | --- | --- | --- | --- |
|  | 1 | 2 | 3 | 4 |
| Zscore（区位熵） | 0.167 63 | 0.009 43 | -0.286 02 | 0.847 36 |
| Zscore（产业贡献率） | 0.473 37 | 0.063 14 | 0.073 30 | -0.044 49 |

续表

| | 成分 | | | |
|---|---|---|---|---|
| | 1 | 2 | 3 | 4 |
| Zscore（工业总产值占比） | 0.469 41 | 0.052 08 | 0.143 49 | -0.090 83 |
| Zscore（固定资产产值率） | -0.035 09 | 0.434 81 | -0.519 99 | -0.101 52 |
| Zscore（产值利税率） | -0.059 44 | 0.401 54 | 0.038 15 | -0.034 20 |
| Zscore（就业规模） | 0.459 45 | 0.122 10 | 0.062 72 | 0.118 08 |
| Zscore（市场占有率） | 0.470 14 | 0.052 54 | 0.135 73 | -0.089 15 |
| Zscore（单位产值能耗） | -0.148 82 | -0.007 34 | 0.704 78 | 0.144 58 |
| Zscore（人均收入比例） | 0.253 39 | -0.273 11 | -0.228 72 | -0.363 92 |
| Zscore（产业负债率） | 0.010 72 | 0.506 96 | 0.218 32 | 0.160 87 |
| Zscore（流动比率） | -0.064 44 | 0.541 81 | 0.034 36 | -0.243 98 |

将经过标准化处理后的数据带入主成分表达式，可得到23个产业在每个主成分上的得分，然后将在主成分上的得分加权得到综合得分，其中加权的权重为每个主成分相对应的方差贡献率（表7.7），计算结果如表7.10所示。

表7.10 恩施州产业综合评价得分

| 产业名称 | $Z_1$ | $Z_2$ | $Z_3$ | $Z_4$ | 综合得分 | 排序 |
|---|---|---|---|---|---|---|
| 农副食品加工业 | 6.424 52 | 0.773 12 | 1.893 20 | -0.387 68 | 2.882 00 | 1 |
| 酒、饮料和精制茶制造业 | 4.421 56 | -0.035 03 | 0.715 76 | -0.420 28 | 1.771 06 | 2 |
| 煤炭开采和洗选业 | 1.775 15 | 0.191 86 | -1.633 96 | 4.059 37 | 0.949 03 | 3 |
| 非金属矿物制品业 | 3.462 64 | -0.340 06 | -2.783 75 | -1.216 18 | 0.880 27 | 4 |
| 烟草制品业 | -1.394 22 | 5.845 203 | -1.534 32 | -1.060 65 | 0.603 54 | 5 |
| 木材加工和木、竹、藤、棕、草制品业 | 0.106 10 | 0.309 97 | 0.602 65 | 0.522 00 | 0.227 71 | 6 |
| 电气机械和器材制造业 | -0.874 91 | 1.965 37 | 0.567 67 | -0.097 63 | 0.179 90 | 7 |
| 化学原料和化学制品制造业 | 0.049 32 | -0.025 52 | 0.344 23 | -0.290 56 | 0.022 52 | 8 |
| 医药制造业 | 0.063 92 | -0.175 88 | 0.037 93 | -0.280 74 | -0.039 13 | 9 |
| 金属制品业 | -0.449 96 | -0.194 34 | 0.378 47 | -0.395 08 | -0.221 13 | 10 |
| 文教、工美、体育和娱乐用品制造业 | -1.434 91 | 0.715 41 | 0.995 52 | 0.521 89 | -0.240 95 | 11 |
| 食品制造业 | -0.660 73 | -0.183 38 | 0.380 55 | 0.040 90 | -0.261 25 | 12 |
| 家具制造业 | -1.130 18 | 0.514 47 | 0.141 19 | 0.199 68 | -0.288 27 | 13 |
| 计算机、通信和其他电子设备制造业 | -1.398 76 | 0.375 42 | 1.087 43 | 0.271 80 | -0.322 19 | 14 |
| 皮革、毛皮、羽毛及其制品和制鞋业 | 0.034 78 | -1.273 44 | -0.670 36 | 0.139 82 | -0.350 95 | 15 |

| 产业名称 | $Z_1$ | $Z_2$ | $Z_3$ | $Z_4$ | 综合得分 | 排序 |
|---|---|---|---|---|---|---|
| 专用设备制造业 | -1.654 85 | 0.468 95 | 0.875 18 | 0.567 68 | -0.395 54 | 16 |
| 纺织业 | -1.183 66 | -0.381 41 | 0.234 94 | -0.306 70 | -0.562 46 | 17 |
| 印刷和记录媒介复制业 | -1.315 94 | -0.414 03 | 0.347 25 | -0.012 13 | -0.583 64 | 18 |
| 造纸和纸制品业 | -0.727 90 | -0.626 81 | -1.364 37 | -0.167 61 | -0.596 38 | 19 |
| 纺织服装、服饰业 | -1.254 27 | -1.049 45 | 0.819 24 | 0.166 27 | -0.646 99 | 20 |
| 通用设备制造业 | -1.065 55 | -1.677 61 | 0.113 57 | -0.384 50 | -0.848 69 | 21 |
| 黑色金属冶炼和压延加工业 | -1.096 21 | -1.832 35 | -0.753 94 | -0.450 42 | -0.994 89 | 22 |
| 黑色金属矿采选业 | -0.695 93 | -2.950 50 | -0.794 09 | -1.019 24 | -1.163 57 | 23 |

## 三、恩施州劣势产业选择建议

由表7.10可以看出，黑色金属矿采选业，黑色金属冶炼和压延加工业，通用设备制造业，纺织服装、服饰业，造纸和纸制品业，印刷和记录媒介复制业，纺织业得分排名靠后；表7.4数据显示，专用设备制造业、印刷和记录媒介复制业、煤炭开采和洗选业的相对效率排名靠后。

综合以上分析及恩施州实际情况，最终将黑色金属矿采选业、黑色金属冶炼和压延加工业、造纸和纸制品业、专用设备制造业、印刷和记录媒介复制业、煤炭开采和洗选业定为恩施州的劣势产业。

# 第三节 恩施州劣势产业的退出

劣势产业退出是优胜劣汰的必然结果，也是资源有效配置的现实需要。劣势产业的退出并不是完全淘汰企业，而是退出落后的生产能力。通常认为，产业退出分为绝对退出和相对退出。绝对退出是指区域内资源条件和市场需求的变化，使产业在某区域内消失；而相对退出是指在市场竞争中丧失比较优势，造成其占比的下降（赵志囡，1999）。

劣势产业的退出必须坚持两个原则：一是以市场为基础，遵循市场运行规律，充分发挥市场对资源配置的决定性作用；二是以政策为导向，政府要发挥好对宏观经济的调控作用，响应国家政策，积极推动恩施州的劣势产业有序退出。

## 一、恩施州劣势产业的退出方式

《国务院关于进一步加强淘汰落后产能工作的通知》中提到，对产能过剩行业坚持新增产能与淘汰产能"等量置换"或"减量置换"的原则,支持优势企业通过兼并、收购、重组落后产能企业,淘汰落后产能。《国务院关于化解产能严重过剩矛盾的指导意见》中提到,"消化一批、转移一批、整合一批、淘汰一批"过剩产能,坚决淘汰落后产能,落实等量或减量置换方案,促进行业内优势企业跨地区整合过剩产能,支持兼并重组企业整合内部资源,鼓励和引导非公有制企业通过参股、控股、资产收购等多种方式参与企业兼并重组。

结合国家相关政策和恩施州实际情况,恩施州的劣势产业退出可以考虑采用以下几种方式:

1)清算破产。如果某行业经营状况欠佳,在某区域内长时期大面积亏损,资产负债率过大,而且设备老化,没有发展潜力,这种行业应果断予以破产,最大限度地减少亏损。例如,恩施州煤炭开采和洗选业,2015年规模以上企业35家,亏损5家;在湖北省2014年淘汰煤炭落后产能的工作中,选定恩施州利川磨朝湾煤矿有限责任公司、咸丰县咸南煤矿有限公司关闭退出。2016年,恩施州煤炭行业化解过剩产能关闭退出煤矿共13家(表7.11)。

表7.11 2016年恩施州煤炭行业化解过剩产能关闭退出煤矿名单

| 序号 | 退出煤炭企业名称 | 退出时间 |
| --- | --- | --- |
| 1 | 咸丰县中坝坨田煤矿有限责任公司中坝坨田煤矿 | 2016.9.22 |
| 2 | 咸丰县郭家槽煤矿有限责任公司郭家槽煤矿 | 2016.9.22 |
| 3 | 鹤峰县枫树坪煤业有限公司枫树坪煤矿 | 2016.9.23 |
| 4 | 鹤峰县正兴工业有限公司蔡坡煤矿 | 2016.9.23 |
| 5 | 宣恩县天地矿业有限公司观音山煤矿(原沙山煤矿) | 2016.9.23 |
| 6 | 宣恩县天地矿业有限公司黑金山煤矿(原王家垭煤矿) | 2016.9.23 |
| 7 | 巴东县黄秋树湾煤矿有限责任公司黄秋树湾煤矿 | 2016.9.26 |
| 8 | 巴东县野三关矿业有限责任公司东坡二号井煤矿 | 2016.9.26 |
| 9 | 来凤县张家湾煤矿有限公司张家湾煤矿 | 2016.9.23 |
| 10 | 来凤县黑洞塘煤矿有限公司黑洞塘煤矿 | 2016.9.23 |
| 11 | 来凤县陈家坨煤矿有限公司楠木垭煤矿 | 2016.9.23 |
| 12 | 利川市曾家沟煤业有限责任公司曾家沟煤矿 | 2016.9.27 |
| 13 | 利川市陈家湾煤矿有限责任公司陈家湾煤矿 | 2016.9.27 |

2)兼并重组。在某个行业内,如果部分企业因为某些原因无法继续正常运行,但企业内依然拥有优势资产或者技术,同时考虑到员工等各方面利益,按照一定的程序可与该行业内的优势企业实行兼并,合并资产和负债,清除不良资产(魏寅,2015)。例如,恩施州黑色金属矿采选业,矿产属于恩施州六大传统优势

工业之一，仍然具有较强竞争力，可以选择兼并重组，淘汰落后产能，提高产业集中度。

3）改造升级。如果某个行业因管理或者技术欠佳导致发展滞后，而行业内仍有先进设备、优秀人才，具有一定发展潜力，可通过改造技术装备水平，调整产品结构，改善和提升产业整体素质的方式促进行业的发展。例如，恩施州煤炭开采和洗选业中的部分企业，在湖北省2014年淘汰煤炭落后产能的工作中，完成了升级改造，生产能力得到很大提升（表7.12）。

表7.12　2014年恩施州煤炭开采和洗选业部分企业改造情况　　单位：万吨/年

| 企业名 | 生产能力 改造前 | 生产能力 改造后 |
| --- | --- | --- |
| 恩施州建始耐火材料厂煤矿有限责任公司宝塔岩煤矿 | 1 | 9 |
| 恩施州利川陈家湾煤矿有限责任公司 | 3 | 9 |
| 恩施州咸丰县狗耳山煤矿有限责任公司 | 3 | 9 |
| 恩施州咸丰县五丘田煤矿有限责任公司 | 3 | 9 |
| 恩施州鹤峰桃山煤业有限公司 | 3 | 6 |
| 恩施州鹤峰县金竹园煤炭有限公司 | 3 | 6 |
| 巴东江北矿业集团边连坪煤矿有限公司 | 3 | 9 |
| 恩施州来凤县滑石板煤矿有限公司 | 3 | 6 |
| 恩施州咸丰县菱角塘煤矿有限责任公司 | 3 | 6 |
| 恩施州建始五宝树煤矿有限责任公司 | 3 | 6 |
| 恩施州建始红岩煤矿有限责任公司天鹅池煤矿 | 3 | 9 |
| 恩施州建始金源煤矿有限责任公司 | 3 | 6 |
| 恩施州建始煤炭湾煤矿有限责任公司 | 3 | 6 |
| 恩施州太阳矿业有限公司道路湾煤矿 | 3 | 6 |
| 恩施州利川青山煤矿有限责任公司 | 3 | 9 |
| 恩施州鹤峰县枫树坪煤业有限公司 | 3 | 6 |
| 恩施州六号井煤矿有限责任公司 | 3 | 6 |

4）转移。由于原材料供给、生态环境等因素的制约，不适合在当地发展，但仍具有一定市场并有发展空间的产品，可以考虑向其他具有地域优势的区域转移。例如，恩施州印刷和记录媒介复制业，印刷业作为我国新闻出版业的重要组成部分，兼具文化产业和加工工业的双重属性，是我国国民经济重要产业部门，然而印刷业属于污染行业，特别是包装装潢及其他印刷中使用溶剂型油墨或溶剂型涂料的印刷生产环节被定为高污染行业。同样，造纸和纸制品业属于高能耗行

业，且属于国家规定淘汰落后产能的行业之列，可选择转移方式退出。

5）转产。某些企业，产品性能落后，科技含量低，已不适应企业的发展。可以考虑转向生产或经营其他产品，通过企业改革，开发新的以适应市场的高科技产品，以更快的速度来促进企业获得新的生命力。例如，恩施州专用设备制造业，2015年规模以上企业只有一家，规模以下企业如鹤峰县生发机械制造有限公司、建始县华美农用机械制造有限责任公司主要经营原始农用器械，科技含量较低，可考虑开发新的器械设备，以适应恩施州农业现代化的发展。

## 二、恩施州劣势产业退出障碍

退出障碍是指现有产业在市场前景不好、业绩不佳时意欲退出市场，但由于各种因素的阻挠，资源不能顺利转移出去。一般分为两种，一种是破产时的退出（被动或强制），另一种是向其他产业转移（主动或自觉）时的退出（施金亮和凌云，2008）。

恩施州劣势产业退出障碍不仅包括资本障碍、垄断歧视障碍、社会和谐成本、制度障碍。

**1. 资本障碍**

1）固定成本。固定成本是指总额在一定时期和一定业务量范围内，不受业务量增减变动影响而能保持不变的成本。例如，机器、厂房等成本，这部分不能收回的费用也叫埋没费用或沉没成本，埋没费用越大，退出越难，损失也就越大。表7.13为2015年恩施州劣势产业的固定资产及其占比，除造纸和纸制品业占比较少以外，其他五个行业占比都接近或超过50%。

表7.13　2015年恩施州劣势产业固定资产及其占比

| 劣势产业 | 固定资产合计（千元） | 资产总计（千元） | 固定资产占比（%） |
| --- | --- | --- | --- |
| 黑色金属矿采选业 | 16 191 | 33 318 | 48.6 |
| 黑色金属冶炼和压延加工业 | 41 155 | 65 863 | 62.5 |
| 专用设备制造业 | 5 184 | 9 849 | 52.6 |
| 造纸和纸制品业 | 72 534 | 351 380 | 20.6 |
| 印刷和记录媒介复制业 | 32 172 | 63 471 | 50.7 |
| 煤炭开采和洗选业 | 831 340 | 1 631 271 | 49.4 |

2）资产专用性障碍。某些专用性很强的资产在很多情况下很难转卖，这部分资产不能或者极少能收回。例如，恩施州劣势产业中的造纸和纸制品业，就是属于资产专用性很高的产业。

3) 劳动力安置成本。劣势产业退出后需要给职工重新安排工作或者支付一定的退职金和解雇工资，或者为了让工人改行而安排转岗培训，这些费用是劣势产业退出时需要支付的一大笔资金，也形成了退出障碍。恩施州产业多属于劳动密集型产业，加之劳动力文化程度相对较低，这将导致产业退出时形成的劳动力安置成本更高。

4) 违约成本。产业退出会带来各种契约违约所要支付的违约费用，提前终止劳动力合同需要支付补偿金，这就形成了违约成本带来的障碍。

5) 债务障碍。需要退出的劣势产业往往是一些亏损严重的企业，一般都与银行有着密切的债权债务关系，如果要选择退出，必然会遭到银行的强烈反对。

**2. 垄断歧视障碍**

劣势产业退出可选择资产转移的方法，在转移过程中，吸纳转移资金的优势产业会因为其技术、市场等的垄断地位，在资产购买、兼并过程中，对转移资产采取故意压低价格的手段，形成一种不公平的交易行为，这也在一定程度上阻碍着劣势产业的有序退出。

**3. 社会和谐成本**

1) 失业和再就业问题。劣势产业退出必然会产生大量失业人员，非自愿失业率会显著上升，大量失业人员面临巨大的就业压力，为社会和谐带来一定挑战。

2) 社会保障问题。恩施州在养老、失业保险等方面虽然取得了一些成就，但面对恩施州处于严重赤字的财政资金（表7.14），劣势产业的退出会对其带来很大的挑战。

表7.14  2010~2015年恩施州财政收支情况　　　　　单位：万元

| 年份 | 财政总收入 | 财政总支出 |
| --- | --- | --- |
| 2010 | 559 626 | 1 297 929 |
| 2011 | 719 516 | 1 601 383 |
| 2012 | 909 783 | 1 796 939 |
| 2013 | 1 066 007 | 2 166 942 |
| 2014 | 1 186 320 | 2 163 214 |
| 2015 | 1 320 525 | 3 325 926 |

资料来源：2011~2016年恩施州的统计年鉴

**4. 制度障碍**

没有明确的法律规定劣势产业的认定标准、认定程序等，在劣势产业退出的主体、善后处理方式等方面的法律法规也相当缺乏，这在很大程度上形成了对劣势产业有序退出的阻碍。

## 三、促进恩施州劣势产业退出的政策和手段

劣势产业的退出,意味着地区产业结构均衡将被打破,为此需要支付"退出成本"。恩施州劣势产业"退出成本"主要包括:退出产业的资产处置成本;恩施州 GDP 和财政收入可能在短时间内下降;加剧恩施州本已很严重的就业矛盾,甚至影响社会稳定;传统产业链遭到破坏,需要重新建立。上述任一问题都会对经济健康稳定发展产生影响,因此,必须统揽全局,制定详尽的退出政策,保证劣势产业的有序退出,又不至于影响恩施州经济的正常运行。

1)完善劣势产业退出工作机制并加强引导。第一,恩施州政府要完善对劣势产业的界定以及退出程序这一工作体系。加强产业数据的收集、整理和分析,建立科学合理的统计追踪体系和定期评估制度,及时识别劣势产业;建立和完善科学的劣势产业退出标准、程序等;制定恩施州限制发展、鼓励发展的产业名录,让相关产业及早做好准备,尽量降低退出成本,引导劣势产业的退出。恩施州政府为加强对全州淘汰落后产能工作的组织领导,成立了淘汰落后产能工作领导小组,全面监督和引导劣势产业的退出。第二,恩施州政府要加快制定和完善劣势产业退出的法律法规。加快制定劣势产业的认定、退出方面的专门法律,明确认定标准、认定程序、退出办法等,规定劣势产业退出工作各方的权利、义务,并制定相应的法律救济、行政救济手段。

2)制定劣势产业退出援助政策。由政府设立产业退出援助基金,给需要退出的劣势产业以资金支持。例如,恩施州人民政府在《恩施州煤炭行业化解过剩产能工作实施方案》中提到,享受奖补资金的关闭煤矿应符合以下条件:企业主动提交化解过剩产能关闭煤矿申请,与县市政府签订关闭煤矿协议,并按时按标准完成关闭工作;企业积极稳妥、依法规自主完成职工安置分流,无相关遗留问题。

3)建立健全社会保障机制。第一,建立健全社会保障基金的运营和管理制度。政府要采取有效措施,按时足额收取社会保障金,确保下岗职工安置所需保障金的来源,切实保障下岗职工的基本生活。为了完善失业保险制度,恩施州从 2015 年 3 月 1 日起,失业保险费率由 3% 降至 2%,其中,用人单位缴费比例由 2% 降至 1.5%,个人缴费比例由 1% 降至 0.5%。第二,建立健全职工再就业机制。劳动管理部门应建立就业服务信息网络,采集社会各行各业的用工信息,引导职工重新就业(李玲,2006);加快市场中介机构建设,加快建立如职业介绍所、再就业服务中心等机构,帮助下岗职工再就业;建立职工

再就业培训机制，建立多领域、多专业的培训体系，提高下岗职工的技能水平和业务水平。

4）转变思维方式，改革政府政绩评价体系。第一，对地方政府进行政绩考核时，应更多关注区域间合作所取得的成绩，这样能有效激励地方政府间的合作，从而使地区经济优势得到互补和充分发挥，使政府职能得到有效发挥。第二，将多个考核指标纳入政绩考核体系，如环保指标、产业绩效指标等。同时，要加强中央对地方政府的监督。

# 第八章 长阳县劣势产业的退出

长阳县位于武陵山片区东北角，全县海拔为 48.7~2259.1 米，气候呈"立体型"多样性分布。气候的多样性决定了农作物生长的多样性，温凉的高山气候使其生产的农产品都具有反季节的特性，"火烧坪球白菜"就是利用独特的高山气候特点生产的反季节蔬菜。20 世纪 90 年代以来，湖北省对清江流域进行梯级开发，长阳境内形成了"一坝（隔河岩大坝）两库（隔河岩水库、高坝洲水库）"的独特景观，清江已变成绵延数百公里的梯级长湖，与神农架、武当山、长江三峡齐名，并称为湖北四大甲级旅游资源区。长阳清江画廊旅游度假区是国家 5A 级旅游景区，长阳县被命名为"湖北旅游强县"。长阳县矿产资源同样十分丰富，已探明矿产地 70 余处，矿种 30 余种，占湖北省发现矿种的 57%，不少矿藏储量丰富，品位高，地质条件优越，易于勘探和开采。煤炭已探明储量 1.3 亿多吨，煤炭业一直是长阳县工业经济的重要支柱，1989 年，长阳县被纳入中国 100 个重点产煤县之一。长阳县在经济发展的摸索中，逐渐降低了对煤炭开采等具有高污染、高破坏性特征行业的依赖，转而发展旅游产业、特色农业以及大健康食品行业。但是，减少依赖不是完全摒弃，其经济发展与环境保护之间的矛盾仍然很突出。在倡导绿色发展的今天，研究长阳县劣势产业的退出，让高污染低效率的产业有序退出，从长远来看，不仅对该地区自身经济结构升级转型具有重大意义，同时对于解决当地经济发展与环境保护之间的矛盾也具有重要意义。

## 第一节 长阳县产业发展现状

### 一、长阳县产业经济发展概况

长阳县是一个集老、少、山、穷、库于一体的特殊县份，经济基础薄弱。但是，随着近些年当地政府结合自身资源条件对旅游产业、大健康食品产业、新型矿产业等产业进行大力扶持发展，长阳县每年都保持较高水平的经济增长率，其经济水平已经迈上了一个新的台阶。如表 8.1 所示，长阳县 2006~2015 年 GDP 一直保持着高增长，尤其是 2009~2013 年，连续保持年增长率在 12% 以上，在

2012年甚至达到了17%的增长率。较高经济增长率的保持，一定是以一定支柱型经济产业的发展为支撑的。

表8.1  2006~2015年长阳县GDP增长变化

| 年份 | GDP（万元） | 人均GDP（万元） | 人均GDP发展速度（%） |
| --- | --- | --- | --- |
| 2006 | 335 020 | 8 116 | 107.4 |
| 2007 | 396 465 | 9 506 | 110.2 |
| 2008 | 401 812 | 9 921 | 104.4 |
| 2009 | 474 534 | 11 717 | 112.1 |
| 2010 | 561 786 | 13 870 | 115.8 |
| 2011 | 752 985 | 18 480 | 115.5 |
| 2012 | 882 638 | 21 650 | 117.2 |
| 2013 | 1 005 094 | 24 990 | 115.4 |
| 2014 | 1 098 758 | 27 298 | 109.2 |
| 2015 | 1 204 626 | 31 047 | 113.7 |

资料来源：《长阳县统计年鉴》（2007~2016年）

产业经济学一般将产业经济分为三个层次，第一层次以同一商品市场为根据进行划分，即产业组织；第二层次以技术技术和工艺的相似性为根据进行划分，即产业联系；第三层次以经济活动的阶段为根据，将国民经济划分为若干大部分所形成的产业，即产业结构。考察产业经济的产业结构的变化，有利于我们直观地观察到一个地区经济结构重心的变化，以及该地区经济的发展方向和趋势。根据世界上通用的三次产业划分法，可以根据社会生产活动历史发展的顺序对产业结构进行划分。产品直接取自自然界的部门称为第一产业，对初级产品进行再加工的部门称为第二产业，为生产和消费提供各种服务的部门称为第三产业。长阳县的产业结构随着经济发展重心的不断转移，也不断进行了优化调整。

从长阳县1996~2015年的产业结构变化中，我们既能够看到其结构变化的普遍性，也能够看到其自身的特殊性。如表8.2所示，在2006年之前第一产业占比不断下降，到2006年占比为22.20%，而第二产业和第三产业占比分别为31.90%和45.90%。这一变化符合产业结构高级化的变化趋势，即产业结构的重心由第一产业向第二产业和第三产业逐次转移，尤其是第三产业占比在长阳县产业结构中达到了40%左右。这是长阳县产业结构发展过程中的普遍性，其特殊性表现在2006年以后，其第一产业的占比不降反升，到2012年甚至达到了近二十年第一产业占比的峰值33.50%，其第二产业的占比逐步下降。这一变化在产业结构的发展中是非常特殊的，可以说其不符合产业结构高级化的发展方向。但是结合长阳县近十年来的产业发展布局,可以发现其变化的合理性。由于长阳县具有独特的"立体型"气候条件,其农业的发展一直具有天然优势。在对特色农业发展的不断摸索中,长阳县形成了"高山菜、中山油、低山茶、河边橘、清江鱼"的"立体型"特色农业产业结构。除此之外还有魔芋、中药材、烟叶、马铃薯等农作物,在近年来出现了一批规模化生态农业开发公司,相关农业产业得到了长足发展。所以说,第一产业占比有所上升,是符合长阳县自身发展条件的一种结构性调整。除此之外,第三产业占比虽然也有跨越式的发展,但是同样在2006年出现了转折。在2006年达到45.90%以后,其占比逐步下降,到2015年时,其占比为39.57%。与我国第三产业占比相比有所偏低,主要原因是农业产业在其县域经济中占比较大。随着长阳县城镇化进度的不断推进,以及旅游产业品牌效应的不断发酵,其第三产业还有着巨大的发展空间。

表8.2 1996~2015年长阳县产业结构变化　　　　　单位:%

| 年份 | 第一产业 | 第二产业 | 第三产业 |
| --- | --- | --- | --- |
| 1996 | 29.00 | 49.30 | 21.70 |
| 1997 | 29.00 | 46.00 | 25.00 |
| 1998 | 24.90 | 45.10 | 30.00 |
| 1999 | 26.00 | 40.80 | 33.20 |
| 2000 | 25.10 | 38.80 | 36.10 |
| 2001 | 25.80 | 36.30 | 37.90 |
| 2002 | 21.80 | 37.00 | 41.20 |
| 2003 | 22.30 | 35.30 | 42.40 |
| 2004 | 26.00 | 30.90 | 42.10 |
| 2005 | 23.20 | 32.80 | 44.00 |
| 2006 | 22.20 | 31.90 | 45.90 |
| 2007 | 23.90 | 33.30 | 42.80 |
| 2008 | 32.30 | 23.40 | 44.30 |
| 2009 | 30.00 | 25.20 | 44.80 |
| 2010 | 30.10 | 26.90 | 43.00 |
| 2011 | 31.20 | 29.50 | 39.30 |
| 2012 | 33.50 | 29.20 | 37.30 |
| 2013 | 32.43 | 30.74 | 36.83 |
| 2014 | 31.07 | 30.59 | 38.34 |
| 2015 | 29.21 | 31.22 | 39.57 |

资料来源:《长阳县统计年鉴》(1997~2016年)

## 二、长阳县支柱产业发展情况

**1. 旅游业**

长阳县旅游资源丰富，具有自然风光和巴土文化人文景观相结合、生态良好的特点。重点景区集中在清江沿岸和县城龙舟坪周边，清江隔河岩和高坝洲水利枢纽工程的兴建，使长阳形成"一坝两库"的新格局。在东西三百多里[①]的地域内，山水自然风韵、远古人文胜迹、革命文物旧址和雄伟的现代化建筑工程以及土家族特有的民族文化，都以极其丰富的内涵而引人入胜。域内有"长阳人"化石洞、盐井寺、香炉石遗址、天柱山古建筑群、李发轫夫妇墓5处省级文物保护单位，枝柘坪红三军军部旧址、麻池革命旧址群、天主教堂、七十七烈士纪念碑、石柱观、鸣凤塔、观音阁、自在宫8处市级文物保护单位和22处县级文物保护单位，各类景点46处。主要景区景点有5A级清江画廊旅游度假区、4A级中武当•天柱山旅游度假区、3A级丹水风景旅游区、3A级麻池古寨旅游景区、清江画廊•清江古城文化旅游度假区、巴国故都旅游景区、盐池温泉度假村、椿坪木瓜花都景区、毕兹卡民俗文化村《下里巴人》、"长阳人"遗址、巴王洞、石柱观、愚人岛、幸福农庄乡村旅游点等。

近几年来，长阳县的旅游产业取得了较快的发展，其发展主要体现在接待游客规模、新增项目投资、旅游产品品牌运营、旅游产业链的延伸等几个方面。2015年长阳县接待游客601万人次，旅游总收入达50.1亿元，分别比同期增长24.8%、26.7%，旅游经济连续十年大幅增长。长阳县先后获得"全省旅游发展先进单位""全市旅游产业发展先进单位"称号，清江画廊旅游度假区获得"湖北省十佳旅游景区""广东省国民旅游休闲示范单位""全市旅游产业领军企业""全县民族团结进步模范集体"等称号。而在新增投资方面，仅2014年一年，长阳县就有云榭村庄旅游区、铜宝山奥运村旅游项目和椿坪香龙山生态林业休闲度假项目3个旅游项目进行签约。同时还有清江画廊旅游度假区转型升级，天柱方山、盐池温泉、清江春天、偎阳古镇、向王寨、隔河岩度假村四星级改造等在建项目。2014年长阳县全年旅游行业就完成固定资产投资5.6亿元。长阳县旅游经济的快速发展，除了得益于当前旅游消费市场大环境，搭上了全国旅游发展的快车，长阳县政府对旅游产业的重视和经营也起到了决定性的作用。长阳县政府十分重视旅游产业的发展，为了做精做实旅游产业，坚定不移地把旅游业作为战略性支柱产业，大力发展观光农业、工业旅游和商业旅游，致力于完成"全域旅

---

① 1里=500米。

游、半壁江山"的目标。

除了观光旅游的开发,长阳县旅游产业链的各个环节都发展迅速。截至2015年底,长阳县旅游商品生产品种62种,旅游流动资产15 134万元,宾馆饭店床位2980张,总接待能力4358张。全县旅游车辆363辆,载客总座位4230座;旅游船只72艘,载客总座位3680座。同时,旅游经济的发展带动了长阳县餐饮和住宿等服务业的发展,新开业了一批服务于休闲旅游、商务接待的星级酒店。除此之外,全县大力引导旅游商品的开发,积极与县内农业产业化重点企业加强联系,开发以西兰卡普、根艺盆景、清江奇石、少数民族特产为龙头的60多种旅游商品,将长阳县独特的土家文化和各种农副产品与旅游经济结合起来,不仅丰富了旅游产业,而且增加了旅游收入。1995~2015年长阳县旅游接待游客人数和营业收入变化见表8.3。

表8.3 1995~2015年长阳县旅游接待游客人数和营业收入变化

| 年份 | 接待游客人数(万人次) | 营业收入(万元) |
| --- | --- | --- |
| 1995 | 20 | 2 997 |
| 1996 | 27 | 4 077 |
| 1997 | 41 | 5 004 |
| 1998 | 51 | 6 340 |
| 1999 | 60 | 8 436 |
| 2000 | 71 | 21 837 |
| 2001 | 81 | 29 600 |
| 2002 | 71 | 26 500 |
| 2003 | 42 | 12 500 |
| 2004 | 68 | 19 800 |
| 2005 | 80 | 27 574 |
| 2006 | 94 | 34 041 |
| 2007 | 109 | 42 148 |
| 2008 | 122 | 50 375 |
| 2009 | 136 | 58 086 |
| 2010 | 165 | 90 959 |
| 2011 | 226 | 127 600 |
| 2012 | 302 | 181 043 |
| 2013 | 401 | 319 950 |
| 2014 | 500 | 405 324 |
| 2015 | 601 | 501 419 |

资料来源:《长阳县统计年鉴》(1996~2016年)

## 2. 采矿业

长阳县拥有十分丰富的矿产资源,其中已经探明的煤矿地质储量为13 700万吨,主矿区面积为250平方公里,适宜中小规模开采。锰矿储量为3700万吨,属于全国八大锰田之一。已经探明的铁矿储量为54 800万吨,极具潜在开发价值。从《长阳县统计年鉴》(2016年)中可以看到,长阳县2015年采矿业工业总产值为70 759万元,其中煤炭采选、锰矿采选和铁矿采选分别实现产值16 843万元、45 025万元和11 373万元。从数据上来看,长阳县锰矿采选业实现产值最大,分别为煤炭采选业和铁矿采选业的2.7倍和3.9倍。

据《长阳县志》记载,清朝乾隆十九年(1754年),长阳就有了煤炭开采记录。中华人民共和国成立以后,长阳煤炭工业在1997年达到顶峰,全县煤炭产量首次突破百万吨大关,达到138万吨,矿井总数达到216处。1997年,关闭和取缔了一批不具备基本安全生产条件的矿井,全县煤矿矿井总数下降到55处,全县共投入整改资金1300余万元,55处矿井全部配置了系统完备的安全设施。近几年来长阳县煤炭行业紧紧围绕"统筹规划、行业管理、执法检查、合理开发"的十六字方针,坚持依靠科技进步,走"资源利用率高、安全有保障、经济效益好、环境污染少"的可持续发展道路,截止到2014年底,全县全年生产原煤70万吨,实现工业增加值1.5亿元,同时对不符合规定的煤矿企业进行了大面积的清理,全县仅存生产矿井18家,技改矿井13家。长阳县的煤矿产业虽然曾经在经济构成中占非常重要的地位,但是随着市场变化以及长阳县经济发展思路的转变,煤炭产业经济占比越来越低,经营企业和矿井数量也越来越少。而且经过长期的开采,一些矿山被掏空引发了地质灾害,煤炭开采引发环境破坏的问题凸显出来。

长阳县同样拥有丰富的锰矿资源和铁矿资源,以此为基础,长阳县2015年锰加工产业完成产值106 166万元。在为长阳县的经济增长做出了巨大的贡献的同时,长阳县锰行业也存在着发展重工业企业所必然面临的种种问题。无论是矿石的开采,还是电解锰的生产,都对长阳县的环境造成了不可忽视的破坏。而随着长阳县旅游产业的地位越来越高,保护环境成为在发展经济过程中不可忽视的一项重要任务,所以在发展煤炭采选业和黑色金属矿采选业过程中所引起的环境问题,应该引起我们的重视。

## 3. 农副产品加工及食品制造业

长阳县独特的"立体型"气候非常适合农业尤其是特色农业的发展,而且从长阳县的产业结构变化中也可以看到,第一产业农业占比在近十年来不降反升的态势,足以说明了农业在长阳县经济发展中的地位,给以特色农产品为基础发展的农副产品加工业和食品制造业提供了很好的发展基础。长阳县以此为基础,发展起来了一批农副产品加工和食品制造的企业。其中最具代表的有湖北一致魔芋生物科技有限公司、长阳清江鹏博开发有限公司、湖北老巴王生态农业发展有限公司和湖北任森农业科技发展股份有限公司等一批企业。

长阳县的经济发展将"靠山吃山靠水吃水"表现得淋漓尽致,除了魔芋和水产养殖外,高山蔬菜、绿茶、柑橘等产业都有相关的深加工产业,而且都打造出了"清江碰柑""火烧坪球白菜"等一批响亮的品牌。以特色农产品为基础的深加工企业和制造企业,不仅为长阳县经济发展找到了新的出路,同时也为长阳县经济绿色发展添砖加瓦。

## 第二节  长阳县劣势产业的选择

根据《长阳县统计年鉴》的数据资料,选取了煤炭开采和洗选业,黑色金属矿采选业,农副产品加工业,食品制造业,饮料制造业,造纸和纸制品业,化工原料和化学制品制造业,非金属矿物制造业,黑色金属冶金和压延加工业,专用设备制造业和电力、蒸汽、热水生产和供应业 11 个产业的相关数据,用数据包络分析法对相关数据进行了分析。

### 一、确定指标

在运用数据包络分析法(DEA)时,首先需要确定的是产业的投入产出指标。本研究的投入产出指标如下:投入指标包括劳动力投入额($x_1$)、固定资产合计($x_2$);产出指标包括利税总额($y_1$)、产品销售产值($y_2$)。长阳县 11 个产业的产业投入产出指标见表 8.4。

表 8.4  长阳县主要产业投入产出指标

| 投入产出指标 |  | 煤炭开采和洗选业 | 黑色金属矿采选业 | … | 电力、蒸汽热水生产和供应业 |
|---|---|---|---|---|---|
| 投入指标 | 劳动力投入额 $x_1$ | $x_{1.1}$ | $x_{1.2}$ | … | $x_{1.11}$ |
|  | 固定资产合计 $x_2$ | $x_{2.1}$ | $x_{2.2}$ | … | $x_{2.11}$ |
| 产出指标 | 利税总额 $y_1$ | $y_{1.1}$ | $y_{1.2}$ | … | $y_{1.11}$ |
|  | 产品销售产值 $y_2$ | $y_{2.1}$ | $y_{2.2}$ | … | $y_{2.11}$ |

### 二、建立模型

根据 DEA 模型的推导,第 $k$ 个产业的相对有效模型为

$$\begin{cases} \min \theta_k \\ \sum_{j=1}^{11} X_j \lambda_j + s^- = \theta_k X_k \\ \sum_{j=1}^{11} X_j \lambda_j + s^+ = Y_k \\ \lambda j \geqslant 0, \ j = 1, 2, \cdots, 11 \\ s^+ \geqslant 0, \ s^- \geqslant 0 \end{cases}$$

可将上述的约束条件变为

$$\min \theta_k$$
$$\text{s. t.} \begin{cases} X_1 + \lambda_2 X_2 + \cdots + \lambda_{11} X_{11} \leqslant \theta_k X_k \\ \lambda_1 Y_1 + \lambda_2 Y_2 + \cdots + \lambda_{11} Y_{11} \geqslant Y \end{cases}$$

将表中数据带入上述约束条件可得

$$\begin{cases} \lambda_1 x_{1.1} + \lambda_2 x_{1.2} + \cdots + \lambda_{11} x_{1.11} + s^- = \theta_k x_{1.k} \\ \lambda_1 x_{2.1} + \lambda_2 x_{2.2} + \cdots + \lambda_{11} x_{1.11} + s^- = \theta_k x_{2.k} \\ \lambda_1 y_{1.1} + \lambda_2 y_{1.2} + \cdots + \lambda_{11} y_{1.11} - s^+ = y_{1.k} \\ \lambda_1 y_{2.1} + \lambda_2 y_{2.2} + \cdots + \lambda_{11} y_{2.11} - s^+ = y_{2.k} \end{cases}$$

这样就得到了一个线性规划，接下来可以用求解线性规划的方法来求解 $\theta_k$ 的最小值。将相应数据带入 DEA 模型，运用运筹学软件 WinQSB 来求解，可以得到长阳县 11 个产业的相对效率（表 8.5）。

表 8.5 长阳县产业的相对效率

| 编号 | 产业名称 | 相对效率 | 排序 |
| --- | --- | --- | --- |
| 1 | 煤炭开采和洗选业 | 0.19 | 10 |
| 2 | 黑色金属矿采选业 | 0.24 | 9 |
| 3 | 农副产品加工业 | 1 | 1 |
| 4 | 食品制造业 | 1 | 1 |
| 5 | 饮料制造业 | 0.62 | 5 |
| 6 | 造纸和纸制品业 | 0.17 | 11 |
| 7 | 化工原料和化学制品制造业 | 0.66 | 4 |
| 8 | 非金属矿物制造业 | 0.43 | 6 |
| 9 | 黑色金属冶炼和压延加工业 | 0.42 | 7 |
| 10 | 专用设备制造业 | 0.35 | 8 |
| 11 | 电力、蒸汽、热水生产和供应业 | 1 | 1 |

由上面的计算结果筛选出了相对效率小于0.6的6个产业分别为煤炭开采和洗选业、黑色金属矿采选业、造纸和纸制品业、非金属矿物制造业、黑色金属冶炼和压延加工业、专用设备制造业。这些产业相对于其他的五个产业相对有效性较低，应划归于长阳县的劣势产业。

## 第三节 退出的劣势产业

根据数据包络分析法的结论可以看出，长阳县的煤炭开采和洗选业、黑色金属矿采选业、造纸和纸制品业、非金属矿物制造业、黑色金属冶炼和压延加工业、专用设备制造业在其11个工业产业中相对效率较低，应该引导这6个产业逐步退出。劣势产业的退出应该遵循两个大的方向，第一，坚持市场导向，充分利用市场规律，发挥市场对资源配置的决定性作用，引导没有经济效益的产业自愿退出市场。第二，充分发挥政策导向，发挥政府对宏观经济的调控作用，对于那些与本地经济发展规划相违背的产业，通过出台地方政策引导其退出市场。不同的方向和方法引导弱势产业的退出有不同的优势和劣势，对政府来说，遵循市场规律引导弱势产业的退出是一种低成本的方式，而且不会与企业存在冲突和矛盾，执行起来困难较小。但是其弊端就是完成退出任务的时间不能确定，退出效率低。运用政策手段引导产业的退出，其优势是效率高，缺点是要付出较高的成本，而且如果解决得不好，容易与企业产生冲突，甚至引发社会矛盾。长阳县应该结合六大劣势产业的具体现状，灵活运用市场和政策两大工具，分别制定退出策略。在大的方向选择上，应该坚持一个标准，即应该退出的劣势产业是否会对环境造成污染。如果该产业会对环境产生污染，那么应该选择通过政策导向，及时引导其退出长阳县产业的发展。如果不会对环境产生污染，可以选择遵循市场规律，使其自动退出产业发展。在长阳县六大劣势产业中，只有专用设备制造业不会对环境造成较大污染，其他的五大产业都会对自然环境造成污染和破坏。

### 一、煤炭产业的退出

《国务院关于进一步加强淘汰落后产能工作的通知》提出，以电力、煤炭、钢铁、水泥、有色金属、焦炭、造纸、制革、印染等行业为重点，按照《国务院关于发布实施〈促进产业结构调整暂行规定〉的决定》《国务院关于印发节能减排综合性工作方案的通知》《国务院批转发展改革委等部门关于抑制部分行业产能过剩和重复建设引导产业健康发展若干意见的通知》《产业结构调整指导目录》以及国务院制订的钢铁、有色金属、轻工、纺织等产业调整和振兴规划等文件规定的淘汰落后产能的范围和要求，按期淘汰落后产能。湖北省从 2015 年开始就着手安排省内煤矿产业的退出工作，根据湖北省省政府的指示安排，长阳县在 2015 年、2016 年相继关停了一部分煤炭生产企业。截至 2017 年，长阳县已有 16 家煤炭企业宣布关停，化解产能达到 102 万吨。长阳县政府对于主动退出的煤炭企业实施奖励，以鼓励煤炭企业自愿退出生产，2016 年长阳县人民政府预付 16 家关闭煤矿奖补资金总共 2000 万元。

虽然长阳县煤炭产业的退出工作已经取得了阶段性的成果，但是实现全域退出煤炭产业仍然还要继续努力。尤其是在退出的过程中，暴露出来了一些问题。第一，前些年政府鼓励煤矿企业投资开发矿山，导致企业投入了大量的固定资产，部分企业的投资额达到了几千万元甚至上亿元，如果短期内强制性关停这些企业，这些企业将面临着投资血本无归的情况，所以部分煤炭企业有强烈的抵触情绪。第二，从 2016 年以来，煤炭价格持续上涨，导致煤炭企业持续经营有高额的收益，煤炭企业更加不愿意在当前时期退出生产。长阳县政府应该从长阳县的长远利益出发，对于应该退出的落后产能，要坚决淘汰。不过在淘汰的过程中，要解决好与企业之间的冲突，适当地从企业的角度考虑，应该给予的奖补资金要及时到位。同时，还要解决好下岗工人的社保和工资结算问题，安排下岗工人进行新技能培训，引导其再就业。

## 二、黑色金属矿开采和冶炼产业的退出

长阳县黑金属矿产主要集中在锰矿和铁矿，其产值占长阳县工业产值的比例较大，尤其是锰矿的开采和深加工，经过多年的发展初步形成规模。长阳县锰矿开采及加工产业和铁矿产业具有一些相同点。第一，这两个产业近些年来市场价格低迷，企业亏损较为严重，导致企业生产的积极性不高。第二，这两个产业都对长阳县的生态环境造成了巨大的破坏，尤其是锰矿产业，不仅对长阳的清江河造成了直接的污染，同时还影响到了矿区周围居民的生产生活环境。第三，产业聚集性差，没有形成大的产业群，属于国家淘汰落后产能的范畴。本研究对长阳县 2011～2015 年黑色金属相关产业的利税情况进行对比，从表 8.6 和表 8.7 当中可以看出，这两个产业的利税额度基本呈现大幅下降的趋势。黑色金属采选业的国税完成数从 2012 年的 2674 万下降到了 2015 年的 135 万元，黑色金属冶炼和压延加工业的国税完成数从 2012 年的 3289 万元下降到了 2015 年的 91 万元。这也能从侧面反映出这两个产业中的企业在近几年的经营上出现了问题。综上来看，这两个产业应该和煤炭产业一样，通过政策引导其退出。政府应该出台退出奖励政策，引导相关的有实力企业进行转产，对于经营出现严重问题的企业，应该实行破产清算。

表8.6 劣势产业国税完成情况　　　　　　　　　　单位：万元

| 劣势产业 | 2011年 | 2012年 | 2013年 | 2014年 | 2015年 |
| --- | --- | --- | --- | --- | --- |
| 煤炭开采和洗选业 | 3 196 | 2 695 | 1 810 | 1 248 | 538 |
| 黑色金属采选业 | 2 460 | 2 674 | 2 230 | 1 795 | 135 |
| 造纸和纸制品业 | 34 | 118 | 48 | 32 | 74 |
| 黑色金属冶炼和压延加工业 | 3 161 | 3 289 | 1 938 | 1 027 | 91 |

表8.7 劣势产业地税完成情况　　　　　　　　　　单位：万元

| 劣势产业 | 2011年 | 2012年 | 2013年 | 2014年 | 2015年 |
| --- | --- | --- | --- | --- | --- |
| 煤炭开采和洗选业 | 1 548 | 1 361 | 866 | 832 | 226 |
| 黑色金属采选业 | 290 | 500 | 1 504 | 577 | 145 |
| 造纸及纸制品业 | 22 | 3 | 41 | 26 | 33 |
| 黑色金属冶炼和压延加工业 | 100 | 35 | 85 | — | — |

## 三、其他劣势产业的退出

在剩下的三个劣势产业当中，虽然应该采取的退出方式不尽相同，但是有两个共同的特征。第一，这三个产业在长阳县的经济发展中，所占的比例较小。第二，这些产业都是由一些小的公司或者厂商组成，而且行业的进入门槛较低。所以引导这些产业退出的可执行性强，应多从发展理念上抓起，下定决心退出这些产业。

长阳县非金属矿制造业主要是方解石的开采和加工产业，最近几年才大力发展，在长阳县发展时间较短。方解石的深加工需要消耗大量的水资源，同时废水的排放也会对周围的环境造成影响。该产业的入行门槛不高，所以退出的阻碍较小，政府应该通过出台相关政策，对方解石限制开采，引导其退出长阳县的发展。长阳县造纸产业规模较小，全县只有一家造纸厂，且规模并不大。但是造纸业属于高污染性的行业，不仅会消耗大量的水资源，而且排除的废气对空气有较大影响。造纸业作为长阳县的劣势产业之一，没有形成产业群体，但是一直是环保部门的重点监察对象。所以，长阳县应该从整体出发，通过出台政策，及早引导长阳县造纸业的有序退出，彻底排除这一污染隐患。

与其他的劣势产业不同，长阳县的专用设备制造业虽然也是经济效益较低的劣势产业之一，但是该产业的发展并不会对长阳县的自然环境造成污染和破坏，所以采取的退出方式也应该有所不同。对于专用设备制造业，应该选择通过市场规律来淘汰掉落后低效的产能。发挥市场规律的作用,引导其退出,不仅成本小,而且不会引发社会矛盾,符合经济发展规律。

## 第四节 劣势产业退出后带来的发展机遇

长阳县劣势产业的退出具有一定的战略意义。可以发现,长阳县的劣势产业,几乎都是对环境具有高污染、高破坏性的产业,虽然这些产业在历史上对长阳县经济的发展起到过巨大的推动作用,但是随着长阳县经济发展方向以及结构的转变,让这些高污染企业退出,具有一定的必然性。从经济结构的角度来讲,有序引导这些劣势产业的退出,不仅可有效提高经济资源的利用效率,而且可以很好地推进长阳县的供给侧结构性改革,实现经济的"腾笼换鸟"。从自然环境的角度来讲,污染企业的退出更有利于长阳县生态农业和旅游业的发展,长阳县正在完成以工业立县向以旅游产业立县的转变。尤其是近年来长阳县旅游产业正呈现出爆发性的增长,这些污染企业的退出有利于保护长阳的旅游景点和自然生态环境,能够为长阳县转变经济发展方式提供可靠的保障。

# 参 考 文 献

[美]爱德华·哈斯丁·张伯伦.2009.垄断竞争理论[M].周文译.北京:华夏出版社.
[美]约瑟夫·熊彼特.2009.经济周期循环论[M].叶华译.中国:长安出版社.
[美]西奥多·W.舒尔茨.2003.改造传统农业[M].梁小民译.北京:商务印书馆.
[英]威廉·配第.1978.政治算术[M].陈冬野译.北京:商务印书馆.
[苏]列宁.1984.列宁全集[M].北京:人民出版社.
巴曙松.2006.如何看待当前的"产能过剩"[J].首席财务官,(7):55-57.
保建云.2007.新贸易保护主义的新发展与中国的战略性贸易政策选择———基于弱势产业与贸易保护有效性的分析[J].国际贸易问题,(5):3-9,15.
陈刚.2004.论衰退产业调整的基本模式[J].探索,(2):81-83.
陈光兴.2010.中国传统农业的特征表现及改造[J].金融管理与研究,(6):33-36.
陈华,王海燕,梁惠萍.2012.政治关联与环境信息披露——来自我国重污染行业上市公司的经验证据[J].财会通讯,(24):69-72.
陈淮.1996.日本对衰退产业的调整政策及其借鉴[J].国际技术经济研究学报,(4):24-30.
陈军,李世祥.2011.中国煤炭消耗与污染排放的区域差异的实证研究[J].地球科学与环境学报,(8):72-79.
陈明森.2006.产能过剩与地方政府进入冲动[J].天津社会科学,(5):84-88.
陈迅.2002.老工业基地劣势产业的界定与选择[J].重庆大学学报(自然科学版),(11):34-37.
陈迅,秦廷奎.2001.关于重庆退出劣势产业的研究——优化重庆产业结构的新思路[J].重庆大学学报(社会科学版),7(2):6-8.
程选.2001.我国地区比较优势研究[M].北京:中国计划出版社.
戴春浩,宁平,田森林,等.2009.对比重污染行业上市公司环境保护核查与环境影响评价[J].环境保护科学,(4):121-124.
戴晓春.2004.我国农业市场化的特征分析[J].中国农村经济,(4):58-62.
邓小云.2014.城乡污染转移的法治困境与出路[J].中州学刊,(3):57-61.
段超.2013.武陵山片区民族文化发展报告(2012)[M].武汉:湖北人民出版社.
段超.2014.武陵山片区区域协作发展报告(2013)[M].武汉:湖北人民出版社.
段超,陈祖海.2014.武陵山片区生态文明建设发展报告(2013)[M].武汉:湖北人民出版社.
段超,沈道权.2013.武陵山片区特色产业发展报告(2012)[M].武汉:湖北人民出版社.
范纯增.2003.弱势产业国际竞争力场论探讨[J].经济管理,(14):38-43.
范松海,聂元飞,高雅瑞.2006.云南优势产业的归类及阶段划分[J].云南民族大学学报(自然科学版),(3):206-210.

方黎,魏建军,杨泽峰.2008.加强农业技术推广工作的建议与措施[J].安徽农学通报,(15):37-38.

方艳青,赵庆国.2009.东北地区建立资源开发补偿和衰退产业援助机制的探讨[J].农业经济,(11):61-62.

冯江华,王峰.2000.主导产业、优势产业和支柱产业辨析[J].生产力研究,(3):72-73,92.

付保宗.2001.关于产能过剩问题研究综述[J].经济学动态,(5):90-93.

高路易,布尔古德.2006.控制经济过热,政府需要审慎权衡[J].中国投资,(6):61-63.

高智.2014.水泥行业产能过剩原因分析及对策[J].中国市场,(7):87-90.

共济.2013.全国连片特困地区区域发展与扶贫攻坚规划研究[M].北京:人民出版社.

郭连强.2004.衰退产业调整的国际比较与启示[J].经济纵横,(9):53-56

郭庆旺,贾俊雪.2006.地方政府行为、投资冲动与宏观经济稳定[J].管理世界,(5):19-25.

郭熙保.2010.长阳经济发展战略研究[M].武汉:武汉大学出版社.

郭砚莉,汤吉军.2007.沉淀成本、不确定性与国有企业退出——兼论国有资产流失[J].辽宁大学学报(哲学社会科学版),(5):123-127.

国家行政学院经济学教研部课题组.2014.产能过剩治理研究[J].经济研究参考,(14):53-62.

韩国高,高铁梅,王立国,等.2011.中国制造业产能过剩的测度、波动及成因研究[J].经济研究,46(12):18-31.

韩英,罗守权.2010.金融危机对中国钢铁行业的影响及对策[J].生产力研究,(10):198-200,263.

何亮.2007.主成分分析在SPSS中的应用[J].山西农业大学学报(社会科学版),(5):23-25.

何伟军,曾雅蓉,安敏.2016.武陵山片区产业结构演进及其对经济增长的贡献[J].三峡大学学报(人文社会科学版),38(2)46-50.

何跃,卢鹏.2006.关于优势产业选择的可行性方法和实证研究[J].计算机工程与应用,(33):222-225.

贺灿飞.2006.产业联系与北京优势产业及其演变[J].城市发展研究,(4):99-108.

侯景新.1999.落后地区开发通论[M].北京:中国轻工业出版社.

胡瑞法,黄季焜,肖海峰.2000.重视弱势产业——台湾农业发展与政策演变的启示[J].国际贸易,(10):25-27.

黄建康.2010.区域衰退产业的退出粘性及其突破[J].中国经济问题,(1):28-32.

黄立.2000.衰退产业中企业退出问题研究[J].东北财经大学学报,(2):75-77.

黄茜.2014.上市公司环境信息披露研究——基于16类重污染行业的经验分析[J].西部财会,(5):41-45.

吉新峰,周扬明.2007.基于衰退产业退出的区域优势产业培育思路与对策研究,(6):111-114.

江飞涛,曹建海.2009.市场失灵还是体制扭曲?——重复建设形成机理研究中的争论、缺陷与新的进展[J].中国工业经济,(1):53-64.

江飞涛,陈伟刚,黄健柏,等.2007.投资规制政策的缺陷与不良效应——基于中国钢铁工业的研究[J].中国工业经济,(6):53-61.

江小涓.1999.我国产业结构及其政策选择[J].中国工业经济,(6):3-5.

李红.2009.辽阳市水泥产业环境污染防治对策分析[J].环境保护与循环经济,(5):41-43.
李华友.2010.我国建立重污染企业退出机制的深层思考[J].环境经济,(9):42-44.
李江涛.2006."产能过剩"及其治理机制[J].国家行政学院学报,(5):32-35.
李静,杨海生.2011.产能过剩的微观形成机制及其治理[J].中山大学学报(社会科学版),51(2):192-200.
李俊.2014.制度压力对中国污染密集型代工企业空间转移的影响[J].社会科学战线,(7):252-254.
李俊杰.2011.腹地与软肋:土家苗瑶走廊经济协同发展研究[M].北京:中国社会科学出版社.
李俊杰.2013.集中连片特困地区反贫困研究——以乌蒙山区为例[M].北京:科学出版社.
李玲.2006.产业结构调整中劣势产业的退出及其成本降低途径[J].生产力研究,(5):169-170.
李玲,陈迅.2006.重庆劣势产业选择研究[J].数学的实践与认识,(8):70-75.
李万.1987.武陵山区自然资源优势与劣势分析[J].地理学与国土研究,(2):19-24.
李悦.2008.产业经济学(第三版)[M].北京:中国人民大学出版社.
廖洪泉.2007.论存在弱势群体、弱势产业和弱势区域背景下的全国竞争格局[J].农村经济与科技,(11):45-46.
林发彬.2010.从存货投资波动透视我国产能过剩问题[J].亚太经济,(2):115-118.
林毅夫,巫和懋,邢亦青.2010."潮涌现象"与产能过剩的形成机制[J].经济研究,45(10):4-19.
刘军,高建.2006.黑龙江省优势产业的研究[J].统计与咨询,(6)16-17.
刘晔,葛维琦.2010.产能过剩评估指标体系及预警制度研究[J].经济问题,(11):38-40.
刘志彪.1997.衰退产业调整和成长产业保护:国际经验[J].唯实,(6):13-18.
刘志彪,陆国庆.2002.衰退产业及其调整问题研究[J].学术月刊,(7):34-40.
陆国庆.2000.美国与日本衰退产业调整援助对我国的启示[J].世界经济与政治论坛,(5):13-15.
陆国庆.2002a.衰退产业论[M].南京:南京大学出版社.
陆国庆.2002b.衰退产业的识别与诊断[J].南京社会科学,(5):18-22.
陆铭,陈钊.2009.分割市场的经济增长——为什么经济开放可能加剧地方保护?[J].经济研究,44(3):42-52.
罗双临,戴育琴,欧阳小迅.2008.外商对华污染转移的博弈分析[J].湖南商学院学报,(1):30-34.
罗文兵,刘媛东,邓明君.2013.我国重污染行业上市公司环境经营等级评价研究构思[J].中南大学学报(社会科学版),(1):1-6.
罗文兵,杨建辉,邓明君.2012.流域中污染企业治理与退出的博弈分析[J].湖南科技大学学报(社会科学版),15(5):80-84.
骆世明.2007.传统农业精华与现代生态农业[J].地理研究,(3):609-615.
马宏,李丽.2013.武陵山片区特色农业的金融支持研究[J].湖南行政学院学报,(4):58-62.
马杰,杜永喜.2011.对我国产能过剩问题的几点认识[J].东方企业文化,(6):155.
孟兵,吴群英.2007.基于主成分分析在山东省物流绩效评价中的应用[J].现代经济(现代物业下半月刊),6(5):37-39.

孟庆红.2000.区域优势的经济学分析[M].成都:西南财经大学出版社.

牛冲槐,詹玉成,郭春明.2004.山西主要产业与周边省份相对效率(DEA)分析[J].太原理工大学学报(社会科学版),(3):1-3,16.

牛晓蕾.2008.环境污染企业社会责任会计披露模式[J].合作经济与科技,(4):78-79.

裴晓鹏.2015.认识新常态:中国经济新常态的内涵、特征和风险[C]//程恩富,宋冬林.中国经济规律研究报告(2015)[M].北京:经济科学出版社.

秦廷奎.2002.区域劣势产业退出政策研究——以重庆劣势产业退出政策研究为例[D].重庆:重庆大学.

曲悦嘉.2012.通化地区特色农业产业的选择与发展研究[D].长春:吉林农业大学.

任洪波,李鑫.2001.产业演化逻辑与衰退产业战略选择[J].科学管理研究,(5):46-50.

沈道权.2007.民族地区特色农业发展论[M].北京:民族出版社.

沈红波,谢越,陈峥嵘.2012.企业的环境保护社会责任及其市场效应——基于紫金矿业环境污染事件的案例研究[J].中国工业经济,(1)141-151.

沈洪涛,游家兴,刘江宏.2010.再融资环保核查、环境信息披露与权益资本成本[J].金融研究,(12):159-172.

沈静,向澄,柳意云.2012.广东省污染密集型产业转移机制——基于2000~2009年面板数据模型的实证[J].地理研究,31(2):357-368.

施金亮,凌云.2008.企业退出时机和退出障碍的浅析[J].经济师,(11):216-217.

石传刚.2007.中国农业产业化经营与家庭联产承包责任制[J].中共贵州省委党校学报,(2):39-41.

石庆焱.2005.区域比较优势产业科技资源配置研究——以东北地区为例[J].科技管理研究,(10):22-25,42.

宋德勇,李金滟.2006.区域优势产业:区域产业研究的新思路[J].当代经济,(5):45-46.

苏平.2013.中国产能过剩的成因与对策[J].前沿,(14):98-99.

孙巍,李何,王文成.2009.产能利用率与固定资产投资关系的面板数据协整研究——基于制造业28个行业样本[J].经济管理,31(3):38-43.

孙畅,吴立力.2006."区位商"分析法在地方优势产业选择中的运用[J].经济论坛,21:12-13.

唐荣智,钱水娟.2007.污染企业转移的规范研究[J].北京政法职业学院学报,(4):1-8.

唐湘博,刘长庚.2010.湘江流域重污染企业退出及补偿机制研究[J].经济纵横10(7):107-110.

田逢军.2007.近年来我国观光农业研究综述[J].地域研究与开发,(1):107-112.

汪晓文,刘欢欢.2009."污染避难所假说"在西部欠发达地区的现实考量——以甘肃为例[J].中国社会科学院研究生院学报,(6):52-62.

王广科.1998.辽宁援助衰退产业的对策[J].党政干部学刊,(9):3-5.

王建国.2005.加快发展河南优势产业的着力点及综合措施[J].企业活力,(12):34-36.

王立国,张日旭.2010.财政分权背景下的产能过剩问题研究——基于钢铁行业的实证分析[J].财经问题研究(12):30-35.

王文成,杨树旺,易明.2006.湖北省区域优势产业分析[J].统计与决策,14:92-93.
王立国.2010.重复建设与产能过剩的双向交互机制研究[J].企业经济,(6):5-9.
王生龙,霍学喜.2012.农业产业化龙头企业技术创新的机理研究[J].西安电子科技大学学报(社会科学版),22(1):78-83.
王玮.2014.高污染企业社会责任问题研究[J].改革与开放,(23):53-55.
王相林.2006.当前我国某些行业产能过剩产生的原因剖析[J].现代经济探讨,(7):37-41.
王小华.2011.基于外部性理论的国内老工业基地重污染企业退出机制设计[J].全国商情(理论研究),(5):21-23.
王兴艳.2007.产能过剩评价指标体系研究初探[J].技术经济与管理研究,(4):12-13.
王岳平.2007.党的十六大以来我国的产业政策及结构调整进展[J].宏观经济管理,(12):16-18,26.
魏国江.2014.产业生态系统共生视角下我国产能过剩与治理[J].经济研究参考,(5):46-51
魏寅.2015.依托兼并重组提高企业安全运营能力分析[J].中国市场,(51):216-217.
闻潜.2006.经济高位运行中的产能过剩及其成因分析[J].经济经纬,(5):19-23
邬晓霞,魏后凯.2009.国外援助衰退产业区政策措施评介[J].经济学动态,(4):138-142.
夏友富.1995.外商转移污染密集产业对策研究[J].管理世界,(2):112-120.
夏锦文,章仁俊,白秀艳.2005.DEA方法在衰退产业识别中的应用[J].技术经济与管理研究,(3):25-26.
肖更生,许华夏.2010.对重污染企业退出的财税补偿范围的思考[J].中南林业科技大学学报(社会科学版),4(4):68-71.
谢成强.2011.武陵山区金融生态环境存在问题及改善建议[J].金融经济,(22):137-138.
徐冬青.2008.产业结构转型:日韩两国的经验与借鉴[J].市场周刊(理论研究),(7):43-44.
许人骥,吕怡兵,魏复盛.2013.从环境污染事件看我国企业的社会责任意识[J].环境保护,41(22):40-41.
宣杰,胡春晓.2010.重污染行业上市公司环境信息披露状况[J].统计与决策,(6):146-149.
严小燕,陈志峰,曾玉荣.2017.特色农业发展的内涵、演变与评价研究综述[J].福建农业学报,32(4):448-455.
杨刚.2001.英国衰退产业的援助调整及其对我国的启示[J].现代管理科学,(5)43-45.
杨公朴,夏大慰.2008.产业经济学教程[M].上海:上海财经大学出版社.
杨立国.2017.中国水泥产能过剩问题及对策研究[D].北京:北京交通大学.
杨万东.2006.我国产能过剩问题讨论综述[J].经济理论与经济管理,(10):76-80.
杨熠,李余晓璐,沈洪涛.2011.绿色金融政策、公司治理与企业环境信息披露——以502家重污染行业上市公司为例[J].财贸研究,22(5):131-139.
杨振.2013.激励扭曲视角下的产能过剩形成机制及其治理研究[J].经济学家,(10):48-54.
姚雪婷.2013.产品市场竞争对企业绿色研发的影响——基于我国重污染行业上市公司[J].时代金融,(32):233-236.
易志斌,马晓明.2008.重污染企业退出政策研究[J].商业时代,(27):122-124.
袁亮,何伟军,安敏.2015.武陵山片区生态农业发展的现状及对策研究[J].当代经济管理,

37(6):37-40.

曾凡银,郭羽诞.2004.绿色壁垒与污染产业转移的成因与对策研究[J].财经研究,(4):101-107.

曾慕成,徐国平,王志.2008.中国钢铁工业污染及其防治[J].工业安全与环保,(4):7-9.

宗刚,李红丽.2006.基于地区专业化指数的北京优势产业分析[J].商场现代化,(01Z):181-182.

张菊梅,史安娜.2008.污染产业转移成因及政府规制探讨[J].科技进步与对策,(11):158-160.

张米尔,高喆.2004.城市衰退产业识别模型[J].经济理论与经济管理,(9):44-47.

张同全.1995.煤炭开采的环境污染与治理[J].中国能源,(5):43-45.

张晓晶.2006.隐匿资产:他们在国企改制中"借国家鸡生自己蛋"[J].产权导刊,(2):52-53.

张新平,杨秋浪.2013.恩施州产业结构的演进与思考[J].管理观察,(34):130-133.

张阳.2013.民族地区产能过剩问题研究[D].武汉:中南民族大学.

赵付德.2014.浅谈国民经济中的产能过剩问题[J].经济研究导刊,(32):11-12.

赵贺.2001.发达国家高污染产业转移及我国的对策[J].中州学刊,(5):30-31.

赵际红.2008.电力工业的可持续发展对策研究[J].环境保护,(10):58-59.

赵宇.2015.传统农业对现代农业发展的启示[J].云南民族大学学报(哲学社会科学版),32(4):157-160.

赵志囡.1999.论产业退出与其相应政策的重要性[J].经济视角,(12):3-5.

郑惠强.2010.基于土地资源约束条件下的上海劣势产业退出研究[J].科学发展,(9):3-22.

郑声安.2006.产业衰退期中企业退出的博弈模型分析[J].天津大学学报,(S1):418-421.

郑雅方,袁鑫.2014.强化重污染行业上市公司环境责任的法律对策[J].法制与社会,(2):240-241.

中共中央马克思恩格斯列宁斯大林著作编译局.1972.马克思恩格斯全集[M].北京:人民出版社.

周洁,王建明.2005.中美重污染行业上市公司环境信息披露的比较[J].环境保护,(7):68-71.

周劲.2007.产能过剩的概念、判断指标及其在部分行业测算中的应用[J].宏观经济研究,(9):33-39.

周劲,付保宗.2011.产能过剩的内涵、评价体系及在我国工业领域的表现特征[J].经济学动态,(10):58-64.

周黎安.2004.晋升博弈中政府官员的激励与合作——兼论我国地方保护主义和重复建设问题长期存在的原因[J].经济研究,(6):33-40.

周黎安.2007.中国地方官员的晋升锦标赛模式研究[J].经济研究,(7):36-50.

周炼石.2007.中国产能过剩的政策因素与完善[J].上海经济研究,(2):3-10.

周敏,胥卫东,卫丽娟.2008.城市衰退产业转型决策模型研究[J].统计与决策,(8):52-53.

周伟,黄祥芳.2013.武陵山片区经济贫困调查与扶贫研究[J].贵州社会科学,(3):118-124.

周业樑,盛文军.2007.转轨时期我国产能过剩的成因解析及政策选择[J].金融研究,(2):183-190.

周沂,贺灿飞,王锐,等.2014.环境外部性与污染企业城市内空间分布特征——基于深圳污染企业的实证分析[J].地理研究,33(5):817-830.

朱秀君.2004.衰退产业识别指标选择及要素退出援助机制的构建[J].商业经济与管理,(12):20-24.

祝宝良.2013.产能过剩的成因与化解[J].中国金融,(13):74-75.

Ferris G R,Schellenberg D A,Zammuto R F. 1984. Human resource management strategies in declining industries[J]. Human Resource Managemnet,23(4):381-394.

Ghemawat P,Nalebuff B. 1985. Exit[J]. Rand Journal of Economics,(2).:184-194.

Harrigan K R. 1980. Strategy formulation in declinings industries [J]. Academy of Management Review,(4):599-604.

Kiley-Worthington M. 1981. Ecological agriculture:What it is and how it works[J]. Agriculture and Environment,6(4):349-381.

Zammuto R F,Cameron K. 1982. Environmental decline and organizatianal response [R]. Academy of Management Annual Meeting Proceedings,(1):250-254.